审美嬗变

——新媒体艺术审美研究

张 翼◎著

Wuhan University Press
武汉大学出版社

图书在版编目（CIP）数据

审美嬗变：新媒体艺术审美研究/张翼著．— 武汉：武汉大学出版社，2022.9

ISBN 978-7-307-23194-8

Ⅰ．审… Ⅱ．张… Ⅲ．传播媒介－艺术美学－研究 Ⅳ．G206.2

中国版本图书馆CIP数据核字（2022）第132799号

责任编辑：周媛媛　　责任校对：孟令玲　　版式设计：文豪设计

出版发行：**武汉大学出版社**　（430072 武昌 珞珈山）

（电子邮箱：cbs22@whu.edu.cn 网址：www.wdp.com.cn）

印刷：三河市京兰印务有限公司

开本：710×1000 1/16　　印张：14.25　　字数：218千字

版次：2022年9月第1版　　2022年9月第1次印刷

ISBN 978-7-307-23194-8　　定价：58.00元

前言

在人类文明发展的过程中，艺术美的创造一直以来都非常受大家重视。在古代，科技和艺术本身是一家，所以它们无法分开。工匠首先是一位工匠，其次他也是一位艺术家。我们可以发现艺术源于技术，那些具有超高手艺的工匠如果对艺术缺乏足够的理解，创作出的作品就无法经受时代的检验。人们对于美的需求不仅包括现实美，而且包括艺术美，不然我们的日常生活就会变得枯燥，精神世界无法得到发展。好的艺术作品具有好的教化作用，进而引导人们向更好的方向发展。美学是在人类需求的基础上产生的，价值也会在这一过程中产生，艺术作品能满足人类的需求就代表其产生了一定的价值。审美价值则指人类社会、艺术领域当中任何对象能够满足主体的审美需求，艺术作品的审美价值就在于艺术作品内容和形式的不断创新和突破。真正美的艺术作品在于艺术家可以利用自己独特的视角发现其中的美，并且传递给他人。

进入 20 世纪之后，后现代主义和现代主义思潮以及数字化技术和信息传播技术等都对新媒体的发展起到了一定的推动作用，而且艺术美学特征也在这一过程中发生了嬗变，最终出现了新媒体艺术。什么是新媒体艺术？很多艺术家在尝试对其进行定义，如米歇尔·鲁什认为新媒体艺术就是以科学技术为基础的艺术，和传统手工创作而来的艺术相对。新媒体艺术主要是以新媒体和新媒体技术为基础存在的艺术形态，最本质的特征就是可以利用新媒体及相关技术开展具有交互性的艺术实践活动。从艺术表现的角度来看，我们可以发现新媒体艺术的呈现方式非常丰富，尤其是伴随着相关技术的不断发展，新媒体艺术呈现出一片繁荣的景象，比如数字艺术、计算机艺术、多媒体艺术、交互艺术、装置艺术等等。

在21世纪，新媒体艺术的地位越来越高，受后现代主义的影响，我们当前所处社会的环境以及时代经济都开始向新媒体靠拢。很多人认为新媒体艺术和传统艺术是对立的关系，所以导致新媒体艺术一出现就标新立异，但实际并非如此。何谓通俗艺术，通俗艺术就是指在娱乐的包装下形成的具有社会共识的艺术作品。这种艺术作品一般具有较强的商业性，因为这种艺术会与商业利益有所牵扯。通俗艺术一般会通过精美的包装呈现在大家面前，最终给大家带来良好的审美体验。新媒体艺术的发展让精致文化和通俗文化之间的对立关系逐渐开始模糊，因为精致文化也可以通过一定的包装与商业产生联系。反观通俗文化，为了能够在当前环境中获得更大的受众群体，也开始对精致文化当中的文化内涵进行吸收。现如今有越来越多的美术馆、虚拟美术馆成立，很多国家已经将美术馆的展览内容从实体转移到了虚拟方面，比如巴黎的第一届“局外人”艺术节，就是结合蓬皮杜艺术中心、巴黎多媒体中心、欧洲摄影之家等场所对新媒体艺术作品进行展出的。

在新媒体技术基础上创作而来的艺术作品都是具有独特审美特征的，其与传统艺术作品展现的内容并不相同，而且新媒体艺术作品将传统艺术多年发展过程中建立起来的艺术标准和审美标准彻底颠覆。所以有的学者认为传统艺术和新媒体艺术之间是没有关系的，而且两者之间还存在着无法跨越的障碍，一些学者认为新媒体艺术家创作出的艺术作品是对纯粹的艺术精神的不尊重。但是新媒体艺术与传统媒体一时之间是否真正存在断裂的关系以及彼此之间是否存在一定的联系、新媒体艺术是不是艺术的终结，在艺术发展的历史进程中，新媒体艺术又将拥有怎样的发展前景，这些都是无法预知的。

本书主要分为八章对新媒体艺术审美进行了探索，具体为新媒体艺术审美概念解析、新媒体艺术的审美主客体及体验特征、新媒体艺术的艺术形态、新媒体艺术的艺术特征、新媒体艺术和传统美术审美特征的异同、新媒体艺术的“亚审美性”特征、新媒体艺术的审美流变——以动画艺术为例、新媒体艺术对当代艺术的影响以及发展趋势。其中第一章主要是对新媒体艺术、审美以及新媒体艺术审美等概念进行解析，第二章到第五章主要是对新媒体艺术的审美主客体特征、新媒体艺术形态、新媒体艺术特征以及新媒体艺术和传统美术审美特征的异同进行分析，第六章到第八章主要分析了新媒体艺术的“亚审美性”特征、审美流变以及新媒体对当代艺术的影响和发展趋势。

在新媒体时代，对新媒体艺术审美进行研究，不仅能够加深对新媒体艺术的认知，而且能够促使新媒体艺术实现进一步发展，促使新媒体艺术能够在未来闪耀出新的光辉。虽然经过不断修改和完善，但是本书难免存在不足之处，恳请各位读者指正，笔者定不胜感激。

目　录

Contents

第一章　新媒体艺术审美概念解析

目前，虽然新媒体艺术并没有准确科学的界说，但我们应当明确，新媒体艺术并不是新媒体的艺术延伸。虽然新媒体和新媒体艺术密切联系，却是两个不同的概念。因为新媒体属于传播媒介的范畴，而新媒体艺术指的却是艺术形态。总的来说，不论是新媒体还是新媒体艺术，都以以往的艺术内容和思想观念为核心进行变革的，再加上传统艺术的表现方法、传统媒介的变革，从而实现艺术的整体发展。这一变革充分展现出了时代的思想、观念以及生产力的特征。

第一节　什么是新媒体艺术

从最早的纸、笔、颜料，到现如今的计算机以及其他的数字技术手段，都基于“媒体”的发展而处于不断更新的状态中，并且推动了现代艺术的转变。因为新媒体的普及和使用，新媒体本身所具有的功能也在逐渐实现拓展，我们从日常生活和工作当中可以发现，新媒体的社会意义和文化意义也得到了充分展现。新媒介的产生改变了艺术活动的发展轨迹，并且在这一过程中促进了新的意识形态、现象的产生，也让人们的审美观念发生了极大的改变。

一、新媒体艺术的相关定义

（一）新媒体的定义

媒体主要是指媒介、传播媒介，即传播过程中对信息进行传播和接收的中介，其主要内涵包括相应的技术、载体以及机构等不同的层面。媒体在信息传播和艺术创作层面具有不同的含义。从信息传播的角度来说，媒体主要是指进行信息交流的工具，比如图书、报刊、广播、网站等，主要是由出版社、报刊社、广播电台、电视台、网络公司等进行运营的。在艺术创作方面，媒体是指艺术家情感外化的特殊载体、创作材料以及与欣赏者进行交流的媒介。比如文字、声音、图形和图像等，这些就是由文学家、音乐家、摄影摄像师等所承担。基于此，我们可以发现传播学意义上的新媒体所指的是，在艺术创作过程中，艺术家情感外化的一种载体，并且还会同时衍生出各种创新的新手段和新材料。在艺术领域当中，媒介是一门艺术可以成立的重要基础，媒介在一定程度上决定了艺术的本质。

新媒体的新是相对于旧而存在的。新媒体通常是指那些出现时间比较晚的媒体，而且它们在功能和特征方面与旧的媒体存在一定的差别。新媒体在出现之后，大多数时候是与旧媒体共存的，当然也存在一定的取代关系。但是在当代，不同媒体之间的相互融合已经成了一个新的发展趋势。从以上对于新媒体的解释来看，我们可以发现主要是从历史的角度进行解释的，通过媒体的发展进程进行划分。所以从这一角度来说，不论是书面媒体、印刷媒体，还是广播媒体和网络媒体，都拥有过新媒体的身份。

当前在学术界比较被大家普遍认可和接受的新媒体的概念是：基于数字化先进的信息传播技术为核心技术的媒介和内容载体。我们从新媒体发展所依赖的技术来看，主要包括光纤通信、数据库管理系统、通信卫星、卫星广播、数字电视、互联网多种技术。新媒体技术主要是指数字媒体技术、信息传播技术等，具体来说包括计算机技术、数码科技、虚拟现实技术、人工智能技术（AI）等方面。新媒体的一个最大特征就是交互性，简单理解就是指事物之间的相互作用，具有双向的效果，这与传统媒体当中的单向交互形成了较大的区别。新媒体的交互性体现在三个不同的方面：第一个方面是主体和新媒体之间的交互，也就是人机交互；第二个方面是不同媒体之间的交互，也就是机机交互；第三个方面以新媒体为基础的不同主体之间的交互，即人人交互。对于传统媒体来说，受众能够进行反馈的渠道非常匮乏，受众与受众之间的交流更是少之又少。新媒体的出现极大地改变了这一现状，让人与人之间的交互性得到极大的提升，不同受众和主体之间的相处模式也因此发生了极大的改变。

（二）新媒体的影响

媒体对艺术的发展有着十分明显的影响，因为我们可以发现伴随着相关媒体的改变，艺术形式也发生了极大的变化。媒体不仅可以影响艺术作品的整个创作过程，而且还会影响到作品的流转， 使媒体对艺术本身的形态起到一定的规定性作用。伴随着各种新技术和新设备的出现，艺术也迎来了新的发展与机遇，我们可以看到现如今的艺术作品具有更加丰富和先进的展示手段，而且作品内涵越来越丰富。最重要的是，新媒体艺术家对于新媒体技术的利用仍然在不断探索的过程中。换句话说，我们仍然没有完全发掘出新媒体的作用和功能，所以利用新媒体技术进行艺术创作的过程仍然在不断深入。利用新媒体技术创作艺术作品的方式方法正在不断创新，为艺术创作提供了无限的可能。

新媒体不仅为科学理论、社会思潮、现代美学提供了便捷有效的手段，而且推动了艺术审美观念、表现形态、创作方法等方面的创新。

二、什么是新媒体艺术

什么是新媒体艺术？很多艺术家尝试对其进行定义。如米歇尔・鲁什认为新媒体艺术就是以科学技术为基础的艺术，和传统手工创作而来的艺术相对。新媒体艺术主要是以新媒体和新媒体技术为基础存在的艺术形态，最本质的特征就是可以利用新媒体及相关技术开展具有交互性的艺术实践活动。从艺术表现的角度来看，我们可以发现新媒体艺术的呈现方式非常丰富，尤其是伴随着相关技术的不断发展，呈现出一片繁荣的景象，比如数字艺术、计算机艺术、多媒体艺术、交互艺术、装置艺术等等。

（一）新媒体艺术的思想发展

新媒体艺术从萌芽开始发展到现在一共经历了多个不同的发展阶段，虽然只有半个多世纪，但是在和其他的艺术门类不断发展的过程中促进了新的艺术特征、美学思潮、哲学理念的发展。新媒体艺术的形成离不开各种思潮和观念的影响，比如立体主义、未来主义、达达主义、激浪流派等，都对新媒体艺术产生了重大的影响。

1. 现代艺术与新媒体艺术

不同的艺术流派之间都是相互影响的，所以我们可以发现即使是不同类型的艺术，也具有非常密切的联系。比如新媒体艺术和现代艺术在思想观念、表现形式方面具有非常相似的地方。我们在对新媒体艺术进行研究时，有必要对其他的艺术流派也进行一定的分析。现代艺术当中的立体主义和未来主义就对新媒体艺术的发展产生了一定的影响，最大的影响是传统艺术形式和传统观念层面的突破。西方艺术传统当中有延续了几千年的创作方式和表现方式，但是在立体主义的影响下，打破了传统艺术平面表现的局限性。未来主义则认为，需要通过新的艺术来展现技术和思想观念的发展，所以在以立体表现为中心的形式当中加入了时间和速度的概念，直接推动了各种以媒介为基础的艺术探索，虽然在立体主义和未来主义当中新技术的应用非常少，但它们理念内容却与新媒体艺术不谋而合。

2. 后现代艺术与新媒体艺术

第一次世界大战结束之后，瑞士出现了一种反理性主义的运动——达达主义。达达主义的宗旨就是利用批判的眼光对传统准则、逻辑基础、秩序一致性等内容进行分析。这一观念和思想对整个艺术历史的发展产生了极大的影响。达达主义发现了自然和非理性的秩序，对传统艺术创作过程中艺术家具有的崇高地位进行否定。很多观念艺术家在展览会上展出的优秀艺术作品，鼓励了更多人参与其中。比如达达主义的代表人物杜尚，曾经发表过一幅叫作《泉》的现成品作品，这一作品是一个小便池，他的这一作品引发了人们极大的震撼。而他之所以创作这一作品，根本目的就是让每一个人都能够参与到艺术实践当中，让艺术和人们日常的生活更加接近。这一理念不仅让艺术变得更加大众化，而且让艺术手段变得更加多样化。

达达主义属于后现代主义流派当中的拼贴艺术。拼贴艺术出现在20世纪50年代晚期，并且在十几年之后发展成为一项以美国为发展中心的全球性运动。拼贴艺术非常容易理解，就是将多种不同的成分拼合到一个整体当中，最终创作出一幅空间艺术作品。拼贴艺术充分展现了达达主义当中的异类合成思想，即多种不同美学的杂交。任何形式、素材和载体都是为观念的情感交流、情感互动进行服务的。因为这一艺术观念的影响，使得艺术家可以根据创作需求对拼贴的内容进行随意处理，最终将不同类型的视觉元素整合到同一个画面当中，实现物质和观念的共同传递。拼贴艺术和现如今的摄影照片后期合成具有非常相似的特征，由此可见，拼贴艺术对新媒体艺术当中的图像合成和蒙太奇制作影响重大。

在20世纪60年代，激浪派逐渐开始兴盛起来，这一流派的思想对达达主义的思路和具体行程进行了继承，并且进行了一定的发展，最终出现了激浪运动。激浪流派主要是使用多种不同的媒介进行艺术表现，这一流派更加注重直觉以及偶然导致的结果。比如约翰·凯奇的作品《4分33秒》，作品当中的钢琴家没有进行任何演奏，只是在台上坐了4分33秒，观众在这一段时间可以用心去感受生活中出现的各种声音，或者通过联想的方式获得审美体验。实际上因为观众的参与才让这一艺术作品完成，因为他们可以直接参与到这个作品当中，并且成为作品的一部分，这一种互动的方式就是现如今新媒体艺术交互模式的雏形。

3. 主要代表人物

在那些对新媒体艺术的产生具有重要影响作用的思想潮流当中，具有一些非常典型的代表人物，比如杜尚和约翰·凯奇。伴随着科学技术的不断进步与发展，人们的生活方式发生了极大的改变，而且对艺术家的三观和艺术创作理念产生了极大的影响。很多对新技术非常敏感的艺术家在这一过程中积极进行了科技探索，最终产生了新的艺术创作观念，也让艺术的表现形式变得更加多样和新颖。

在西方的非理性主义当中，杜尚是一个非常具有代表性的人物。因为在他看来，任何一件东西都可以算得上是艺术，而且艺术没有美丑之分。所以基于此，他希望人们可以客观平等地看待人们的各项活动，因为只有这样才能帮助人们逐渐突破原有的禁锢，实现艺术的进一步发展。杜尚说："我最好的作品就是我的生活。"这一句话充分展现了他对于艺术的理解，即艺术和生活之间没有明显的界线与区别。在杜尚的艺术观念当中，他非常鼓励人们都可以参与到艺术创作当中，因为这样会让人们的生活与艺术更加贴近，最终实现艺术的大众化发展。在杜尚的思想基础上产生了达达主义、激浪派等很多反传统美学、反理性主义的艺术流派，对新媒体艺术的发展有着重要的影响。

约翰·凯奇就是激浪艺术当中的代表人物，他也是第一位将东方的禅学思想融入西方艺术领域的艺术家。他认为进行艺术创作时，需要保证艺术和生活的相互统一。因为他对于东方的禅学非常推崇，所以他的艺术思想受禅学影响较深，我们通过他的作品发现，他所关注的重点都是人、自然、虚实相生。他在进行音乐创作的时候也将生活放在了艺术的前面，认为音乐就是对生活的模拟，并且通过其他的引导方式让观众参与到艺术当中，让观众可以主动地对艺术作品进行感受，从而感受作品当中蕴含的情感。比如刚提到的作品《4 分 33 秒》就是一个典型的例子。通过这一作品我们可以感受到其中蕴含的虚实相生的禅学理念，使"无声胜有声"的哲学观呈现在大家的面前。

（二）新媒体艺术的特征

1. 技术性

新媒体艺术就是以新媒体和相关技术为支撑存在的意识形态，这一艺术的本质就在于利用相关的技术展示，以交互为主要特征进行艺术实践活动。通过对人类的艺术发展史进行回顾，可以发现任何技术的进步或发展都可以为艺术提供新的发展契机。比如，计算机技术和信息传播技术的进步，为数字技术在艺术领域当中的应用提供了必要的帮助和支持，推动了新媒体艺术的发展。新媒体艺术的创作、传播、表现使相关的技术在这一过程中不断推陈出新，艺术也在对相关技术进行利用的同时拥有了越来越多样化、越来越新奇的手段。我们也可以发现当今的新媒体艺术具有非常丰富的表现形式。目前，新媒体艺术家仍然在利用技术进行艺术创作的路上不断探索和实践。

新媒体艺术对技术具有非常强的依赖性，主要体现在两个不同的方面：一方面，技术是进行新媒体艺术创作的手段，在新媒体艺术作品的创作、展示等环节，都离不开新媒体技术；另一方面，欣赏新媒体艺术作品也需要依赖相关技术。我们从很多新媒体艺术展上可以发现，观众通过点击屏幕或者其他方式融入整个艺术作品。很显然从作品的创作构思到最终呈现出来，都需要利用相关技术。这也说明，在新媒体艺术当中，新媒体不仅具有载体的功能和创作手段的作用，同时还传达了艺术家和欣赏者自身的思想观念，新媒体是艺术作品的一个重要组成部分。

2. 交互性

交互性是新媒体艺术最为显著的一个特征。新媒体艺术作品在发展的过程中，其交互方法也会不断出现，比如交互界面、手势识别、语音识别、表情识别等，都是交互过程中追踪部分的内容。新媒体艺术的交互性体现在几个不同的方面，比如艺术家和新媒体之间的交互。在这一互动过程中，艺术家的想象空间就会得到极大的拓展，进而拥有更加丰富的创作灵感，能创作出更加优秀的艺术作品。同时还包括艺术家和欣赏者不同主体之间的交互。在进行新媒体艺术作品创作的过程中，因为新媒体艺术作品涉及的领域非常广，所以导致艺术家很难独自完成整个过程，这时就需要相关的专业技术人员共同参与。由此可知，新媒体艺术作品已经不是艺术家自己一个人的创作成果了，而是多个主体共同作用产生的成果。新媒体艺术的交互性还体现在欣赏者和艺术作品之间。欣赏者欣赏艺术作品的过程本身也是一个交互的过程，而且这一过程还是艺术创作的过程。新媒体艺术和传统的艺术并不相同，艺术家也不是艺术作品唯一的创作主体，欣赏者在这一过程中可以通过多种不同的人机交互创作出多种意义的艺术作品。

艺术形态和艺术创作方式的变革必然推动新媒体艺术审美体系的变革，而且新媒体艺术的交互性也让传统艺术当中艺术家和欣赏者之间的关系发生了翻天覆地的变化。传统艺术审美过程中主体客体相互对立的关系已经发展成为新媒体艺术下的交互主体关系，在新媒体艺术中，艺术家、欣赏者等主体可以通过与艺术作品之间的交互参与到整个作品的创作过程中，最终实现艺术内涵的丰富，也让欣赏者可以在这一过程中获得全新的审美体验。

（三）艺术形态分类

要对新媒体艺术形态进行认识，并且进行合理的分类，我们首先应当明确“艺术形态”这一词语本身的含义。进行艺术形态学的研究，首先需要明确几个不同的方向：第一个方向是要通过分类将不同的艺术活动所具有的水准展现出来；第二个方向是要将不同艺术之间的联系和隶属关系展现出来，从而让外人对艺术世界当中的不同类别、不同种类呈现出来，合理明确彼此之间的组织规律；第三个方向是要将艺术和艺术结构的演变过程展现出来。

美国著名美学家托马斯·门罗认为艺术形态学有两种区分方式：第一种方式是通过艺术的要素、组成部分、材料以及其他的成分进行区分；第二种方式是按照不同要素相互联系的方式，区分不同要素之间的作用和联系是短暂存在还是永久存在。这样的区分方式也能够适应艺术不断的、变化的发展，缺点则在于不同艺术门类之间存在着层次不清的关系。

日本美学家竹内敏雄则认为艺术类型研究可以从两个不同的角度进行：第一个角度是艺术种类，第二个角度是艺术风格。通过从艺术种类的角度来进行区分，能够将不同艺术产品的概念进行有效区分。通过从艺术风格角度来进行区分，能够将不同艺术作品呈现出的样子区分开来，而且创作者自身的精神特质也会呈现出不同的效果。竹内敏雄通过自己的研究分析，建立了自己独特的艺术种类研究系统，具有综合性和总结性的特征。

（四）新媒体艺术形态的分类方法

当前对新媒体艺术进行分类有多种不同的方式。比如可以按照艺术观念将新媒体艺术分为媒体与表演、录像艺术、录像装置艺术和数字艺术四种，也可以将技术的发展当作线索对新媒体艺术进行划分，可划分为传真与电话艺术、卫星艺术、生物艺术、进化艺术等。按照技术和时间的线索还可以将新媒体艺术分为 20 世纪 20 年代的活动艺术、20 世纪 50 年代的复合媒体艺术、20 世纪 60 年代末的视频艺术、20 世纪 70 年代的计算机艺术和 20 世纪 80 年代的数字艺术五个种类。按照产品结构体系可以分为时基媒体领域、交互产品领域、数字娱乐领域、传统媒介数字延伸设计四个领域。同时还有人将新媒体艺术分为数字艺术类、网络互动类和跨界融合类三种。

总的来说，对新媒体艺术进行划分主要包括两种方式：第一种方式是从技术媒介发展和媒介特点的角度将新媒体艺术划分为不同的门类。如果从技术发展的角度来进行分析和划分，主要可以分为电脑艺术、电话艺术、传真艺术、视频艺术、计算机艺术、网络艺术、生物技术、人工智能艺术等，这样的分类方式主要是从技术的角度进行划分，但是却忽视了不同艺术与技术之间的相互影响，也忽视了人在这一过程中的作用。如果从艺术的技术媒介本身这一角度来进行分析又可以将新媒体艺术划分为复合型媒介艺术、电子艺术、数字艺术等。这种分类方法其实是从技术本质的角度进行分析研究的，虽然这样的划分方法非常简便，但是并没有认识到，同一类型的艺术当中，具体到艺术门类之间，也具有很大的差别。从技术功能性这一角度出发来进行区分，则可以将新媒体艺术划分为计算机艺术、互联网艺术和数字媒体艺术等，这种分类方法从概念层对新媒体艺术进行描述和划分，但是却在一定程度上割裂了不同种类的艺术之间的链接性。

第二种方式是将新媒体划分为比较大的几个艺术范畴，而不是将艺术单一划分为某一个艺术种类。这样的划分方式具有较强的概括性，但是没有办法对不同的新媒体艺术类型进行深入的分析。

从以上角度来看，可以发现不同的新媒体艺术形态划分方法都具有一定的优点和缺点。而造成这一情况的原因并不是因为划分方法不够精细，而是因为新媒体艺术本身的技术过于复杂，所以无法做到一概而论。

第二节　审美的概念

一、审美及价值

伴随着社会的不断发展，人们的生活变得越来越丰富多彩，人们对于审美的需求也不断增长，最终让人们的审美品位得到了不断提升。审美，即欣赏事物或者艺术品之美，审美是人们认识世界、理解世界的一种特殊方式。每一个审美主体在审美过程中，都要合理利用自身感觉与情感，将主观和客观的观点进行一定融合，最终进行判断。总的来说，人类审美追求的意义就在于不断改善人的精神世界，最终实现自我提升和思想境界的净化，发现世界的美好，同时能够让世界因为自己而美好，这就是和谐审美观的重要内容。

在人类文明发展的过程中，艺术美的创造一直以来都非常受大家重视。在古代，科技和艺术本身是一家，所以它们无法分开。工匠首先是一位工匠，其次他也是一位艺术家。我们可以发现艺术源于技术，那些具有超高手艺的工匠如果对艺术缺乏足够的理解，创作出的作品就无法经受时代的检验。人们对于美的需求既包括现实美，也包括艺术美，否则我们的日常生活就会变得枯燥，精神世界也无法得到发展。好的艺术作品具有好的教化作用，进而引导人们向更好的方向发展。美学是在人类需求的基础上产生的，价值也会在这一过程中产生，满足了人类的需求就代表其产生了一定的价值。审美价值则指人类社会、艺术领域当中任何能够满足主体的审美需求的客观事物所具备的属性与精神价值，艺术作品的审美价值就在于艺术作品内容和形式的不断创新和突破。真正美的艺术作品就在于艺术家可以利用自己独特的研究发现其中的美，并且传递给他人。

二、艺术的审美功能

（一）审美教育功能

艺术作品不仅可以反映现实生活，而且能够展现出艺术创作者对于我们所处的现实社会的独特理解，所以艺术作品通常可以将艺术家对于人生和世界的独特体验展现出来，并且通过艺术作品传达自身的理想。我们在对艺术作品进行理解的过程中，不仅要从表面进行欣赏，还要对艺术作品更深层的含义进行理解。艺术作品的审美教育功能主要是指欣赏者在欣赏艺术作品的过程中可以感受到作品当中蕴含的真善美，并且逐渐将其转化为自身的力量，帮助每一个人提升自身的世界观、人生观和价值观。因为艺术的特殊表现形式，所以可以取得更好的教育效果，这是传统教育所无法达到的。

（二）审美认知功能

艺术作品是一个生活过程在意识形态当中的反映，也是现实生活的展现，所以通过艺术欣赏能够对作品当中反映的生活情境有一个更加透彻的认识。艺术的审美认知功能主要是指艺术作品反映出的关于人类、社会、自然等不同方面的知识和信息。当欣赏者从不同的角度观看时所感受到的内容也是不同的，所以欣赏者通过欣赏艺术作品，可以对这个世界有一个更加深刻的认识和理解，并且让自身的认知能力、想象能力、创造能力等得到一定的提升。在漫长的人类发展历史当中，正因为众多艺术家的努力，才给我们提供了大量认识世界的艺术作品，通过欣赏这些艺术作品，我们能够感受到现实中存在的最真实、最丰富、最生动的东西。

（三）审美娱乐功能

审美感觉首先来自生理层面的愉悦，其次才能提升为心理层面的愉悦，而且在这一过程中始终离不开人的感官感受。一般来说，当人们看到自己认为美的事物之后，首先会感受到视觉及听觉层面的享受，之后才判断是否符合自身的追求，进而对形象之外的美感进行体会，最终达到心情舒畅。人们在审美欣赏的过程中，也会对那些低俗的事物和艺术产生厌烦的心理。现代的电影电视、动漫动画等，都是体现审美娱乐功能的重要载体。

（四）心理调节功能

很多学者对艺术所具有的心理调节功能非常认可，比如我国著名美学家朱光潜就提到过“净化”一词，他的这一主张对艺术所具有的心理调节功能进行了完美的解释。他认为通过音乐或者其他的艺术，可以让人们压抑的情感得到足够的宣泄，最终达到心理健康的目的。朱光潜先生所说的内容以及他的主张其实就是艺术具有心理调节功能的最好解释。在心理治疗方面有一种“艺术治疗”方法。这一方法如今已经成为一个专门的学科，这在一定程度上对艺术具有的心理调节功能进行了证明。因为在心理学的相关研究当中，人们发现具有心理问题的人往往非常抗拒进行语言交流，而艺术治疗正好为他们提供了一种非语言交流的沟通媒介，可以让治疗者在欣赏艺术作品的同时，宣泄自己的负面情绪。

第三节　新媒体艺术审美环境

个体的审美意识不但会受到生理机制的影响，同时也会受到周围环境的熏陶。在传统艺术的审美活动当中，技术和信息传播功能都会对审美心理环境产生一定的渗透作用。比如在表演当中，建筑会影响整个空间，音响、灯光等又会对舞台美感产生一定的影响。因为这些技术的支持，所以才让艺术的审美得到了更加深刻的展示。新媒体艺术审美的产生和发展，是以数字化技术为核心的，而且同时展现出虚拟现实的特征，充分打破了时空的限制，能够给人们带来超乎想象的情景氛围。技术环境、传播环境和文化环境之间相互作用，共同构成了新媒体艺术审美产生的环境，对人们的审美产生极大的影响。

一、技术层面的支撑

在新媒体艺术当中，可以借助不同技术的相互融合创造出人们在现实生活当中看不到的事物。我们可以发现新媒体艺术形象的出现打破了传统的审美准则，不论是审美感官和审美对象谁先生成，都会在感官的影响下凸显出审美对象的审美价值。借助声音、图像以及其他的各项技术，可以创作出非常真实的非物质化数字形象。1996 年，杰弗里·肖创作出了一件特殊的作品——《配置洞穴》。作者首先利用技术手段创作出一个洞窟的环境，当参与者拿起木头人的时候，通过计算机技术和投影技术的相互作用，参与者可以对木头人的动作进行随意控制，通过与虚拟世界的互动，最终可以营造出一个沉浸感强烈的影像世界，从而激发参与者的审美感受。

二、传播过程中沟通效应的转变

在传统的审美活动当中，因为环境的限制，导致接收者处于被动的状态，只能凭借有限的信息与创作主体进行精神层面的交流与互动，最终对生命的本身进行感受和探讨，但是新媒体艺术则有所不同。新媒体艺术具有双向的沟通机制，审美主体在这一过程中具有创造者和接收者的双重身份，可以在整个审美过程中获得审美与创造的双重体验。因为新媒体时代的到来，沟通效应对整个传播过程产生了重要的影响，甚至改变了传统意义上的审美环境，创造了一种全新的审美模式。在作品《与南极的知识机器对话》当中，艺术家们将 1994 年以来的南极科学考察数据录入计算机当中，并且通过相关的影像展现出来，观众可以通过旋转自己的身体来对影像概念的展现方式进行一定的调整。按下控制按钮之后，观众还可以主动进行数据选择，显示屏上面还会出现这些数据组成的三维图像，受众会获得更加强烈的审美感受。

第二章　新媒体艺术的审美主体、客体及体验特征

一个完整的审美过程，是由多个不同的环节和个体共同构成的。尤其是在进入新媒体时代之后，新媒体艺术审美模式似乎不仅仅是一个审美模式，更像是技术媒体的逻辑方式，我们可以从中感受到物体拟人化的感性认识模式。尤其是在不同媒介相互融合的过程中，人们的审美思维开始逐渐发生变化。在新媒体环境下，要求人们建立一个立体化的、有机的审美思维，这一审美思维需要将审美主体健全的感官和感知能力包含在内，同时还需要包含审美需求、审美心理结构等要素，以及由审美个体的文化素养、个人经历、精神气质等构成的精神文化，这些内容共同构成的审美思维方式，才是审美主体在新媒体环境下应当具备的审美能力。

第一节　新媒体艺术的审美主体

在新媒体艺术审美活动中，审美主客体之间的关系发生了极大的变化，审美主体既可以是创作者，同时也可以是审美活动的接受者，只有在审美主体和审美客体实现精神融合的过程中，才能让审美客体产生审美共鸣。

因此，我们需要对新媒体时代的审美主体进行全面的认识，进而帮助我们更好地对新媒体艺术和传统艺术的审美方式进行有效区分。

一、新媒体时代审美主体特征分析

（一）创作主体自身角色的模糊性

通过对艺术发展的历史进行一定的研究可以发现，在不同的艺术发展阶段，艺术创作者自身的角色特征会具有一定的变化。在传统艺术审美阶段，创作主体和审美主体之间具有十分明确的界限，而且彼此之间的区别也非常明显。一般来说，从事艺术创作活动的就是艺术家，而进行艺术作品欣赏的就是受众，在舞台上表演的就是艺术表演者，而在下边观看的就是观众。但是伴随着时代的发展与进步，在进入新媒体时代之后，新媒体艺术活动当中的创作主体和审美主体之间的界限越来越模糊，这也成为之后创作主体和审美主体形成合作关系的重要基础。巴克廷针对这一变化曾经说过，在新媒体艺术当中，受众参与审美过程中的行为不是简单的参与性行为，更是一种特殊的创造性行为。因为在新媒体时代的互动性，可以帮助艺术家将自己对于美的感受更加真切地传达给受众。在网络文学当中，很多小说就是作者和读者不断互动使之最终完成的，而且小说的后续发展和情节设计会受到读者选择的影响。多媒体技术的发展促进了多媒体交互艺术的诞生，使得很多欣赏者在互动之后就可以直接获得相应的审美体验，在这一过程中，人们不仅仅是新媒体艺术的参与者和体验者，还可以在参与审美之后进行二次创作。比如德国艺术家皮特·福格尔利用光感应创作出了音乐装置作品《影子的声音》，就是模糊创作者和受众的作品典范。这一作品由 14 个不同的光感应器构成，从远处看就像一个挂在墙上的大型五线谱。当观众处于这一装置当中的时候，自身的影子就会带动感光装置让其发出声音，紧接着剩下的 13 个光感应装置也会发出声音，不同的声音相互作用，就会共同组成一个音乐作品，而且伴随着观众身体的移动，音乐会发生不一样的变化，由此可见，当观众在参与审美的时候，本身也是在创作。

（二）审美主体感官体验的多样化

在传统艺术的审美活动当中，因为艺术作品传播媒介的局限性，使得艺术作品只能进行单向传播，在这一过程中，受众获得的审美体验往往比较单一，美感获得也非常薄弱。比如在欣赏绘画作品的时候只能利用视觉进行欣赏，所以也就只能获得视觉享受；在欣赏音乐作品的时候，只能利用耳朵进行欣赏，所以最终只能获得听觉层面的审美享受。伴随着相关技术的不断发展，艺术进入了全新的发展阶段，因为新媒体艺术的创作形态越来越丰富，使人们对自身的审美感受提出了更高的要求，即创作出的艺术作品能够满足多重感官的要求。因为新媒体时代的媒介融合，使得艺术创作也可以将多种不同的艺术表现手法融入其中。比如我们在欣赏 3D 电影(一般指立体电影不同)的时候，可以利用多种不同的媒介技术进行创作，充分调动视觉、听觉和嗅觉，获得充足的美感。由此可见，新媒体艺术发展已经呈现出多种感官体验融合发展的趋势。其实世界上本身就是存在多种媒介的，只是因为人们能力的局限性，使得人们无法合理有效地对这些不同的媒介进行利用，所以最终只能使用单一的媒介进行作品展示。在多媒介融合发展的驱使下呈现艺术作品，最重要的是将艺术创作的过程展现出来，不仅要让观众感受到美感，更要培养观众的审美意识。比如艺术作品《光和空间的调节器》，是匈牙利一位艺术家创作的雕塑作品。在创作这一作品的时候艺术家使用了不锈钢板、塑料、木板等材料，并且借助马达转动来让周围的羽毛、球体等内容全部转起来，在这些物体转动的过程中，将光投射上去，最终映射出来的图案像万花筒一样，可以给观众带来极大的美感体验。在对新媒体艺术进行研究的过程中，拉兹洛·莫霍利·纳吉还提出了活动艺术作品与观众之间的互动关系。在他看来，艺术作品应当根据观众的变化发生相应的变化，这才能体现出新媒体艺术的独特之处，后来他还通过对艺术活动的实验证明了艺术具有“扩展了人的感官”的使命。

（三）审美主体空间体验的重叠性

在艺术作品当中，意象是主体对审美产生的自觉意识，体现出了艺术作品应有的审美至高的特点。在传统艺术当中进行审美表达，作品表达审美的方式是单一的、单纯的，传统艺术形象的呈现方式大多是需要观众在现场观看以此来实现的。新媒体艺术的意象则和传统艺术有所区别，新媒体艺术可以将审美主体与审美客体的审美体验充分展现出来，只需要凭借相关技术就可以。这使传统艺术审美过程中所具有的时空感逐渐丧失，充分体现出这一时代独有的审美特点，类似于当今时代的网络小说和虚拟现实技术等，这些新的艺术形式需要审美主体具有立体化的审美感觉和较强的综合能力。日本艺术家岩井俊雄曾经发表过《钢琴——作为一种影像的媒介》这一作品，作品当中的主要内容是一个真实的钢琴和电脑动态图像结合起来。当参与者在这一过程中参与的时候，通过一个追踪球的界面可以生成可视化的旋律，这一旋律通过投影会形成一个虚拟的乐谱，最终在电脑上生成一个图像。这一作品的特点是钢琴可以转化为一种特殊的图片媒体，这些转化而来的图像在钢琴上又会形成另一种图像。作者在创作作品的时候，充分改变了钢琴本身的性质，让其成为一个可以生成图像的特殊媒介，并且通过钢琴和计算机图像之间的联系，让观众产生丰富的审美意象。

（四）审美主题艺术感知的跨界性

音乐中的旋律、文学中的文字、绘画中的色彩等，都是艺术作品中的有机组成部分。对于一件艺术作品来说，这些内容就像人的皮肤，不仅可以给人们带来美好的外观，同时还能够给人们带来无限的想象，将艺术作品本身的张力体现出来，充分展现出每一幅艺术作品所包含的文化内涵。但是我们应当认识到，在传统艺术的审美过程中，受众可以感受到的艺术语汇是非常单一的。新媒体艺术和传统艺术则具有一定的区别，我们要充分认识到新媒体艺术应有的融合性特征，因为各种技术的支持，使得艺术表现手法越来越多样化，构成要素也更加丰富。不同设备主体的表现手法也可以进行相互组合。不论是新媒体艺术的装置系统还是互动系统，还是网络空间和虚拟现实空间，都让新媒体艺术的创作主体脱离了材质的束缚，并且在这一过程中逐渐形成了新的创作思维。而且在新媒体时代，各种新形式艺术突破了传统审美方式的规范和局限性，给人们带来了极大的审美享受和震撼。新媒体艺术的发展拓展了受众的认知，也展现出了新媒体艺术独有的审美魅力。

二、审美活动的交互主体性

在审美活动中，审美活动的交互主体性主要是指审美主体和审美对象之间因为交互性而形成的特殊体验，同时也包括不同的审美主体在审美过程中通过交互实现对艺术价值的确定。审美的主体性在一定程度上体现出了不同主体的差异性，只有不同审美主体之间的相互沟通与交流，才能形成平等自由的艺术关系，保证艺术的美学价值。在审美过程中，不同的审美主体因为审美感的共通性才能够获得审美体验的交互，进而体现出审美活动的交互主体性。

（一）杜夫海纳与审美教育主体性

在交互主体性的研究中，杜夫海纳是研究得最为深刻和全面的一位艺术家。他对于审美经验的理解也与众不同，一般人会将审美主体自身的经历和能力当作自身的审美经验，但是他却将审美经验当成一种特殊的关系，认为审美经验是基于审美主体和审美对象之间的作用而形成。所以，他在研究审美活动的时候认为，主体对客体的审美，实质上就是主体之间的一种交往活动。杜夫海纳认为，在审美活动当中，审美对象也可以是准主体，因为它是一个主体创作出的作品，所以当我们欣赏作品的时候可以在作品身上看到主体的影子，因此，我们不能片面地将审美对象和创作者进行区分。所有的审美对象都是创作主体创作的，所以，我们可以从中感受到创作主体的主体性特征，而且创作主体也是通过一定的审美对象来进行审美表现的。当然，我们并不能因此就将其当作主体，因为主体和准主体在本质上是不同的，因为在审美过程中，审美对象终究只是一个物体，而不是真正的主体。

由此可见，艺术作品和审美对象之间具有非常密切的联系，但是两者却不能混为一谈，而且艺术作品和审美对象之间也不是等同的关系，艺术作品只是审美对象的一部分。比如大自然也可以是审美对象，一些现代技术也可以是审美对象。从艺术作品本身的内涵来看，我们要知道艺术作品只有被审美主体感知才能成为审美对象。因此，杜夫海纳认为，当艺术作品被人们从审美层面感受的时候，它本身的外形、色彩等内容就发生了价值转变，成为一种可以给人们带来什么感受的东西。杜夫海纳也因此将艺术作品的这些外在的，可以被人们所感知的东西称为审美要素，不同审美要素的共同组合，就成了审美对象。艺术作品最主要的特征主要是体现在情感层面的，如果一件艺术作品没有情感，那这件作品就没有灵魂，人们也就无法从中感受到所传达的内涵，艺术作品就会成为一个躯壳。所以，艺术作品都是具有情感的整体结构，同时也是人们的审美的投射。我们观看不同艺术家的艺术作品，能够感受到不同的艺术风格，这就代表这些不同的艺术家在其中注入了不同的情感。艺术作品甚至可以在一定程度上展现出主体与主体之间的关系，这正是艺术作品和审美对象之间的最大区别。

在审美活动当中，艺术作品作为对象，交互主体性主要体现在两个方面：第一方面是观众层面，这一层面需要观众能够在审美的过程中充分感受到艺术作品本身的形象；第二方面是创作者层面，这一层面需要创作者因为要进行创作而不断进行活动。在一件艺术作品当中，作品能够充分展现出创作主体的真实性，因为艺术作品所表现的其实是创作主体对于生活世界的领悟和理解，可以充分展现出创作主体的情感世界。审美主体进行审美过程中感受到的情感世界与创作主体创造的世界是一致的，只是对于审美主体来说可能并不这样认为。从以上内容来说，我们可以发现创作主体创作的世界和审美主体在欣赏过程中感受到的世界并不冲突，或者说两者是相互融合的。审美活动的交互主体性其实是交互主体性理论在艺术当中的体现。

（二）主体性和交互主体性

交互主体性是主体性在不同主体间的延伸，但主体不是单独存在的，是相对于客体的，如果客体不存在，那么，主体自然也就不存在，所以，在研究主体性的时候首先需要认识到主体和客体之间的关系。当我们了解了主客体之间的关系以及主体属性时，我们就能意识到，交互主体性是主体和其他主体之间存在的一种关系特性，主要通过不同主体之间的相互承认、相互沟通和相互影响来体现。

笛卡儿、康德和黑格尔等人是唯心主义的代表者，他们推动了近现代主体性哲学的发展，主体性也是艺术传播当中一个非常重要的概念，主体性是人们作为审美主体特有的一种特性，是审美主体在与审美对象相互作用过程中感受到的一种人的创造特性。当然，因为每一个人所处的环境、经历、教育、智力等有所不同，使得我们每个人都会因此产生自己独特的认知和意识。在人与人相互沟通和交流的过程中，依赖的是不同主体之间的共性，因为共性的存在才能够保证不同主体可以进行有效的沟通。如果缺乏共性，主体与主体之间就没有共同话题，无法实现情感共鸣，交流自然也会因此受到限制。在艺术欣赏的过程中，如果审美主体与创作者之间没有共识，那么，审美主体在欣赏作品的过程中就无法感受到艺术家想要传达的情感，也就无法实现情感交流。德国哲学家尤尔根·哈贝马斯说过：“人存在的主体性从一产生就已经是一种主体际性。”这一句话说明，人的主体性是在主体相互交往过程中产生的，即主体和主体相互尊重、相互承认对方的时候才会存在。人是在不断成长的，在这一过程中，人的生命意识也在不断发展，逐渐突破自身的局限，加深与他人之间的联系。只有这样，人们才能逐渐形成完整的生命自觉，不断实现自我认知和自我超越，在不同主体相互联系和交流的过程中，主体能够对自身有一个更加明确的认知，并且确定自我存在。

现象学的发展逐渐克服了主体性哲学面临的发展困境。进入20世纪之后，胡塞尔在本体论和认识论的基础上提出了交互主体性的概念。他认为，交互主体性是指不同主体相互之间，在同一空间生活当中的共存关系。受胡塞尔的影响，海德格尔、伽达默尔、哈贝马斯、杜夫海纳等人对交互主体性有了进一步的认识与研究。交互主体性理论的意义在于，它能够有效消除主体和客体之间的对立关系，促进主体与客体之间的平等发展，形成一个平等交往的关系。交互主体性理论确定了“主体—主体”和“主体—中介—主体”两种模式，在审美活动当中则指“艺术家—欣赏者”和“欣赏者—艺术作品—艺术家”。无论在什么活动当中，欣赏者和艺术家都是主体，两者也会在这个过程中相互作用，实现创作和欣赏的联系，提升整个审美活动的交互性。

（三）审美交互性与审美交互主体性

在审美活动当中，人是审美主体，因为在审美活动当中，艺术作品的创作离不开主体，而且主体创作是实现创作主体和审美主体相互交流的重要基础。在艺术作品创作、传播和审美的多个环节当中，认识都有着决定性的作用，因此，主体需要充分发挥自身的想象，实现主体想象的对象化。精神层面的创造性是艺术活动得以存在和发展的重要基础，而这就更体现出了人的重要性。艺术创作的过程其实就是主体精神外化的过程，所以艺术作品是主体精神的结晶。

审美的主体性是指每一个主体在进行审美时都具有自身的特殊性，这也是造成主体审美差异的重要因素。在影响主体审美差异的因素当中，主要包括自然因素和社会因素两部分。自然因素又包括两个不同的方面：第一是主体自身的自然因素，比如主体自身的意识活动和心理素质；第二是客体审美对象的自然因素，比如他们所处的自然环境。社会因素则是指主体依赖的社会条件，特别是主体从事的相关实践活动。这些因素既包括主体本身的一些因素，也包括主体之外的一些因素。总之，这些不同方面的因素都会对审美主体的审美活动产生一定的影响，进而让审美主体在对同一件艺术作品进行欣赏的时候可以产生不同的解读，获得不同的审美体验。

审美活动的交互主体性则指不同主体的审美体验相互延伸。在艺术审美过程中，审美体验其实就是指主体和客体的互动，并且通过交流与体验，逐渐将理解上升到情感层面的一个过程。在这一过程中，需要满足审美主体可以自由发挥自身想象的前提，因为审美主体和审美对象的交互才体现出体验的过程，在这一过程中，不论是审美认知还是审美创造，都需要围绕审美体验开展。

在审美主体审美过程中，首先要保证审美对象在自身欣赏的范围内，进而充分发挥自身的想象进行体验。艺术创作者作为审美过程中的另一主体，需要通过艺术作品消解审美主体原有的客体性，提升他们的主体性，并且借助艺术作品进行更加深入的交流。在这一过程中，审美主体和创作主体之间的对立关系可以得到一定的消解，并且将两者的关系转化为交互主体性关系。在审美创作当中，创作主体需要借助自身的审美经验，并且充分发挥想象力进行创作，在这一过程中，创作主体要明确创作主题、确定艺术作品形象，在此基础上不断进行思考，最终完成创作，创作主体的经验都是帮助创作主体不断进行创作的素材。创作主体对一定素材进行想象和艺术创作的过程，其实本身就是在审美，所以，创作主体的身份一直在不断进行变化转换。我们从这一过程可以认识到，审美创造并不是单纯的幻想，而是在创作主体本身经验的基础上发展而来的。

从以上内容我们可以发现，不同的主体性在一定程度上影响了不同主体的审美差异。不同审美主体在相互交往的过程中，通过交流，能够在两者之间形成一个自由的艺术关系，从而展现出艺术独有的美学价值。而支持不同审美主体相互交流的，正是审美共通感。审美共通感是一种特别的审美价值原则，具有相同审美价值的体验者可以在审美共通感的影响下实现交流，最终形成情感共鸣。在一个完整的审美过程当中，可能会有多个不同的审美主体，这些主体在审美共通感的作用下实现审美体验的交互，从而形成审美活动的交互主体性。

第二节 新媒体艺术的审美客体

在新媒体艺术的审美活动中，能够实现审美主体和审美客体之间的双向互动。之所以在新媒体艺术审美活动中审美客体与审美主体之间能够发生更加密切的关系，是因为在新媒体艺术当中加入了一些必要的因素，这些因素需要具备一些必要的审美属性，只有这样才能充分唤醒审美主体自身的审美需要。新媒体艺术要被更加广泛的审美对象接受，需要与传统艺术进行有效的区别，只有这样才能在新时代充分满足所有欣赏者需要的审美价值。

一、新媒体艺术当中审美客体造型的多媒体性

在传统艺术当中，审美客体一般指那些可以引起人们美感的客观对象，比如优美的风景、造型别致的工艺品，这些都可以是人们进行欣赏的审美客体，由此可见，审美客体是客观存在的，是能够满足审美主题审美需求的、具有审美价值的。除了客观存在的自然景象之外，作家创作的文学作品、画家创作的绘画作品、音乐家创作的音乐作品等，都属于审美客体的范畴。传统的艺术形式和艺术门类都是根据媒体的不同进行区分的。进入新媒体时代，因为计算机技术的发展和应用，导致那些根据传统媒体材料对艺术进行分类的方式已经不太适用，在这一基础上促进了新的数码艺术形式的产生。数码艺术主要包括多媒体艺术和超媒体艺术，因为这几种不同的艺术形式都需要借助计算机技术和数字语言进行创作，将数字语言转化为声音、文字、图像、视频等内容然后呈现出来，再加上这些不同的元素可以进行相互融合，所以，能够在传播的过程中让作品变得更加丰富，从而吸引观众的注意。在进入新媒体时代之后，新媒体艺术作品开始逐渐从单媒向多媒进行转变，实现了场景从现实到虚拟的转化，受众被动进行欣赏的方式也转变为互动的参与方式，这些都是新媒体艺术作品所具有的魅力。由此可见，我们在欣赏新媒体艺术作品的过程中，能够让自身的感

官全面地调动，除了传统艺术当中单一的视觉享受、听觉享受之外，还能够充分调动触觉和嗅觉等。总之，新媒体艺术当中，审美客体造型极为丰富，尤其是动感和韵律的提升能够让审美主体拥有更加强烈的身心愉悦之感，促进审美主体的沉浸。

二、新媒体艺术审美客体存在形式的多元化

（一）时空表现形态

新媒体艺术的发展，突破了传统艺术本身具有的时空限制，并且也让传统艺术内部的时空观念得到一定的拓展，通过借助图层、蒙版、通道和三维造型技术等手段，能够给观众带来一种超越时空的艺术效果，进而让观众在欣赏作品的过程中产生一种时空错觉的感受。很明显，这一变化与传统艺术的单一平面艺术表现形成了鲜明的对比。比如艺术家亨利希（Heinrich Hey）的作品《瀑布（Waterfall）》所呈现出的动画效果就是这样。他在进行创作的过程中将莫里茨·科内利斯·埃舍尔的图像艺术作为基础，并且通过动画的方式将其呈现在屏幕上，营造出了不存在的三角空间，给人们带来了不一样的空间解读效果。这种通过时空错觉给人们带来幻觉的手法，其实就是利用了非理性的拼贴和矛盾并存的原则，进而带来震撼的效果。

（二）潜意识表现形态

从传统艺术作品来看，我们可以发现大多数艺术作品在呈现的时候以表现作品表象为主的，因为传统的艺术表现方式无法将作品深层次的内涵表现出来。新媒体艺术则有所不同，因为新媒体艺术运用了多种不同的科技手段，再加上对超现实主义的独特理解，使得新媒体艺术作品对于人类意识的思考更加具体，和那些传统艺术相比较，我们可以发现，新媒体艺术作品更加注重展现出表现内容的潜意识。由此可见，新媒体艺术是一种超越现实和理性的艺术。比如艺术家凯西·斯密（Kathy Smith）通过艺术作品《莫名的情绪（Indefinable Moods）》来表达自己无可名状的心情。

他在这一幅作品当中使用了超现实主义的创作手法，并且将文艺复兴和法国浪漫主义当中的传统绘画和单独空间艺术进行一定结合，最终描绘出一种潜意识当中的景象，给人们营造出一个超现实的世界。超现实主义艺术家安德烈·马松曾经使用笔和墨水创作出艺术作品《无意识绘画》，通过这一绘画直接反映出作者率真的性格，这种特殊的表现方式能够将艺术家头脑当中的潜意识或迹象进行明确的记录。

（三）抽象的艺术表现形态

传统艺术在表现具体事物美感方面具有特殊的效果，新媒体艺术则可以将有机物和无机物的结构进行拼接重组，进而给人们营造出一个抽象的意识形态。这种新媒体艺术的表达方式大多来自现实世界，能够将现实当中的特殊物体和现象通过重组的方式创作出来，最终呈现出不一样的美感。最典型的一个例子就是有一位叫作埃里克·赫勒（Eric J. Heller）的艺术家曾经利用计算机程序设计了一幅叫作《指数（Exponential）》的作品。这一作品的创作灵感其实就是宇宙万物当中无法看见的原子、分子等自然科学现象，作者通过将这些内容进行一定的加工重组，并且利用物理元素将其转换为能量图像，将人眼无法看到的世界独有的美感呈现出来，给人们带来了良好的视觉感受。查尔斯· 斯利在 1967 年创作的一个 10 分钟左右的动画片，他通过使用单线的方式描绘蜂鸟，又使用一系列动作来拟合鸟类的形态，最终在计算机上面产生了 25 组动作系列，3 万张左右的图片。从这两个例子我们可以发现，传统艺术是无法将一些抽象的内容呈现出来的，只有计算机艺术才能将这些内容更好地展现出来，并且给人们带来非常震撼的视觉效果。

（四）活动表现形态

新媒体艺术发展的特点在于，它可以突破传统平面艺术表现形式的局限性，进而对立体主义和未来主义进行继承和发展，实现动态艺术的展现。艺术的活动表现形态实现了艺术作品从平面向空间的转变，也让艺术从静态发展成为动态，并且与时间和环境之间的联系越来越密切，在新媒体艺术环境下形成一种新的互动关系。1932 年，美国艺术家亚历山大·考尔德使用小型马达和一些几何体创作了一个活动雕塑作品《易动之物》，这一作品通过非常自由的形式将不同的内容组合在一起。这一作品不仅实现了未来主义艺术家在平面上对立体和速度的理解与向往，真正让艺术作品与我们所处的环境越来越密切，同时在艺术作品和观众之间构建了一个全新的关系，让观众在新媒体艺术面前不再是被动欣赏，而是主动参与到艺术作品的创作当中，并且在这一过程中明确自身的主体性位置。

（五）拼接充足表现形态

新媒体艺术充分继承了达达主义艺术，艺术家们在创作的过程中对各种材料进行充分有效的运用，只需要对不同的材料进行一定的拼接和组合，就可以创作出不同类型的艺术作品。这种特殊的艺术作品创作表现方式将绘画之外的材料应用起来，拓展了传统艺术原有的领域，实现了不同艺术原料相互组合的方式，给人们带来了出乎意料的效果。拼接艺术是一种特殊的艺术形式，可以将剪报、彩带、色块等材料进行不同的拼接和制作，最终创作出艺术作品。比如毕加索的作品《藤椅上的静物》，就是将布料直接粘贴在画布上进行创作的一种方式，这也是第一件拼贴式的艺术作品。从这幅作品我们可以发现，毕加索将油布粘在画布上的方式取代了直接在画布上作画的方式，也在一定程度上实现了真实和幻想之间界限的模糊。

三、新媒体艺术当中审美客体传播的瞬时性

现如今，互联网技术得到了极大的发展，远距离传输多媒体艺术作品的方式已经成为一种现实。只需要借助数字技术，人们就能够进行图像、摄影、录像等内容的制作，而且在艺术家创作完艺术作品之后，也可以通过网络的方式进行艺术作品发布，只需要很短的时间，内容就可以传播到世界各地，甚至能够通过直播的方式对艺术作品进行讲解，进而将这些作品的内容详细地展现给所有的欣赏者。艺术创作者在这一时代不需要对艺术传播渠道和呈现方式进行考虑，艺术欣赏者可以随时随地在网络上进行

艺术作品的浏览和欣赏。艺术创作者在进行作品传播的同时，还可以随时进行检索和储存。很显然，新媒体艺术的出现和发展，打破了传统艺术当中时间和地点的局限性，受众可以在进行审美的同时找到自身的爱好，也可以创作出自己喜欢的艺术作品。与此同时，受众还能够借助新媒体技术与其他的艺术爱好者进行艺术作品分享，这些都是新媒体艺术本身所具有的优点。总之，瞬时传播的方式成为推动新媒体艺术发展的重要动力，具体的传播方式也越来越多样化，比如可以通过电子游戏、虚拟场景等。借助新媒体艺术品虚拟性的特征，将不同的新媒体技术进行有效组合，进而创造出一个数字化的虚拟空间，在这一空间当中，不同的欣赏者可以相互进行交流，进行即时的艺术传播与互动，并且参与到其中，对艺术作品进行一定的修改。

第三节　新媒体艺术的审美体验特征

技术美是新媒体艺术所具有的一种特殊的美感，在科学技术领域得到了充分的体现，这也是现代科学技术和艺术作品相互结合形成的一种特殊的美，是当代技术活动和审美活动融合的产物。因为新媒体艺术的产生，使得审美主体、审美客体和审美环境之间发生了极大的变化，并且形成了新的审美关系。新媒体艺术和传统艺术相比，审美活动、审美过程、审美特征等在不同新媒体的艺术样式下，还可以作为单独的整体而存在，给人们呈现出一个相对完美的审美体验。

一、多维的新媒体艺术审美体验方式

新媒体艺术的审美体验方式是在传统审美体验方式基础上的发展，具有多维性和丰富性的特征。新媒体艺术将多种媒体进行有效结合，而且能够在这一基础上将不同的特点进行一定的整合，充分利用不同的体验方式来实现技术和艺术之间的互动，最终影响受众的审美体验。

（一）丰富的体验方式

传统媒体根据媒介的不同，主要可以分为三个不同的发展阶段，分别是纸质传媒阶段、广播传媒阶段和电视传媒阶段。在互联网技术出现之后，人们将其当作第四种传媒方式，因其本身所具有的数字化、实时性和交互性等特点，使其在当今社会得到了广泛的传播，并且实现了传统媒介的延伸。新媒体技术是利用超文本的方式进行记录的，所以，可以给人们带来更加震撼的体验效果，让大众可以在这一个新的时代对新媒体艺术的呈现方式有一个更深的认识。在对新媒体艺术进行欣赏的时候，我们不仅可以在数字技术营造的虚拟空间当中获得更加强烈的沉浸感和交互性，而且能够通过传统媒体和新媒体之间的互动获得全新的感受。通过利用数字技术当中的多媒体系统、视频系统、远程通信技术、遥感技术等，不仅可以在一定程度上丰富艺术作品的内容，同时还能够给受众带来更加丰富的体验，让受众在进行艺术欣赏的过程中具有全新的体验。总之，新媒体艺术的发展，让艺术的传播模式和受众的消费模式都发生了较大的改变。每一位受众都善于在当今时代表明自己的喜好，进而根据自身的意愿选择自己喜欢的艺术作品进行欣赏，由此可见，受众对于艺术作品的要求已经逐渐从大众化转变为个性化，而且伴随着这一发展趋势，受众对于获取信息的方式有了越来越高的的要求。在这一过程中，受众的单一体验模式已经逐渐转变为复合的体验模式，逐渐提升了艺术作品的价值，也让人们对审美体验有了全新的认知。不得不承认，新媒体艺术的发展打破了传统审美关系当中主体和客体之间的关系。比如视频艺术，最早出现在 20 世纪六七十年代末，通过将动画、视频以及音频的相互融合制作而成，这一方式在现如今仍然是使用非常广泛的一种方式，并且还能够在各种影像装置当中得到广泛的应用。麦克卢汉曾经在《理解媒介——论人的延伸》当中写道，电子媒介时代已经到来，并且“电波媒介”很快就会取代活字媒介，并且会在一定程度上促进影像文化时代的到来。电视媒体的发展，让所有的观看者都可以在这一过程中被各种讯息包围，这与麦克卢汉的理论“媒介即讯息”是相互一致的。因为视频艺术不仅是一种可以进行情感传达的媒介，而且它能够充分利用各种技术进行视频的记录和传达，由于没有传统时代的时间和空间层面的限制，让人们对时间和距离有了一个全新的理解。总之，因为新媒体技术的参与，艺术家能够对艺术作品进行重组、穿插和剪辑，在改变原有手工技术的同时，还能够促进艺术表现领域的拓展。比如德国艺术家迪特尔·费勒泽的视频装置作品《并非为“老大哥”模式的监控周期》，这一作品在创作时用了两台有线电视和提前准备好的录像带，将进入画廊的观众记录下来，并且投影在屏幕上。观众在另一台电视上就可以看到其他人参观时候的画面。艺术家在创作的时候通过利用新媒体技术手段，给观众带来了一种沉浸的感觉，通过这一艺术作品，能够展现出新时代审美主体、作品环境以及主体情感之间的不同关系。这样一来，观众在进行艺术作品欣赏的过程中就不会在艺术欣赏方面劳神，通过感官层面的刺激就可以更好地融入艺术环境，进而获得超越现实的美感。一般来说，人们在欣赏传统艺术时，整个过程会非常静默，审美主体会在这一过程中进行沉思。新媒体艺术则利用声音、影像给审美主体带来强烈的感官刺激，让审美主体可以获得多维的感官刺激，帮助审美主体在这一过程中释放自己的压力，从而心情愉悦。伴随着科学技术的不断进步，新媒体技术手段越来越丰富，这也让新媒体艺术有了更加广泛的发展空间，让受众的审美体验极大地丰富起来。

（二）全新的体验方式

就当今的实际情况来看，我们可以发现艺术本身就具有多样化的个性和特征，而且在不同的时代、不同的地域，会因为不同的文化而表现出不同的艺术形式，进而呈现出不同的功能。比如传统艺术主要是表现一些美好的事物，新媒体艺术则有所不同。具体来说，传统艺术能够通过美好的事物让受众获得美感，并使其从中获得不同感官层面的震撼，新媒体艺术则通过独特的艺术创作实现艺术作品意义和人们观念的转变，给人们带来更加立体化的体验。不得不承认，新媒体艺术作品将传统意义上的时空观念进行了经典的拓展，并且借助涂层设计、蒙版、三维等技术手段，给人们营造出了一种超越时空的艺术效果。审美主体在对新媒体艺术作品进行欣赏的过程中，能够产生特殊的时空错觉，从而获得特殊的审美感受。尤里克·加布里埃尔有一幅利用人脑电波进行控制的交互艺术作品《场的知觉——交互环境的空间悖论》。当受众处于这一空间的时候，可以非常清楚地听到自己的心跳，而且还能够感受到因为心跳而造成的图像变化。当受众位于这一空间中的时候，因为被内部景象吸引，甚至会忽略时空观念。另外，还有一件提过的艺术作品《瀑布（Waterfall）》，也有同样的艺术效果。通过动画的方式在屏幕呈现，创作出一个现实生活当中不存在的三角空间。制造类似于幻觉的方法就是充分利用了非理性的拼接方式，进而营造出一种出乎意料的震撼效果。在新媒体艺术作品当中，超现实主义也是经常使用的一种创作手法，这一创作方式将文艺复兴、法国浪漫主义、科技艺术等进行相互融合，最终给人们营造出一种特殊的、超现实的“梦境”。

二、新媒体艺术作品审美的交互性

艺术家在进行传统艺术作品创作的过程中，都是通过间接的方式将美融入作品，然后在欣赏者欣赏的过程中感受艺术作品所具有的美感。因为在传统艺术作品创作的过程中，创作方式和创作观念比较单一，所以，经常会导致不同的人对同一作品拥有不同的看法，一部作品也很难得到所有人的认可。新媒体艺术作品和传统艺术作品有所区别，艺术家在进行作品创作的时候是和受众共同参与的，所以一件优秀的新媒体艺术作品往往会有很多人的参与，因为不同参与者审美的融入，使得艺术作品能够被更多的受众接受，这一过程也会在无形中让作品的主题思想更加深化。尤其是在艺术创作者和受众相互交流的过程中，可以在无形中产生共识，并且通过作品体现这一共识，只有这样，这一作品才算真正完成。很显然，在新媒体艺术作品创作的过程中，艺术家和消费者之间都会产生自己对于艺术作品独特的审美理解，让自己的审美体验得到极大地丰富。

（一）审美体验过程中创作手段的交互

当审美主体在欣赏新媒体艺术作品的过程中，必然会涉及交互艺术的创作方式。如果说在艺术创作的过程中，传统艺术是从客观世界为基础出发的，那么，新媒体艺术则是从人类自身出发进行创作和发展的。因为数字技术的支持，使新媒体艺术得到了一定的发展，不同技术的相互作用共同推动了新型艺术作品的产生与拓展。利用新媒体技术创作艺术作品的时候，经常会出现多种媒体技术相互作用的情况，比如图像设计、网络技术、通信技术等，在专业人员的指导下，可以充分发挥这些技术的作用，提升艺术作品的整体质量。要想对艺术作品的交互性有一个充分的了解，就必须深入艺术作品与之进行互动。其实交互艺术作品已有上百年的历史，比如 20 世纪 20 年代的《旋转的玻璃》，从这一艺术作品的创作背景来看，当时的立体主义和未来主义得到了一定的进步和发展，而这也是交互艺术当中的两个学派。虽然从作品角度来看，这两个学派的艺术作品当中看不到交互性的影子，但是我们仍然要承认其与交互艺术有着密切的联系。立体主义当中的多视点观察和未来主义对时间与速度的崇拜，都在一个全新的角度下进行艺术表现。进入 70 年代之后，新媒体艺术实现了进一步拓展，艺术作品的表现形式也有了全新的发展趋势，往往一件艺术作品的创作并不只需要艺术家一个人努力，大多数时候需要艺术家和受众共同努力。由此可见，欣赏者所具有的身份也不仅仅是被动的观看者和体验者，他们甚至是艺术作品的一部分，最重要的一点在于，新媒体艺术具有明显的双向反馈机制。进入 20 世纪 90 年代之后，交互艺术作品越来越多样化，作品形式也更加丰富，计算机技术、网络科学技术、人工智能技术、虚拟现实技术等手段开始实现综合运用，交互艺术作品得到了进一步的丰富发展。我们需要意识到，因为多种技术的共同参与，使我们很难对当今时代的艺术作品进行科学的分类，但是我们仍然可以意识到，新媒体艺术与传统艺术之间具有非常鲜明的对比。交互式的审美体验方式在传统艺术当中是无法实现的，但是在新媒体艺术当中却成为一个重要的发展方向。比如在欣赏新媒体艺术作品的时候，审美主体每一次点击鼠标，都是对艺术作品的欣赏，也都会对艺术作品进行进一步的创新，从而给人带来不同的审美体验。2000 年，日本艺术家浅野耕平发布了自己的装置作品《握手》。他在这一件艺术作品当中加入了温度感应装置，当两个人握手的时候，这一装置能够感受到温度的变化，进而根据温度变化将两个人的心态呈现出来，传输到信息系统当中，最终计算机可以根据变化呈现出不同的动态图像。这一作品传达给大家的信息就是，因为新媒体时代各种媒介技术的发展，人与人之间的交流也越来越密切，这在一定程度上推动了艺术的发展。

（二）审美体验当中创作内容的交互

在传统艺术创作的过程中，艺术作品的创作、传播和反馈等，每一个活动都是独立的，虽然在艺术作品传播过程中存在一定的互动，但这种互动也是单向的、延时的。所以，不同过程当中的张力都受到了很大的限制。新媒体艺术审美活动是互动的、交互的、开放的，在这一过程中互动是非常明显的，最重要的是，这一互动一直都是双向的、实时的。新媒体艺术凭借本身的多样性和互动性将这些不同过程的内容进行整合，让创作者和审美者都可以在这一过程中释放自身的感受，充分发挥艺术作品本身的作用。在传统艺术创作的过程中，艺术家参与艺术作品创作，我们可以从这些艺术作品当中感受到艺术家融入的情感和美感。但是传统艺术作品欣赏过程中创作者和欣赏者之间存在一定的观念差异，所以，导致人们很难基于一件艺术作品给予充分认可。在进行艺术作品创作的过程中，创作过程是非常封闭的，缺乏与欣赏者之间的相互交流，所以导致艺术家和欣赏者之间具有明确的界限。新媒体艺术则有所不同，其在一定程度上模糊了创作者和欣赏者之间的界限，充分展现出新媒体艺术作品所具有的互动性和参与性特征。新媒体艺术作品的整个过程都是开放性的，不论艺术作品是否完成，人们都可以与创作者进行互动，参与到交流的整个过程中。比如艺术家通过网络发布了一件艺术作品之后，这一作品不仅仅是用来让大家参观的，还允许人们参与其中，并且进行修改，当作品修改完成之后，人们可以通过一种新的方式再次进行传播。因为新媒体技术的这一特征，使艺术家可以创作出更多的艺术作品，并且可以将不同的作品造型和传播方式进行一定的整合，促进艺术表现形式的丰富发展。尤其是近几年来智能手机的发展，使得手机也可以作为媒介进行传播，并且通过智能手机还可以进行艺术创作。

针对传统艺术当中单一的、纯粹的审美方式，新媒体艺术可以对其进行一定的解构，并且进一步促进艺术创作、艺术传播等过程的复合。这一举措有效模糊了传统艺术作品传播过程中主客体身份的界限，而且在传播过程中能够实现创作、传播和二次创作的同步进行，审美主体和审美客体都可以在这一过程中对艺术作品进行创造性的阐释。我们应当肯定新媒体在艺术发展过程中的作用，因为艺术家和受众的共同作用，才能完成一件好的艺术作品。不同个体的共同参与，才促进了艺术作品审美内涵的丰富，让艺术作品本身的审美意象得到进步，也深化了艺术作品的主题。在这一过程中，不论是艺术创作者还是受众，都要有明确的审美理解和审美感悟，只有这样才能不断提升人们的审美能力。

三、新媒体艺术作品创作情境的虚拟性

新媒体艺术与传统艺术的表现方式和本身形态也是具有明显区别的，我们通过研究能够发现，新媒体艺术充分摆脱了传统艺术对于材质的特殊要求，在发展过程中形成了一种特殊的审美情境。

（一）虚拟的现实情境

在 20 世纪 90 年代，霍华德·莱茵戈德在著作《虚拟现实》和《虚拟社区》当中第一次比较系统地对虚拟现实的原理进行了介绍。虚拟现实主要是从其本身感觉价值出发的，而不是通过别的东西来进行定义的。即使是在虚拟世界当中，也要突出艺术而并非技术，由此看来，不论是新媒体艺术还是传统艺术，都是要遵循探索美好世界这一原则的。

传统艺术的创作是从艺术本身出发的，可以在一定程度上对传统艺术进行保护，从而让人们在进行艺术体验的过程中可以和艺术呈现出的世界

保持一定的距离。虚拟现实能够将虚拟世界和现实世界进行有效的联系，从而使其可以成为人们生活当中的一部分，帮助人们对真实世界进行更加深刻的理解。当然，传统艺术的创作并不要求艺术本身发展成为现实，但是虚拟现实技术在艺术创作过程中尽量接近现实。从 20 世纪发展到今天，艺术不断发展，逐渐突破了材料和媒介本身的局限性，而且更加注重艺术观念的传达。新媒体艺术作品的发展实现了技术和艺术的相互结合，让艺术家在进行作品创作的过程中可以根据自身意向进行现实生活中不存在的事物的创作，所以，我们可以在新媒体艺术作品当中看到很多现实生活中看不到的场景和人物，从这一可能来看，我们可以发现现实当中不存在的事物也可以在计算机技术的支持下被展示出来。在现实的空间当中，人们的感觉和体验能够得到强烈的感受，即使没有现实空间中物质材料的支持，也可以给人们带来非常强烈的感官刺激，给人们带来前所未有的体验。

从实际情况可以发现，传统艺术更加倾向于使用单一的媒介来进行艺术美感的穿搭，但是新媒体则有所不同，能够通过多种媒介来给人们传达美感，尤其是新媒体本身的互动性特征，让不同的媒体技术都可以在这一过程中发挥自身的作用。比如通过计算机合成技术和单位虚拟影像技术可以给人们带来良好的感官享受，另外，还可以通过互联网等不同的媒介融合，充分调动大众的感官享受，从而吸引受众参与其中。在这样的环境下进行艺术作品的欣赏，能够增强人们线下参与感，并且给人们带来强烈的身临其境的感觉。这种无法进行确切界定的艺术形式，正是新媒体艺术本身所具有的独特魅力。新媒体艺术凭借自身独有的兼容能力，可以给观众带来非常强烈的、独特的审美体验，也因此，新媒体技术在艺术领域当中得到了越来越广泛的应用。不得不承认，在进入新媒体环境之后，各种技术手段的相互结合，可以给人们营造一个多种感知融为一体的交互式虚拟环境。在这一个虚拟的环境当中，每个人都可以利用相关技术与设备与他人进行交互，进而获得更好的体验。

（二）虚拟的混合情境

混合现实是对不同现实的相互混合，主要是对物理现实和虚拟现实的融合。这种混合形成的环境在一定程度上促进了增强现实空间和交互性媒体之间的融合发展。混合现实在艺术领域当中已经逐渐得到应用，尤其是现实空间和幻想空间的相互融合，给人们的审美创造了一个更大的空间。当然，不仅是小说当中，这一情景在电影当中也得到了非常广泛的应用。比如《幻影英雄》当中就实现了屏幕内的世界和屏幕外的世界之间的相互沟通，并且借助魔术戏票这一中间媒介，实现了两个世界的互通。在电影《黄金岛历险记》当中，主人公因为捡到了一张光碟，并且在玩游戏的时候闯进了卡通世界。其实我们从很多影视作品当中都可以看到这种穿越类的情节，这类影片打破了现实世界和虚拟世界之间的界限，让受众可以在这一过程中充分感受到这种不同情境所带来的震撼感受。混合情境和虚拟空间并不相同，甚至能够取得比虚拟世界更好的效果，让受众可以在这一过程中获得更好的审美体验。这种现实空间和虚拟空间相互融合的审美体验方式虽然具有一定的虚拟性，但是并没有影响受众在审美过程中所获得的美感。

新媒体艺术与其技术之间有着非常密切的关系，并且借助各种数字技术进行艺术创作，以此来进行价值传达，通过强大的表现力来展现出艺术作品本身的震撼力和感染力。当然，我们也应当在新媒体时代意识到传统艺术所具有的包容性特征，传统艺术的这一特点也在一定程度上促进了新媒体艺术的发展，为新媒体艺术的发展提供了一定的参考。尤其是传统艺术当中具有的一些美学思想，在新媒体艺术创作过程中仍然非常实用，比如“天人合一”的美学思想，在新媒体艺术发展过程中，多种技术和媒介和谐发展的理念就是相互一致的。

新媒体艺术在发展过程中，不断吸收我国传统艺术当中蕴含的审美理念和艺术内容，即使在当今全球化的发展背景之下，仍然可以保持自身的先进性，并且实现与其他文化之间的相互交流与融合，在发展的过程中不断创新，呈现出新的发展姿态。在新媒体艺术创作过程中，很多不同的创作参与者并没有接受过专业艺术创作训练，比如技术人员、编程人员甚至是艺术欣赏者。在新媒体环境下，他们都是新媒体艺术创作的参与者，这样创作出来的艺术作品已经脱离了传统意义上的作品创作，实现了艺术的跨越性发展。在当今时代，艺术仍然在不断发展和进步，没有任何一种艺术形式是永恒不变的，新媒体艺术就是在传统艺术的基础上发展而来的。

第三章　新媒体艺术的艺术形态

第一节　超现实主义视像与计算机艺术

当我们对新媒体进行研究时，首先要对旧媒体有一个基本的认识，因为不论什么时代的新媒体都是相对于旧媒体而存在的。在新时代，之所以超现实主义电影能够存在并且得到发展，很大程度上是因为新媒体技术的发展，所以超现实主义电影也算是一种新媒体艺术。利用新媒体技术，对电影进行创造性的改进，进而产生独特的美学价值，给人们带来更加震撼的效果，以此来吸引受众。录像艺术也是同样的原理，人们在欣赏的时候可以从多个角度进行多维度的观看，进而对其内涵有一个更加深入的了解。计算机技术的发展，让艺术得到了一定的进步，新媒体艺术的出现和发展，让艺术具有了全新的创作手段和传播媒介，艺术的创新和发展让人们的欣赏视野也得到了进一步的发展。

一、超现实主义视像

超现实主义视像包括超现实主义电影，超现实主义电影也是一种新媒体艺术，具有极高的艺术价值。简单来说，超现实主义电影就是利用新的媒介对电影艺术进行一定的创作，通过摄影蒙太奇、非线性叙事手法等给观众呈现更加震撼的视觉效果，充分体现观众的主体性地位。随着相关技术的发展，电影给人们带来的感觉体验不仅仅停留在视觉层面，3D 电影的出现，可以让人们的身体得到同样的感官享受。

（一）超现实主义电影的艺术化发展之路

超现实主义电影与超现实主义有着密不可分的关系，同时还离不开 20 世纪的现代主义艺术观念。总之，超现实主义电影的发展离不开相应的理论。电影艺术家为了能够促进电影的发展，开始促进电影艺术与新媒介之间的融合，并且借助蒙太奇、象征等方式来促进电影逻辑的丰富与发展，所以超现实主义电影虽然也属于叙事电影的范畴，但是其与叙事电影并不相同。

最先使用超现实主义这一术语的是诗人阿波利奈尔，之后法国兴起了这一艺术流派，并且对欧洲的艺术界产生了重要影响。超现实主义的发展受到了很多理论主义的影响，比如达达主义、浪漫主义、象征主义等，它们都在一定程度上影响了超现实主义流派的发展。更具体地说，伯格森的直觉主义、弗洛伊德的精神分析学说等，或多或少地对超现实主义产生了一定的影响。由此可见，超现实主义的产生和发展，离不开多种艺术和思想的影响。安德烈·布勒东是超现实主义的创始人，他专门对超现实主义这一概念进行了定义：超现实主义是纯粹的精神层面的无意识活动，人们凭借它可以通过口头的方式、书面的方式以及其他方式来进行自己的思想的传达。使人们的思想不被理性控制，也不对美学和道德具有一定成见。

超现实主义电影最先是在 1920 年的法国出现的。当时法国兴起了一种现代电影运动，文学当中的超现实主义创作方法开始被一些电影艺术家运用到电影的创作当中。超现实主义电影艺术家将电影作为一种艺术媒介进行电影创作，在创作的过程中，通过使用蒙太奇的手法对电影进行非线性叙事处理，让人们可以进行无意识的活动，进行个人情感的追求，很显然，这一方式是具有明显的反传统特征的。

（二）超现实主义当中的非线性叙事结构

在叙事结构当中，有线性叙事结构和非线性叙事结构两种主要的叙事结构，这两种不同的叙事结构是相对的，但是非线性叙事结构比线性叙事结构更加复杂，所以，我们要想对非线性叙事结构有一定的理解，首先需要加深对线性叙事结构的认识，只有这样才能更好地在超现实主义电影当中对这两种叙事结构进行运用。首先来看线性叙事结构。线性这一词语最开始来自数学和物理领域，后来被引入文学领域当中，与叙事联系起来，成为与叙事结构关系密切的一个概念。叙事结构简单来说就是一种传统的叙事模式，而且非常容易理解，我们在看待这一模式的时候可以将其理解为按照时间线进行的一个过程，整个发展过程都是被动的。在电影当中，尤其是以前的电影，大多数是使用线性结构进行叙事的。很多电影为了能够给观众带来更好的观赏效果，电影艺术家们在创作电影的时候也是通过构建经典的叙事模式来实现的。

“震惊”反应是在电影领域经常会用到的一个词语，本雅明在对弗洛伊德的精神分析学说进行研究和解读的过程中，创造了这一概念。从弗洛伊德的相关理论来看，任何一个生命个体的保护机制内部，都存在主体意识和主体记忆的关系，即在记忆的基础上才会促进意识的产生，而且在生命个体的神经系统当中，个体的意识兴奋也因为意识的出现而逐渐消失。简单来讲，就是在人的脑海当中，越是模糊的、没有完整意识的痕迹，就越可以在人们的记忆深处存在，人们的模糊意识会存在于另一个系统当中，对人们的兴奋进行一定的抑制。另外，弗洛伊德还认为在一个生命组织当中，抑制兴奋是比接受刺激更重要的内容，生命个体的保护机制会通过保护功能将这种特殊的方式转化为一种抵御外部威胁的能量，而外部的威胁就是一种震惊。本雅明通过对弗洛伊德的相关思想进行研究后发现，他认为如果外界的震惊影响越大，人们自身所形成的防备威胁的保护体系就会更加坚定。伴随着刺激因素的不断增加，这种震惊对生命个体所带来的影响也就更大，而且外界震惊对人体刺激的不断累积和再增加，甚至会让人们的意识变得不再完整。

当然，本雅明在对弗洛伊德的思想进行研究时，是从文学角度出发的，但是这一研究结果并不仅仅适用于诗歌这一文学领域，在大众电影当中也非常适用。在全球范围内，好莱坞的电影可以说是最具有典范性的，而且好莱坞电影也是非常成功的商业电影，很多来自好莱坞的商业电影都具有非常经典的叙事结构，虽然整部电影的故事情节非常简单，但是在叙事的发展过程中却跌宕起伏，给人们带来强烈的刺激感。当人们在观看电影的时候，会被电影当中创造的影像所震撼，从而产生震惊的反应。最直观的体验便是，当人们沉浸在某一个画面或者场景的时候，甚至会忽略时间的流逝，这都是基于“震惊”反应而产生的影响。在《发达资本主义时代的抒情诗人》一书当中，本雅明对“震惊”效果进行了进一步的分析。在他看来，人们坐在电影院观看电影的过程，其实就是被电影影响的一个过程。电影艺术家在创作商业电影的时候，将人们的视觉经验重组为一个整体，并且通过构建现实经验世界之外的景象，给人们带来更加强烈的视觉感受，从而引发人们的“震惊”体验。

虽然商业电影可以让人们产生“震惊”反应，但仍然停留在人们经验可以理解的基础之上，超现实电影则有所不同，超现实电影给人们带来的“震惊”感受是让人无法理解的，是非常突兀的。当然，之所以会出现这样的结果，很大程度上与使用的非线性结构有着一定的关系。在使用非线性结构进行叙事时，通常会借助蒙太奇手法对电影镜头进行一定的组合拼接，从而让电影看起来与传统的逻辑并不相同。当我们在欣赏一些反传统的艺术作品时，经常会因为其中的逻辑严重颠覆了传统的时间线索逻辑，而产生一定的理解压力。人们在观看超现实电影的时候，所感受到的震惊有时候甚至是无法理解的，而不是像线性叙事结构当中产生的被吸引的“震惊”一样。总之，因为超现实主义电影的非线性叙事结构，所以，才让人们对未来充满迷惘，进而更加积极主动地去探求超现实主义电影当中的叙事逻辑。显然这对于人们来说仍然是具有强烈吸引力的。

路易斯·布努埃尔执导创作了一部名叫《一条安达鲁狗》的超现实主义电影。我们通过对这一电影进行观看和欣赏，可以发现在这一部电影当中使用了非常多的非线性叙事结构。通过巧妙地利用蒙太奇剪辑的方式，路易斯给人们呈现了一组组奇怪的镜头，人们在看完电影之后，会产生非常震惊的反应。其中的某画面让整部电影都始终弥漫在一种奇怪的氛围当中，给人们带来了非常震撼的效果，这种怪诞的表现手法对后来电影创作产生了重要影响。

（三）积极地询唤审美主体

超现实主义电影不仅使用了特征鲜明的非线性叙事结构，而且具有特殊的美学语言，最重要的是，超现实主义电影因为本身的特征，能够积极地调动观众主体，进而促使审美主体进行主动思考。由此可见，超现实主义电影还具有一定的询唤作用，即观众通过观看电影逐渐产生对自身身份的认同，进而询唤为主体的过程。对于主体询唤的过程，我们可以对电视观众和超现实主义电影的观众进行一定的对比分析，这样就可以更加容易地理解询唤主体的意义。

在传统的电视面前，观众观看电视只能单纯地进行观看，电视当中显示出的影像内容只能让观众被动地进行观看，这一过程只是单向地进行信息和知识的传输，观众在这一过程中无法进行主动的参与和选择。从这一角度来看，电视机前的观众和画作前的观众都是一样的，虽然画作和传统的电视一样，在进行创作的时候会以观众为核心，将观众的目光作为主要的创作视角，但传统艺术的内容和电视传播的内容一样，本质上都是在体现至高无上的神性真理或者统治者的权威形象。

和传统的电视节目相比较，虽然电视在播放节目的时候并不会进行宗教思想神秘性的宣传，但是电视机的屏幕其实和画作当中的透视法没有特别大的区别。在这一观看过程中，观众和电视机之间并没有较大的关系，电视只是单方面进行知识的传播和信息的灌输，从观众的角度来说无疑只能被动进行观看。绘画透视法当中的焦点，在一定程度上会影响观众的欣赏习惯，同样的道理，电视屏幕也会对电视机前的观众产生一定的影响，让人们的生活方式发生一定的变化，基于此，人们才成为一个一个的沙发土豆（沙发土豆是指那些拿着遥控器，蜷缩在沙发里盯着电视节目转的人，他们在这一过程中什么事情都不干，只会在沙发上看电视）。

从以上内容我们可以发现绘画作品前的观众和电视机前的观众具有极大的类似性，但是超现实主义电影银幕之前的观众却不一样。超现实主义电影之前的观众需要对电影当中荒诞的画面内容和重组的镜头关系进行理解，而且超现实主义电影的镜头和精致的绘画作品并不相同，与电视机之前的新闻和电视剧也不太相同。准确来说，超现实主义电影的叙事内容和情节是非常碎片化的，再加上非线性的叙事结构，导致观众在观看的时候会具有更加强烈的探索欲望，从而更加积极地参与到电影的故事中，这样一来，欣赏主体就会进入一个积极询唤的过程中。

二、录像艺术的意义

当谈到录像艺术时，很多人会想起录影艺术和视频艺术，其实从根本上来讲，这几个概念所表达的意思是相同的，录像艺术是利用视频技术生产出一种可以在电视屏幕上观看的艺术形式。从录像艺术的含义来看，可以发现其存在和发展都需要依赖于电视本身，将其作为一种特殊的艺术媒介。在录像艺术发展的过程中，通常会与不同的媒介进行相互结合，进而形成特定的形式，以此来进行某种特殊观念的传达，比如著名的影像艺术家白南准，他就通过自己的一系列录像艺术实践来证明录像艺术的价值，并且对新媒体艺术的发展产生了极大的影响。

（一）作为新媒体艺术的录像艺术

录像艺术也是一种新媒体艺术。领域内的专业学者在对录像艺术的起源进行研究时产生了不一样的看法，现如今存在一定的争论，但我们能够确定的是，在录像艺术诞生的开始阶段，就具有两种不同的录像实践。第一种说法，认为录像艺术的起点就是那种对社会有推动作用的纯纪录片，在这一种说法当中，摄影师需要用录像设备进行非常规的艺术实践，这和传统的录像实践方式存在一定的差异和区别。比如加拿大的莱斯·莱文和美国的弗克·吉莱特，他们两个人在没有带任何证件的情况下闯入了政治会议以及其他具有新闻价值的事件当中进行新闻报道。加拿大的莱文就是最早使用半英寸录像设备的艺术家之一，他曾经用录像设备即兴录制了五个小时的街头嬉皮士。我们通过对莱文的录像内容进行观看可以发现，他录制的内容完全是随机和即兴的，没有任何的构思和导演痕迹，甚至从某种程度上来说都不能算是真正的录像艺术作品。第二种说法则认为录像实践是要对现实生活、新闻事件、新闻政客访谈等内容进行一定程度的构思。这种具有主观构思的录像艺术拍摄出现在 1965 年，当时的韩裔美籍激浪派艺术家白南准第一次用索尼便携式摄像机对当时的第五大道的教皇和随从进行了拍摄。他的拍摄一方面来讲，只是对教皇的个人活动的纯粹的记录。从另一方面来讲，因为在之后的艺术实践当中都会借助媒体作为创作媒介，所以大家将其称为录像艺术。白南准的艺术实践和艺术创作方式对后来的视频艺术、装置艺术等不同的新媒体艺术产生了一定的影响。他对于视频设备的探索和使用，以及他将艺术媒介与日常的电视进行融合等，都对新媒体艺术产生了一定的借鉴意义。他在录像艺术当中，将电视本身的界面功能忽略，并且通过类似一种电影屏幕的方式展现出来，但是却又没有十分明确的叙事内容，只是单纯进行艺术媒介的展示。从这个过程我们不难发现，人们和电视之间的关系已经发生了一定的改变，现如今人们不会只是单纯选择电视播放的内容，而是愿意对观看的内容和观看观念进行更加深入的思考。

当我们在对白南准的录像艺术进行研究的时候，可以发现很多作品是将装置艺术与录像艺术结合在一起呈现的，这一创作方式在一定程度上影响了之后的录像艺术的发展。总体来说，录像艺术主要包括单屏录像和录像装置组合两种不同的形态，而且每一种形态都具有不同的美学意义。

（二）录像美术当中的非线性叙事批判

单屏录像艺术是指已经拍摄完成的艺术作品只能通过单个屏幕播放的方式来进行展示，而且单屏展示的艺术内容，在主题方面都是通过非线性的实践，甚至是断裂的影像方式继续的，这是单屏录像艺术独有的一种批判性的观念。如果我们深入单屏录像艺术当中就可以发现，对单屏录像艺术进行文化批判时的逻辑不是单一的，而是从两个角度进行的。从一个角度来说，是指类似于超现实主义电影的一种短片，这种超现实主义的短片也是通过荒诞的叙事镜头对以人为主题、以环境为主题的内容进行展示和表达。从另一个角度来说，单屏录像艺术在进行艺术传达的时候会将媒体当作一种艺术媒介，并且将媒介充分融入整个艺术创作活动，以此来进行批判观念的表达。

通过对白南准的录像艺术实践进行深入的分析，我们可以发现在 1960 年的时候他就已经开始将电视当作一种艺术媒介，并且投入艺术创作当中了。后来他还针对这一尝试进行了专门的解释，他认为我们的时代正在一步一步向电视的时代发展，所以，在这一过程中高保真图片开始渐行渐远，而低保真图片开始得到发展，即使是绘画艺术也将如此，我们可以从乔托到伦勃朗的画作中看到，绘画的目标就是真实自然，但是莫奈出现后，就打破了这一客观的认知。所以，白南准认为将电视当作一种媒介并且运用到单屏录像艺术当中，其实就是在做像莫奈一样的事情。因此，他开始不断进行实践与探索，通过解构和重组的方式对电视节目的实践进行一定的修改，虽然从表面上来说这让人们对电视有了一种陌生感，但同样因为这种陌生感，所以才让人们开始学会对电视文化进行批判。

（三）多元化的时空思路

录像装置艺术具有明显的空间性特征，因为在展示的时候往往需要借助视频播放设备、视频展示设备等，这与电视是不同的。在录像装置艺术当中，录像所呈现出的影像画面具有时间可视性，我们能够直观地感受到时间的存在，而且录像装置艺术本身的组合空间也具有其本身特有的意义。

以往人们主要是通过电视进行影像的观看和新闻信息的获取，但是在录像装置艺术当中，则将电视当作了一部分，使其能够与其他物件进行组合，让观众可以在这一过程中感受到图像的静止化特征，之后再凭借录像装置艺术将可视化的时间固定为图像，当观众参与其中的时候，便会被整个过程所感染，进而引发深度的思考。

比如在 1974 年的时候，白南准创作了一件录像艺术作品《电视佛》。这一作品当中有一张桌子，桌子上面有一尊佛像，佛像对面有一台摄像机和一台与摄像机连着的电视机。佛像对面的摄像机将佛像坐立的景象拍摄下来并且又传入电视机当中，整体上呈现出了一个佛像观看自己对面电视机当中自身打坐冥想的场景（见图 3-1）。这一作品当中并没有明确的叙事内容，而且从时间线的角度来说好像也没有流动的时间线。但是当观众在观看的时候，就可以注意到静止的佛像图像。这一电视和日常生活中我们看到的电视机相比已经失去了本身所具有的功能，艺术家通过对电视艺术进行一定的改造，让电视机变成了一种时间可视化的艺术媒介。通过对电视技术本身的功能性质进行一定的改造，在一定程度上改变了传统电视文化所具有的地位，人们在观看这一作品的时候就会自然而然地对电视文化进行一定的思考。我们通过这一作品能够感受到白南准在进行录像艺术创作时独有的艺术观念和新媒体使用方式，这些内容对之后的装置艺术和新媒体艺术发展产生了极大的影响。

图 3-1 《电视佛》，白南准，1974 年作

从录像装置艺术的结构来看，录像装置艺术是由录像艺术和装置艺术两部分构成的。单单是装置艺术本身就具有非常丰富的内涵，主要指艺术家在特定的时空当中，对物质消费品和文化实体进行一定的选择、利用和组合，最终创造出具有人类精神文化内涵的一种意识形态。从装置艺术的内涵我们就可以发现，其是空间环境、物质材料以及人类情感的综合反映，我们能够通过装置艺术对情感传达的内涵进行深入分析和了解。

传统雕塑艺术对白南准的艺术创作理念产生了较大的影响，尤其是他对于造型艺术的特征理解，与传统雕塑艺术作品之间的关系尤为密切。我们可以发现在 20 世纪 90 年代后期的时候，他开始尝试从现实空间当中寻找实物来进行影像语言的创作，并且通过对现成物品的排列组合，创造出一种具有隐喻作用的时空，以此进行某种观念的传达，比如白南准在 1995 年创作的《电子高速公路：美国大陆、阿拉斯加和夏威夷》。整幅作品是由电视机和霓虹灯管组成的。首先，他利用大量电视机堆砌了一个美国地理版图的画面，并且用框架的结构进行一定的固定，之后又用五颜六色的灯管固定在上面，形成不同的州，在整个作品当中，电视机播放着美国各个州的图片，而这些图片是白南准个人对这些地区的认知和印象。白南准通过这个装置艺术进行了隐晦的情感表达，不仅将美国各个州展现了出来，同时还表达了对不同地区与他合作过的艺术家的敬意（见图 3-2）。

图 3-2　白南准 1995 年作品（材料为电视机、电缆、灯管等）

三、新时期的艺术图像呈现

伴随着科学技术的不断发展，计算机技术越来越成熟，艺术开始与计算机技术进行融合发展，催生了计算机艺术。计算机艺术的发展进一步提升了审美主体的地位，尤其是计算机界面的发展，让审美主体摆脱了传统时代下被动观看的状态。现如今，人们能够与艺术传播界面进行交互，在欣赏的同时甚至还可以对艺术作品进行二次创作，进而实现艺术的进一步拓展，在审美主体获得审美体验的同时，实现审美视野的拓展。因为计算机技术的发展，也促进了电子游戏的发展，让电子游戏与多种艺术元素进行了一定的融合，所以也有人认为电子游戏是“第九艺术”。虽然当前学术界对于“第九艺术”的理解和看法并没有统一，但是这已经足以说明电子游戏的重要性。游戏作为一种全新的流行文化，并且因为计算机技术而实现了更加长远的发展。因为计算机技术的支持，我们能够不断突破当前经验的局限性推动艺术的发展，进而给观众带来更加深刻的情感体验。

（一）计算机技术与艺术传播界面

我们在研究计算机技术和艺术传播界面之间的关系时，首先要对界面有一个基本的了解。从界面的概念来看，主要是指不同物体之间的接触面，主要应用于物理和化学领域。后来随着时代的进步和人们观念意识的进步，界面开始出现在工程领域和文化领域当中，大家对于界面的关注度也越来越高。在工程技术和计算机文化领域当中，界面一般是指操作系统的功能性设备，比如操作系统的按钮、键盘等。在计算机系统当中，界面也属于构成计算机的元素，而且界面当中具有比较复杂的程序，需要我们进行一定的动作和行为，而且界面对人们具有一定的刺激作用，能够让人们产生更加强烈的体验感。

从以上内容我们可以发现，界面其实就是指人们从自身出发，对一定的操作系统进行操作的中介，通过这种操作界面，能够实现人和计算机之间的互动。从这一点我们可以发现，界面与交互性之间是存在必要联系的，人们通过与机器之间的相互协作，可以充分发挥界面所具有的功能，这就是界面存在的意义。在界面开始进入文化艺术领域之后，甚至有专业的艺术家对界面进行了一定的研究，比如美国的艺术家劳雷尔，他将界面的设计当成一种专业的艺术，并且在此基础上对艺术进行了更加深入的阐释和分析。因为他认为只有对界面有一个深入全面的认识，我们才能够对人机互动有所了解。在他的研究过程中，他认为人与机器之间的交互性具有四层不同的含义，分别是频率、范围、意义和参与感。美国作家约翰逊也认为，界面最简单直接的意义就是通过用户与计算机之间的交互而生成的软件，新媒体艺术其实就是一个最简单直接的例子。

在新媒体艺术当中，“交互”也被称为“互动”，两者相比，交互所指代的范围更加广泛，但是我们也必须承认，在艺术领域当中也具有不同说法混用的情况。克里斯·达科认为，和交互相比，互动是一个更加时髦的词语，这一词语因为科学技术的发展而出现，所以具有一定的时代性特征。因为艺术的大众化发展，以及艺术民主化的发展进程，我们能够非常直观地感受到，在新媒体艺术领域，互动这一词已经成为一个非常宽泛的词语。在网络化时代，类似于“点击”和“冲浪”这样的词语，都代表着人与计算机技术之间的互动，包括新时代一些艺术家创作的艺术作品，正因为人们的互动，才能够体现出真正的参与性，让艺术作品的意义得到体现。而那种简单的界面开关以及重复性的操作所引起的计算机发生反应，从真正意义上来说并不能算是美学层面的互动。在美学领域当中体现互动，要保证主体可以在这一过程中通过与界面的互动创造了新的艺术作品，或者进行了具体的艺术活动。这里所研究的交互就是建立在人与新媒体艺术界面的基础上的，当人和新媒体艺术界面发生关系时，会让艺术家以及审美主体之间原本的主题性质发生一定的变化，进而产生美学意义。

艺术主体的审美是通过参与计算机艺术的审美进而获得意义的过程，而这一过程中，意义主要体现在两个不同的层面：第一个层面是我们将计算机当作一种技术手段，进而借助计算机技术对以往的审美经验进行一定的改造，从而获得全新的审美体验。在这一层面当中，新媒体技术所起的作用主要停留在方法层面；另一个层面是指计算机艺术本身就是一种新的知识类型，当我们在与计算机交互的过程中会对计算机艺术本身的内涵所影响，进而让我们重新思考自身与艺术作品之间的关系。这一层面和另外一种层面的理解具有一定的区别。从第二层含义出发，计算机的作用主要体现在其可以创造出具有独立审美价值的艺术作品方面，审美主体也会在与之互动的过程中不断开拓自身的艺术视野。我们不得不承认，计算机艺术的发展让我们看到艺术家的态度发生了极大的改变，我们进行审美的方式也有了更大的变化。

当今社会，很多艺术家会使用计算机技术进行艺术创作，计算机已经成了联系艺术家和艺术作品的重要媒介。当然，我们也可以从不同的角度来理解对于计算机技术的应用，从技术的本质这一角度来说，对计算机技术的使用其实也代表着将数字技术应用到了艺术创作当中，因为计算机技术也是数字技术。从广义的角度来说，计算机技术包含的内容非常多，比如，计算机相关的软件，都属于计算机技术的范畴，这些不同的软件可以支持艺术家进行艺术作品的创作。在本小结的内容当中之所以要从使用“计算机技术”这一名称而不是“数字技术”，目的就是要厘清计算机和“界面”之间的关系，因为只有这样才能帮助人们认识到计算机和“界面”之间的关系，明白计算机技术在新媒体艺术发展过程中所具有的重要性，进而利用计算机技术促进艺术的发展。

多米尼克·麦科勒·佩洛斯在对计算机艺术研究的过程中，认为其具有四个基本特征，换句话说，当一件艺术作品同时具备这四个特征的时候，我们可以认为其就是计算机艺术。第一个特征是指代，它必须是一种艺术形式，即该艺术作品必须通过某种特定的艺术形式展现出来，这种艺术性可以是文字，可以是图像，也可以是一个虚拟空间或者声音等。第二个特征是它能够在计算机上运行，因为很多艺术作品可以在计算机上进行储存，比如一些传统的绘画作品就可以在数字化处理之后保存在电脑上，但它并不是计算机艺术，所以，只有在计算机上运行的艺术作品，我们才有可能将其认为是计算机艺术，这一特点充分展现了计算机艺术的独特之处。第三个特征是指受众能够与其进行互动，以计算机为基础实现受众和艺术作品的互动，让人们可以因此获得全新的审美体验。最后一个特征就是交互性，这里所说的交互性并不是指传统意义上的互动，而是以计算机为基础，使用计算机独有的交互方式进行互动，如果不能利用计算机技术进行互动，我们就可以说它可能只是互动艺术而不是计算机艺术。

从以上几个特征来看，我们意识到将一件艺术作品定义为计算机艺术是非常困难的，因为从历史发展的角度来看，随着时代的进步与发展，计算机技术也会进步，这就导致计算机艺术也会发生相应的改变。从当前的角度来说，计算机技术的范畴包括那些利用计算机技术进行创作的绘画、动画等作品。因为人们价值观念的变化，所以有越来越多的人认为计算机已经成了进行计算机艺术创作的一种基本手段，所以，当我们在对一件新媒体艺术作品进行分析的时候，我们应当意识到计算机这一要素的重要性。我们考虑技术要素的时候，需要知道所有的计算机艺术都可以算得上是数字艺术。但是如果从历史的角度来进行分析，计算机技术只是进行新媒体艺术创作，促进新媒体艺术发展的一种基本技术。所以我们要想对界面和计算机之间的关系有一个更加全面的认识，需要对电子游戏、数字动画艺术等进行一定的研究，因为这些艺术形式与界面之间的联系非常紧密，通过对这些艺术形式进行研究，能够进一步展现出计算机在新媒体艺术当中影响主体审美行为的作用。

我们如果从数字技术的本质来看计算机艺术和数字艺术，则应当明确计算机技术本身的作用，因为只有在这一基础，才能够在计算机艺术发展的过程中充分发挥自身的促进作用。数字艺术主要包括数字图像、数字动画等不同的类型，虽然在数字艺术范畴当中这两种艺术形式的称呼和计算机绘画、计算机动画的称呼并不相同，但是我们并不能因此否认两者都是以计算机软件为基础实现的。所以，我们在对计算机艺术的研究过程中，完全可以将其称为数字艺术。简单地说，数字图像是通过计算机技术对艺术领域当中的一些经典作品进行艺术处理，或者凭借专业的艺术经验进行新的艺术创作。数字动画是利用计算机系统当中的动画软件技术和 3D 技术进行动态艺术作品的创作。这两种形式的艺术作品创作都非常依赖于计算机本身的技术性，也正因如此才会让创作出来的艺术作品更加复杂，进而形成具有自身独特之处的审美价值，而且呈现形式也是数字化的图像和数字化的影像。因此，本节内容主要对以计算机技术为基础而形成的图像艺术和动画艺术进行分析，以此让人们更加了解在新时代计算机技术与界面甚至是艺术界面之间的关系，从而为今后的计算机艺术创作和艺术审美奠定一个良好的基础。

（二）计算机分形图像

计算机分形图像是指创作主体与计算机进行交互作用，利用相关计算机软件创作分形图像，而且创作出的分形图形能够表现出一种动态化的形式美。在时代进步的过程中，相关的数字媒体技术也在不断发展，这就导致计算机分形图像可以在各种不同的平台上进行传播，实现传播媒介的丰富与发展，取得更好的传播效果。新媒体技术的发展，让分形图像的美学意义得到了进一步拓展。计算机分形艺术和计算机算法之间有着密切的关系。从 20 世纪 70 年代开始，相关的学者就开始借助新的方式和算法对一些不规则的图形进行研究和描绘。1975 年，法国数学家曼德布罗就发明了分形计算法，并且在著作《分形理论》当中进行了详细的分析和解释，但是当时他的这一计算方法并没有得到很好的发展，直到 1987 年他当上耶鲁大学的教授之后，这一计算方法才获得了更加广泛的传播。

在使用计算机进行分形图像设计的时候，分形算法和计算机指令之间的关系非常密切，所以我们可以将其当作一种计算机艺术。随着计算机技术的不断成熟，我们只需要利用一些简单的算法就可以设计出更加美丽的图形，而且当这些图形借助数字媒体呈现出来的时候，往往会具有更好的效果，也能够展现其独特的魅力。利用计算机和这种特殊的算法进行艺术创作时，我们应当意识到其核心不在于人工创造，而在于计算机算法，因为发挥算法的作用，能够让创作出的图形呈现出形状各异、颜色各异的状态。所以图像设计的关键在于算法和相关指令的复杂性，我们只有通过相关的指令规则才能够让艺术更好地呈现在大家面前。我们可以发现，之所以数字艺术具有更多的可能性，并且在审美层面可以给人们带来更好的深度和广度，是因为计算机技术本身的独特性质，这才让人们逐渐看到了那些不规则的、无限变化的美。总之，通过借助算法对视觉美感进行再造，本身就是计算机算法艺术的意义所在，也是表现美学的重要方式。

进行计算机分形图像的创作非常依赖于计算机以及相关的技术软件，在这些内容的基础上将算法公式输入，然后呈现出相应的图像，这种利用特殊算法指令设计出优秀的二维和三维图像的方式，正是计算机分形图像的独特之处。当我们对计算机分形艺术有了一个更加深入的了解之后，便可以发现计算机分形艺术的特征之一就是通过人际交互来展现数学之美。这一艺术形式的出现，极大地改变了人们对大自然的认知和看法。以往，人们只能意识到大自然的神秘，随着计算机分形艺术的发展，人们已经可以利用分形技术创造出自然的神秘之处，甚至还能创造出大自然不具备的一些特质。总之，利用计算机技术对自然界中的事物进行表现，都可以对人们的审美进行一定的拓展，进而表现出人们对于科学与艺术之间独有的思考。

通过对计算机分形艺术的研究可以发现，这一特殊的艺术形式共有三方面的美学意义，分别是形式美、色彩美和互动美。从变化多样的形式美来看，我们首先需要意识到，分形艺术是对大自然当中的一些现象进行提炼，并且通过借助计算机技术按照相应的规律找到进行图形创作的公式，这样一来就可以在今后的分形创作当中更快地呈现出想要创作的图形。因此，数字分形图像的创作其实是对现实自然进行再造的一个过程，只有这样才能呈现出图像的相似性、不规则性和重复性等形式特征，并且逐渐提升图像的视觉冲击力，提升整个作品的美感。从色彩美的角度来说，计算机分形图像需要借助计算机技术才能即兴创作，而且在这个创作过程中，我们只需要通过改变一定的数字就可以让整个图像的色调发生一定的变化。因此，在进行计算机分形图像创作的时候，可以调节出大自然当中一些没有的颜色，因为计算机创造出的颜色是更加丰富的，所以从这一方面来讲，计算机分形图像可以创作出颜色更加丰富的图像。最后从互动美这一特征来说，因为数字媒体技术的发展，所以才能够实现并且展现出互动性的特征，并且加强观众和数字图像之间的联系，随着数字技术的不断成熟，观众和数字图像之间的互动也越来越深入，所以互动性现在已经成了数字分形图像当中一个最为鲜明的特征。因为相关技术的进步，互动新媒体已经将电子图像拆散拿到每一个人的身边，我们只需要通过新媒体界面就可以进行分形图像的创作，所以分形图像已经不再是计算机技术的专利。从这一角度我们可以发现，在人们与分形图像创作软件互动的过程中，我们能够看到各种各样的视觉艺术作品，进而给人们带来更加美好的审美体验，这正是计算机分形图像创作中的特殊之处。

有一位分形艺术家林晨，他通过分形图像创作软件设计了一幅作品，这一作品是由无数个大小不同的球体连接组成的，而且大小不同的球之间具有一定的相似性，整个作品呈现出非常梦幻的感觉，还给人们带来了立体化的空间感。总之，计算机分形图像所呈现出的形式美也是充满奇幻性的，观众不需要懂计算机分形图像后面的数学逻辑和算法，也不需要具有抽象思维，只需要观看这些图像，就能够获得审美享受。

（三）数字动画的形象再造

数字动画也是一个外延比较广泛的概念，其中包括 Flash 动画（网络上流行的一种交互式的动画格式）、3D（三维的英文缩写，外文名：3-dimension，下同）数字动画和 3D 投影技术等不同的部分。从数字动画呈现出的技术来看，我们不难发现其在语言和媒介等方面具有非常强大的表现力，而且数字动画艺术的发展，为艺术家们提供了一种更加新颖的艺术创作方式和视觉表现手段，使创造出的艺术作品能够充分满足观众的审美需求，并且能够满足观众的再创作。尤其是近几年来，因为相关技术的不断发展，数字动画艺术和数字影像艺术、多媒体艺术等艺术类型不断融合，我们已经可以从生活的方方面面看到数字动画的影子。

从历史的角度来看艺术作品的发展，我们可以发现艺术作品在大家的观念当中一直是以实物的形式存在的，我们通过进行一定的创作，让它们通过特殊的材料呈现出来，以此作为它们对现实生活的理解，或者成为反映客观现实的评价标准。伴随着计算机技术的发展，传统的艺术创作观念已经被打破，现如今我们进行艺术创作，不仅可以对自然界当中的事物进行一定的模仿和创造，同时还能够在这一基础上进行发展，在现实的基础上进行创新，实现艺术的升华。总之，利用数字动画技术创作出的作品会给人们带来既真实又遥不可及的一种感觉，让人们在欣赏的时候产生一种特别的距离感。比如动画片《猫》，是我国的艺术家卜桦利用 Flash 技术创作的二维数字动画片，动画片的故事内容是一只小猫救母亲的故事。作者在创作的时候，通过巧妙地利用 Flash 技术，对作品的风格进行了油画处理，从而保证作品当中呈现出的现象既与现实当中的形象相似，但同时又具有一定的差别。作者在构造猫的形象时，通过比较粗的线条进行了猫的外貌形象设立，突出了猫的整体形象以及猫和周围环境的关系。从整个作品的画面来看，我们可以发现其中的颜色对比非常鲜明，而且通过一些几何图形的运用，让整个动画作品呈现出了一种拙稚的气息，这正是此动画的独特之处。通过这种抽象的风格来表现小猫的形象，可以将小猫的努力、坚定完整地展现出来，再通过与音乐的相互结合，让整个动画的感染力得到一定的提升。

除了传统的二维动画之外，数字动画还充分利用了3D技术。利用3D技术进行动画制作能够让动画呈现出三维立体效果，再与特效技术进行一定结合，可以让动画变得更加逼真。因为3D技术在动画制作中的应用，数字动画艺术得到了进一步的发展，甚至可以让一些没有生命的物质成为具有情感的个体，从而塑造出一个全新的形象。总之，虽然3D技术和Flash动画技术都属于数字动画创作的范畴，但是3D技术创作出的动画形象往往更加逼真，也可以给人们带来更加独特的视觉美感。

《最后的审判》是我国新媒体艺术家缪晓春运用3D数字动画技术创作出的数字动画作品。创作者在创作的时候，首先要用3D建模来将米开朗琪罗的《最后的审判》当中的人物、场景等内容做出虚拟图像。之后再利用虚拟技术做出自己制作的模型，将《最后的审判》当中的人物形象全部进行替换，在替换完成之后再对作品格局进行反转处理和渲染，营造出强烈的三维空间特性。作者在完成这一作品之后说道，有一种透过墙壁去看这幅画的感觉。从这幅作品当中可以明显感觉到3D技术的应用，通过利用3D进行模型塑造，图中的人物形象变得更加立体，可以无差别且多元化地对当中的人物形象进行替换。利用计算机对这一作品进行重新创作时，还可以从不同的角度进行表现，彻底打破了原画的观看方式，给人们带来非常震撼的视觉感受。

（四）电子游戏的画面场景

电子游戏的存在和呈现离不开计算机技术的支持，不论是电子游戏的创作设计还是正常运行和展示，都需要借助计算机网络技术，所以电子游戏又被大家称为视频游戏，是一种特殊的艺术形态。电子游戏当中的画面风格以及创造的虚拟场景和叙事内容等，都在一定程度上符合艺术需求，所以具有明显的艺术美学特征。尤其是近几年，相关技术越来越成熟，电子游戏被越来越多的人认识和接受，将其当作一种流行的计算机艺术已经成为很多人接受的理念。有的人将电子游戏看作第九艺术，并且融合了绘画、雕刻、文学、电影、戏剧、音乐等种不同艺术形式的内容和元素。当人们玩电子游戏的时候，需要通过游戏界面进入虚拟的游戏世界当中，然后与系统、与他人进行一定的交互，在这一过程中，人们的生理和心理都会获得足够的快感。只是不同的游戏具有不同的游戏界面，给人们带来的审美体验也是大不相同的。

不需要玩过电子游戏，只要我们见过就知道，电子游戏的最大特点就在于其本身的交互性，通过人机交互，人们的体验感可以得到极大的满足，但是在这一过程中，人们必然会依赖于游戏的视觉界面。从前文对界面概念的分析解释来看，我们可以发现界面主要是由画面当中的按钮、文字、动画、声音、窗口等多种元素组成的，也正是这些元素的存在，所以才为人们与游戏之间的互动提供了重要的基础，使得人们能够通过游戏界面与游戏进行互动。在游戏艺术当中，视觉元素的地位非常高，因为我们眼睛看到的信息是可以直接被大脑获取的，不像耳朵听到的声音一样，我们需要对其进行分析才能进一步被传输到大脑当中，当人们对游戏界面的各种元素有一定的了解之后，便可以迅速与之产生互动，并且获得更好的感官体验。游戏设计者在对视觉界面进行设计的过程中，就是从自己的认知出发设计了一套标准，让玩家可以在这个标准当中进行操作与互动，从而保证整个程序的正常稳定运行。玩家在玩游戏的过程中，需要通过计算机的交互界面来体现玩家的参与性。其实这一过程很容易理解，比如我们仅仅是对游戏界面进行观看，通过游戏界面获取一定的信息，这与传统的绘画艺术并无二致，但是如果我们能够在看的基础上转移到玩，便真正实现了参与和互动，而且在玩的过程中玩家往往可以获得持续性的快感。游戏创造的世界和空间是虚拟的，我们与游戏互动其实是与游戏数据库进行互动，在这一过程中产生的乐趣是单方面的。但是在网络游戏出现之后，我们在交互的过程中可以与网友产生联系，这时获得的游戏快感就从单方面的快感转变为多人的乐趣。这些都是其他的艺术所不具备的特点。比如一些新媒体艺术，大多数时候只是单独为参与者本身带来快感，无法同时实现不同玩家的交流与互动。生活当中虽然我们也可以与朋友进行一些游戏，但也仅仅存在于自娱自乐的层面，甚至这些游戏内容都不属于新媒体艺术的范畴。

在电子游戏的视觉画面当中，我们不仅可以让玩家感受到确切的交互性体验感，同时还能够体现出游戏画面独有的艺术风格。其实游戏画面也具有一定的发展历史。1958 年，美国研发出了世界上第一款视频电子游戏《双人网球》，这一款游戏的界面非常简单，而且游戏界面也不是通过计算机界面显示的，只是通过示波器制作出了虚拟的网球程序。后来随着计算机技术越来越成熟，游戏画面开始得到改善，因为编程语言的诞生，游戏界面也进入了像素画的时代，虽然当时的游戏画面依然非常粗糙，但已经是极大的进步。直到 1995 年 Windows（Microsoft Windows，中文名：微软视窗操作系统）的出现，计算机的运算处理能力才算进入了现代化阶段，游戏画面色彩的丰富和游戏分辨率的提升，都让游戏的整体画质实现了提高。从当前的游戏画面来看，我们可以发现与故事背景的结合非常深入，已经可以呈现出玩家想要的任何风格。从当前来看游戏的不同视觉风格，可以发现有仙侠风格、科幻风格、魔幻风格、卡通风格、经济风格、涂鸦风格等等。这些丰富的艺术风格不仅是我们现实当中或者文学当中存在的风格内容，现如今都可以在游戏当中呈现，我们对于经验世界的再造已经逐渐变成了现实，而且因为不同的游戏风格的存在，所以我们在进行游戏的过程中才能够获得不同的交互体验，这正是游戏的特殊魅力。

现如今的游戏作品当中，主体不仅可以通过计算机技术在游戏程序当中输入自己的创意，还能够直接通过游戏界面感受到主体想要传达的信息和观念。但是我们不得不承认，玩家在参与游戏过程中所感受到的乐趣和内容，正是玩家与其进行交互时，游戏程序设置的极限。因为每一个玩家都是具有想象空间的，所以在进行游戏设计的时候需要给玩家留下足够的想象空间，让玩家在与游戏互动的过程中不仅可以感受到游戏本身的内容，还能在此基础上实现一定的延伸，从而让玩家可以最大程度地感受游戏营造的虚拟空间带来的感官刺激。

不得不说，电子游戏的发展为玩家们的视觉体验提供了更多的可能性，因为游戏界面本身就是一种视觉艺术，而且具有可变性。尤其是在虚拟的空间当中，因为计算机和算法程序的存在，所以可以让这些内容随时变化。最重要的是，因为相关技术的逐渐成熟，现如今越来越多的内容可以进行塑形，而这本身就是一个形象再造的过程。在游戏界面设计当中，通常会将玩家与之进行一定融合，这种融合创作主体和玩家主体意识合作出的对象必然会让人们产生不一样的审美愉悦。比如《真人快打》，这是一款多人扮演类的游戏，在这个游戏当中玩家可以自主进行游戏角色的选择，从而操作角色开始进一步的游戏，玩家需要遵守游戏规则，在规则范围内保证自己的“生命”得以延续。总体来说，游戏环境在进入新时代之后变得更加复杂，但这同时也是展现游戏艺术性特征的一个重要来源。

我们在看待电子游戏这一特殊的艺术类型时，需要从客观的角度对其进行了解。比如伴随着时代的逐渐变化，电子游戏当中设置的视觉界面和游戏的交互性越来越复杂。但是复杂性的体现不是本身就存在的，而是因为玩家的主体性得到了不断的提升，所以在进行游戏设计的时候必须考虑到不同玩家的主体特性。当今时代的玩家界面设计已经超越了欣赏意义上的形式化界面，界面设计的意义不仅仅是进行信息传递，还需要加强与玩家的互动。最本质的变化也是伴随着游戏当中虚拟角色的出现而发生的，而且这一变化往往也会让整个游戏的结局变得更加开放，玩家在交互的过程中也会进行情感参与，以此来实现审美交互。因此，我们在看待电子游戏时，要认识到正因为构建了一个一个虚拟的视觉景象，所以才让玩家有了更深的交互性体验。

第二节　互联网艺术

互联网被大家称为第四媒体，最大的特征便是传递性、自由性、交互性、实时性、开放性。以互联网为基础产生的互联网艺术则在一定程度上继承了互联网本身所具有的特点，并且通过远程交互和虚拟交互等特征得到了极大的发展。正因为互联网技术所具有的这些特征，所以它才能够让不同地区的人们同时进行互动。互联网技术的发展，让艺术创作和艺术传播具有了新的发展可能，艺术家在创作的过程中可以与大家进行互动交流，甚至还可以与受众共同创作。总之，因为网络链接的存在，所以任何艺术作品的出现都成为一种可能，不同的艺术参与者也因为网络的存在成为一种交互共生的关系。

一、交互的互联网艺术

互联网技术是在计算机革命之后取得的又一重大成果，通过对互联网技术进行研究可以发现，其最大的特点就在于每一个人都可以借助网络进行互动交流，即使人们处于距离很远的不同空间当中，也可以进行互动。艺术家们在进行艺术创作时，完全可以对互联网的这一特征进行巧妙利用，从而创作出不同网民可以同时互动的艺术作品。因为互联网具有自由性、开放性的特点，所以也具有更加主动的创作空间，比如当今时代的网络快闪，就是以互联网技术为基础产生的一种行为艺术。

（一）互联网概念

互联网是指网络和网络共同联系形成的一个庞大网络，这些不同的网络通过一些通用的协议相互链接，从而形成一个巨大的国际网络。互联网最早来自美国的阿帕网，通过英语音译也可以叫作因特网或英特网，在形成的过程中，通过彼此之间的链接，最终构成了一个巨大的虚拟网络，这一网络覆盖了无数的服务器和计算机等，正因如此，世界各地的人才可以随时进行信息的传递，现如今已经成为信息社会发展的一个重要基础。互联网最早是在美国的军队当中出现的。1969 年，美国制订的国防研究计划，组织了很多优秀的高校和研究院，最终通过一段时间的研究制作了接口信息处理器，并且将这些信息处理器通过一定的方式联结起来，让它们开始进行联机工作。当然，除了这一种依据之外，美国的 NSF（美国国家科学基金会名称缩写，下同）广域网也对互联网的发展起到了一定的推动作用。NSF 网络是美国高校进行资源共享的网络，后来通过协议 TCP/IP（Transmission Control Protocol/Internet Protocol，传输控制协议 / 网际协议）实现了与互联网的相互链接。通过分析总结可以发现，在互联网技术发展的过程中，类似于数字化技术、分组交换技术和互联网地址协议等各项内容，都对互联网的发展产生了一定的影响，互联网是这些不同技术相互综合产生的综合性技术成果。只是在进入 20 世纪 90 年代后，这一技术才逐渐被大家注意到，并且得到了迅速普及。前联合国秘书长科菲·安南还在 1998 年 5 月将互联网技术称为先进的“第四媒体”。基于此，互联网技术开始在全球范围内进行传播，发展到现在，互联网技术已经逐渐渗透到世界各地。

与传统媒体比较，互联网媒体的特点更加突出。不同的人在对互联网的特点进行分析时会存在叫法以及理解上的差异，但是大多如出一辙。在网络传播的过程中，互联网信息源是具有分散性特征的，因为在互联网世界中，所有的互联网用户都可以参与到信息的发布当中，不论你是大的信息服务商还是一个小小的互联网参与者，都可以成为互联网社区的版主，从而参与到信息互动的过程中。互联网媒体在信息传播渠道方面还具有开放性的特征，比如英国伦敦的科陶德艺术学院有一位博士叫作斯托拉布拉斯，他认为互联网和传统的绘画、视频等存在较大的差别，不会像这些媒体一样非常直接地进行信息的传递，而是会将传播的内容进行信息化处理，最终在相应的终端呈现出来。正因如此，传统媒体才可以在互联网时代实现重生，通过一种新的方式实现发展，比如网络报纸、网络图书等，都是在互联网技术的基础上进行转型发展而来的。只要它们能够在网络时代遵循互联网技术的传输控制协议和网际协议，就能通过借助互联网这一媒介实现发展。最后一个特征是受众的主动性。我们需要认识到，在网络传播时代，受众的主体性已经得到了极大的提升，从目前来看，除了网页制作和网站维护等工作由专业的工作人员在参与之外，普通的受众已经参与到了互联网信息传递的各个环节当中。传播者和受众之间的不平等地位已经消失，而且打破了以往的信息单向流通的情况，每一位用户都可以在当今时代随时发布信息，这都是互联网技术赋予受众的权利。

（二）以互联网为基础的互联网艺术

严格意义上说，互联网艺术的前提便是互联网，所以当互联网技术不存在，或者没有互联网的支持时，这一艺术形式就不存在，因此，互联网技术本身也是互联网艺术得以存在和发展的基础与标准。我们需要知道，互联网已经在当今社会进入了生活当中的每一个角落，互联网像一张网一样把人们包裹在其中，所以我们也可以称互联网艺术为网络艺术，但是网络艺术的概念是一个广义上的概念，其除了包含互联网艺术之外还包括网络广播艺术、电视艺术等。所以网络艺术只是在狭义的角度上可以指代互联网艺术。互联网艺术的媒介特性非常突出，因为其需要以互联网技术为基础才能进行作品的传播，所以我们从相关的艺术作品当中能够感受到，正因为互联网独有的潜能，所以才能让互联网艺术得以发展。当互联网技术不存在的时候，这些艺术也就无法实施。由此来看，互联网艺术不仅仅要合理利用网络技术进行超文本形态的创作，同时还需要利用互联网意识进行艺术行为和艺术活动的创新。

互联网艺术具有三个主要的特征：第一个特征就是超文本性，互联网艺术的存在需要借助网络技术链接来承载具有艺术性的画面，而欣赏者则需要通过点击相应的链接进入网站进行浏览，从而对网页当中呈现的艺术内容进行欣赏和交互，这便是互联网艺术进行审美传达的特殊方式；第二个特征是交互性，和传统艺术形式的不同之处在于，互联网艺术的出现将选择权交给了广大的受众群体，每一个人都有直接、主动参与文化艺术活动的权利，由此可见，互联网艺术的包容性和开放性是更强的。罗伯特·斯通在对互联网技术进行研究分析时认为，要满足互联网艺术的交互性，需要具备以下五个条件，分别是交互过程要向参与者保持开放、交互系统出现错误时能够继续进行对话交流、具有一定的限制性预案、在交互中实现路径发展、用户可以对数据库产生无限的影响；第三个主要的特征是虚拟共生，即互联网艺术在发展的过程中，需要有新的技术不断融入进去，与其共同作用，从而促进互联网艺术的进一步发展，只有这样才能保证每一个人都可以在这一过程中获得自己想要的信息。而且互联网技术还让即时的交流互动成为可能，为艺术的交互性发展起到重要的促进作用。比如网络游戏就是一种网络艺术，并且凭借互联网技术展现出了巨大的发展潜力，现如今，网络游戏玩家已经成为一个虚拟共生的群体。

二、主体和网络互动形成的网络行为艺术

互联网技术不但具有即时性的特征，同时还具有跨时空性，可以实现主体远距离的交流与互动，这也为集体性艺术活动的产生提供了必要的条件，网络行为艺术就是由此发展而来的。行为艺术是指以自身身体为艺术媒介进行艺术活动，网络行为艺术则包括两层含义：第一层含义是指艺术家通过自身的身体活动与网络用户之间进行互动；第二层含义是网络用户自发的一种表演。快闪就是最常见的一种行为艺术，也是网络行为艺术当中比较常见的一个类型。

（一）网络快闪

网络快闪是指一群通过互联网或手机联系，但现实生活中互不认识的人，在特定的网站、特定时间，在同一时间写些或有意义或无意义的评论，然后迅速分散。这一行为是一种兴起不久的嬉皮行为，也叫作短暂行为艺术，通过进行快闪表演，能够对人们的胆识和勇气进行一定的锻炼，久而久之人们就会实现对自己的肯定与认知。快闪还有另外一个名字叫作快闪暴走族，英文翻译是“flash mobs”，其具有两层不同的含义：第一层含

义是快闪族，是指一群人因为同一个目的进入一个网站当中；第二层含义是聪明的暴走族“smart mob”，是指一群人有相同的见解，他们利用互联网和智能手机等技术在网络当中进行集会。最早的快闪行为是一位叫作比尔的美国人组织的，他通过网络电子邮件联系了一个400人左右的活动小组，在某一天共同聚集在纽约广场上，集体对一个机械恐龙进行朝拜，但是在5分钟之后他们突然消失，因为集会的时间比较短暂，所以快闪族的称呼由此而来。而网络快闪主要是指这一群体以同步联网的方式进行联络，进而在指定的地点进行聚集，开始指定的表演，表演完成之后立马离开。这一行为艺术的最大特点就是无组织但有纪律，只有活动的参与者，没有活动的组织者，而且参与这一活动的人大多彼此并不认识。

现如今，我们与网络的联系越来越密切，进行网络快闪活动的群体和频率也得到了一定的发展，网络快闪的活动内容也越来越多样化，比如意大利有假装买书，加拿大有青蛙跳，等等。而且伴随着参与网络快闪人群数量的不断增加，活动的主题内容也越来越多，比如有具体的表演，也有一些表达爱国思想的活动，这些活动都是以网络为基础进行的。网络快闪逐渐成为一种特殊的流行文化。比如我国比较有名的网络快闪活动就是厦门理工学院的学生发起的一场“动作定格”网络快闪。在2011年的愚人节，厦门市中山路上演了一场“动作定格”的快闪活动，这一场活动是由厦门理工大学的两名学生组织的，在晚上八点的时候，大街上突然想起了哨声，然后街上就有约一百人迅速集合到了哨声处，他们戴着各种各样的面具，以吹哨人为基准，按照相应的队形展开，瞬间像一个雕塑一样保持着当前的姿势一动不动。在持续了4分钟之后，这一活动在哨声再次响起之后结束，所有的参与者都在喊了一声“愚人节快乐”之后消失在人群当中。发起这一活动的学生在接受采访的时候说道：“我们组织这一活动的目的非常单纯，就是想在愚人节这一天以一种特别的方式给大家带来一些快乐。”参加这一活动的一百人来自各行各业，他们通过网络报名的方式聚集到了一起，这就是一次典型的快闪活动，这种新奇的、突兀的、短暂的行为方式逐渐成为一种特别的网络流行文化。

通过对快闪活动的参与者进行研究可以发现，在快闪族发起活动的时候，发起人通过网络与其他的参与者进行了互动，但是这一活动和其他的网络艺术可能并不相同，因为最终目的并不是进行短暂的互动，也不会在现实生活当中发送信息和接收信息。当活动结束之后每个人又开始进行自己的事情，彼此并不认识。最重要的是，快闪族在这一过程中也没有与受众发生联系。在整个活动当中，网络所具有的作用就是联系不同的参与者，让不同的快闪活动参与者实现网络互动。

（二）交互参与的网络行为艺术

从狭义的角度来看网络行为艺术，主要是指在20世纪五六十年代以互联网为基础而兴起的一种特殊的意识形态。这一艺术形式和绘画、雕塑等借助身体创作而来的艺术作品并不相同，这一艺术主要是指艺术家要将自己的身体当作一种艺术媒介从事艺术创造，并且要在一定的时间内进行延续的艺术。在网络行为艺术传播的过程中，需要充分利用互联网，借助网络技术在各种平台上面发表相应的情绪或者行为规划，进而在与其他网民互动的基础上实现相应的目的。网络行为艺术能够充分反映出互联网技术基础上的网络学习、网络娱乐、网络生存和网络交际等状态。

美国著名艺术家华发·比拉尔曾经组织了一场名为“3RD-I”的行为艺术活动。这一行为艺术活动是创作者在看到了伊拉克难民的悲惨经历之后创作而来的，他将自己在生活当中看到的一些不平等的现象记录下来，从而进行自我反思。他通过外科手术在自己的头部安装了一个名为“3RD-I”的监控设备，并且将这一设备与互联网进行连接。每过一分钟，这一监控设备就会将艺术家行动过程中拍摄的画面上传到网络上。比拉尔在接受采访的时候说可以将自己当成一面镜子，以此来反映社会当中一些被遗忘的事情。这一艺术作品给人们带来了非常震撼的感觉，与其他的行为艺术作品形成了巨大的区别，最特殊的地方就在于他可以通过网络的方式进行实时传播，让网民可以通过网络即时地观看到记录的内容。每时每刻都有无数人在观看比拉尔记录的内容和这些被遗忘的场景，这一艺术作品将互联网艺术的即时性和跨时空传播充分展现了出来，这一作品获得的传播效果是其他艺术形式无法比拟的。因为互联网技术的支持，让人们在这个过程中不仅看到了艺术家的创作过程，同时还在参与的过程中像艺术家一样开始逐渐对社会现状进行一定的批判。比拉尔通过一种巧妙的方式提升了社会民众对政治权力和社会现状的关注意识，对于当时的社会发展产生了重要影响。与此同时，比拉尔的这一作品也让人们对行为艺术有了一个更深的了解，促进了行为艺术的进一步推广。

三、网页文字游戏

网页文字游戏也是电子游戏的一种，一般来说都具有鲜明的叙事艺术特征。虽然和视频类的网络游戏比起来在整个视觉感受方面有所欠缺，但网页文字游戏具有较强的开放性，通过将其与游戏叙事进行一定的融合，可以让越来越多的玩家在虚拟世界当中集合，从而形成一个特殊的共生集体，也能够体现出游戏特有的沉浸性特征。

（一）网页文字游戏

电子游戏包括很多种类，所以并不是所有的电子游戏都能够给人们营造一种刺激的视觉交互体验，比如网页文字游戏。网页文字游戏虽然在本质上也是电子游戏，但是在制作的时候并不会像前文所说的电子游戏一样具有刺激的游戏画面，而是由简单的图标和文字组成。虽然和电子游戏相比较而言，网页文字游戏比较简单，但是同样具有交互体验性的特征。网页文字游戏具有两个重要的因素：第一个因素是网页文字游戏具有一种特殊的游戏叙事规则，会让人产生强烈的沉浸感；第二个因素是网页文字游戏通过互联网能够把不同的用户链接起来，从而形成一个共生群体。我们在理解共生的时候也需要明确共生所指代的内容，主要包括玩家互动形成的心理共生和游戏中的互帮互助共生。

（二）网页文字游戏当中的交互、叙事和共生

在网页文字游戏当中，游戏的叙事性特征可以对玩家进行有效的吸引和引导，促使人们不断进行交互，让玩家在这一过程中不断实现自我。因

为网络的支持，不同的玩家可以在同一个叙事当中产生联系，当然这一联系既可能是合作，也可能是竞争。正因为这两种不同的联系，导致网页文字游戏得到了进一步的发展，也塑造了更多的玩家主体。从游戏的叙事性来看，我们发现早期的游戏程序当中并没有那些惊险刺激的动作画面，只有一些简单的图标和独特的叙事风格，凭借这些内容就可以给玩家带来足够的乐趣。20 世纪 50 年代，美国麻省理工学院有一个人工智能程序，玩家在程序当中如果输入一些不合理的命令，计算机就会对玩家进行嘲讽，虽然这些嘲讽会在一定程度上影响玩家的积极性，但同时也能够让玩家产生强烈的参与欲望。这一情况说明，虽然这些程序在进行设计的时候对玩家的主体行为进行一定的制约，但是人具有超越人工智能的能力，尤其是在情感表达和审美体验方面，能充分体现出人本身的自由性，这也是为什么现如今的游戏制作越来越注重游戏本身的艺术性和叙事性的原因，因为这样的游戏设置可以让人们对游戏情节的兴趣不断增加，从而增加玩家和游戏界面进行交互的频率。基于这些因素，可以让持有不同目的的玩家都能够制约其他玩家，但是如果能够提升游戏的叙事性，则可以在一定程度上对这一情况进行弥补，从叙事性当中探索出更加个性化和多样化的玩法，让玩家可以在这个过程中获得足够的审美。以上这两个角度都说明了叙事在游戏当中的重要性。

在大多数网页文字游戏当中，通常会通过设计为用户营造一个虚拟的空间，在这个空间当中，借助网络的特性，可以让不同的玩家在这一空间当中进行互动竞争。而且不同的用户还具有特定的任务，需要在这一过程中循序渐进地完成任务，伴随着人物不断完成任务，玩家能够获得的奖励也就越多，甚至在游戏当中还会获得一定的特权。比如腾讯曾经有一款网页游戏 QQ 农场，这一款游戏以 QQ 为基础得到了极大的发展，在智能手机还没有普及的时候非常火爆，而且在手机和电脑上都能玩。因为当时的手机还不是智能手机，再加上网络的限制，所以文字版本非常流行。老式的手机通过网络连接，就可以进入网站当中对 QQ 农场进行操作，这是一款模拟经营游戏，人们在网页当中可以通过点击文字进行操作，实现购买种子、耕种、施肥、浇水、除草等活动；而在整个手机端的网络界面当中，全程都是通过文字进行的，没有图片，也不会给人们带来良好的视觉感受。但是这款游戏的特点在于，不同的玩家可以进行互动，甚至可以去好友的农场偷菜，等等，这些举措都有利于激发玩家的竞争心理和防范心理，从而让玩家进行互动，形成一个虚拟共生群体。

之后伴随着数字技术的成熟和发展，智能手机逐渐出现并且在人们生活中得到普及，网页文字游戏开始逐渐退出网络，人们只需要使用手机就可以进行虚拟形象的数字图像游戏，甚至有的游戏只需要借助网页就可以进行。比如微信小程序当中有一款小游戏叫作“跳一跳”，这一款游戏虽然没有比较惊艳的视觉效果，但是仍然可以给玩家带来非常强烈的参与感，正因如此，所以才能够受到越来越多人的喜欢。最重要的是，这款游戏不仅可以一个人玩，也可以邀请好友一起玩，在多人游戏当中，这些好友就像“一条绳上的蚂蚱”，每一个人都要按照次序交替进行，如果有一个人失败，整个游戏就会结束，所以，在这一过程中，每一个玩家都非常重要。从这些例子当中我们可以发现，在很多网络游戏当中，不同的玩家都是交互共生的，这种特殊的关系会在一定程度上影响游戏设计者对游戏规则和游戏标准的安排。归根结底，不论是大型的网络游戏还是网页文字游戏，都需要依托互联网的时空同步性特征存在，只有这样才能实现不同玩家的交互和共生，体现出网络游戏艺术的特殊之处。

第三节　新媒体装置艺术

技术的进步促进了技术媒介的变革，所以从我们当前的媒介发展状况来看，我们可以发现已经呈现出了不同媒介相互融合的发展局面，但是我们需要明白，媒介融合并不是简单地将一些媒介组合起来，而是要在媒介融合的过程中进行再造，最终为新媒体装置艺术的发展提供基础。比如VR（Virtual Reality，虚拟现实技术，下同）、AR（Augmented Reality，增强现实）、MR（Mixed Reality，混合现实，下同）等，都是当前比较流行的新媒体装置艺术。这些技术都利用自身的特性对我们所处的环境进行了一定的改造，最终让我们可以产生强烈的虚拟体验感。

一、虚构的现实

从艺术发展的历史来看，我们可以发现不论什么阶段的艺术都是以自然环境为基础进行的，而且表现自然现实本身就是艺术始终具有的主题。虽然不同的国家和民族、不同的地区、不同的艺术形态等在对自然环境进行表达的时候会具有不同的效果，但都无法脱离自然现实的客观世界。在进入新媒体时代之后，新媒体艺术得到了极大的发展，这也为艺术家对现实环境空间的探索提供了新的机遇。从当前科学技术发展情况来看，我们可以发现，技术手段已经可以实现虚拟现实和增强现实，还可以将虚拟现实和增强现实进行一定结合，形成“混合现实”。这几种不同的技术性艺术形式具有一定的共同之处，那便是它们都可以以现实空间为基础进行创作，同时又对现实空间进行一定处理，营造了一个假设的现实空间，而正是这一特殊空间的存在，才能够让审美主体更加全身心地参与进去，进行艺术欣赏。

（一）虚拟现实空间当中的 VR 艺术

VR 技术中文名为虚拟现实技术，是指用户与计算机进行发展互动的一种技术，在虚拟现实技术上发展而来的艺术就叫作 VR 艺术。德国学者迈克尔·海姆还专门对这一技术的概念进行了深入的分析。VR 的全称是 Virtual Reality，其中的 Virtual 是指实质上或者实际上的但没有被正式认可和承认；Reality 是指一个真实的事件、实体或者状态。VR 指虚拟存在而不是事实上为真实的事件或者实体。在技术层面，虚拟现实技术需要将计算机图形技术、传感测量技术、模拟仿真技术等手段进行一定的融合，实现触觉、听觉等不同感觉系统的相互融合，最终为用户营造一个综合性的交互虚拟体验环境，这一环境的构造非常复杂，而且需要复杂的计算机系统进行控制。

当然，最终呈现出的效果和计算机艺术、网络艺术等并不相同，我们可以发现计算机艺术、网络艺术等艺术形式展现出的交互界面是非常烦琐复杂的，但是虚拟现实技术则有所不同，人们在交互的过程中，看到的交互界面是非常简洁的，非常方便用户进行操作，交互效率因此得到极大的提升。艺术家为了提升艺术传播效果，给人们营造一个尽可能逼真的视觉效果，通常会在虚拟现实技术当中配备多种不同的软硬件设施系统，比如虚拟现实发生器、声音合成器、数据手套等，总之，各种虚拟现实相关技术的综合应用，促进了虚拟现实技术的发展。我们应当对虚拟现实技术有一个明确的认识，虚拟现实当中的事物说到底就是人造物，可以将我们的视觉和体验直接引申到塑造的虚拟空间当中。因此，我们可以发现虚拟现实并不是简单的技术组合，而是多种不同感官媒介的相互融合，因为将不同技术进行简单相加并不一定可以实现想要的结果，而是要在遵循人的意愿的基础上，给人们创造一个可以满足不同感官的虚拟空间。

多种不同媒介技术的高度整合，最终形成了 VR 技术，进而促进了 VR 艺术产生发展。从这一角度来看，VR 艺术也是一种新媒体装置艺术，而且和其他的艺术形式相比，可以将其优势非常直观地展现出来。因为在与 VR 艺术交互的过程中，审美主体自身的多种生理感官都能够得到体验和享受，尤其是在视觉的作用下，人们在营造的这一空间当中，能够得到足够的审美享受。具体来说，VR 艺术的美学特征主要体现在三个不同的方面，分别是沉浸感、交互性和想象性。

沉浸感在 VR 艺术当中的体现尤为明显，而且是虚拟现实艺术的一个客观属性，只是在参与者参与的过程中，会基于自身感官体验而影响参与者的沉浸感，所以沉浸感是具有程度的。沉浸感获得的过程本身就是一个感官刺激的过程，而且在大多数情况下，沉浸就是一个精神感受和精神吸收的过程，在这一过程结束之后，参与者的精神状态就会实现有效改变，从一种精神状态转移到另一种精神状态。参与者在参与过程当中，最重要的就是要获得沉浸感，因为只有这样才能充分调动自身的感知能力，保证自己的不同感觉都可以得到一定的享受，这正是虚拟现实技术最大的特征，可以让人们在与之交互的过程中充分调动自己全身的感官，从而获得良好的审美体验。在VR艺术当中，作品具有非常多元化的交互界面，这些交互界面的相互作用，为参与用户营造了一个高度逼真的虚拟环境，促进了参与用户的沉浸，让参与用户获得更好的体验。英国视频专家布莱斯认为，虚拟现实技术和多媒体技术的目的是完全不同的，因为虚拟现实的根本目的在于为用户创建一种理想意义上的沉浸感，一般来说，成功的虚拟现实作品能够让观众和参与者在参与的过程中产生一种脱离现实世界并且在虚拟环境中沉浸的感觉。在虚拟现实当中，参与者能够与界面不断交互，并且对感觉器官进行刺激，从而促进沉浸感的产生，当然，在这一过程中产生的沉浸感并不是基于想象力而产生的，其最大的点在于，虚拟现实可以让人们产生非常自然的感觉。因为参与者能够通过自身的感官体验和行为与界面进行互动，主体参与互动甚至还能改变虚拟世界当中的形态。

在虚拟现实的交互性当中，也是基于受众的参与而得到体现的，虚拟现实技术的交互性能够基于其特殊的交互性鼓励受众参与到艺术作品的创作、生产和传播当中。传统的艺术作品需要艺术家进行构思和创作，而观众在欣赏的时候因为自身审美认知的局限性，导致无法对艺术作品进行全面的理解，更无法与艺术家产生共鸣。但是，在交互性的虚拟现实技术当中，艺术作品欣赏则实现了真正的交互，观众在参与的过程中，甚至可以对艺术作品进行二次创作，进而让艺术作品产生全新的意义。由此可见，交互性不仅能够促使审美主体产生审美体验，同时还是虚拟现实艺术得以展现其意义的一个必要条件。

最后是虚拟现实艺术的想象性，想象性主要是指用户根据在虚拟世界当中感受到的信息进行联想和推理，通过想象获得更多的知识，也对虚拟现实艺术的运动机制的发展规律有一个更加清楚的了解。在实际的例子当中我们可以发现，当参与者进入虚拟现实空间的过程中，会在一定程度上激发参与者的想象力，从而帮助参与者进一步对营造的空间进行理解。

（二）增强现实空间当中的 AR 艺术

增强现实（AR）是柯泰尔在波音公司帮助工人在飞机上安装电缆时发明的专业术语，原因是戴着头盔显示器会有更高的安装效率。增强现实是一种虚拟与现实相互结合而营造出的环境，要实现增强现实需要利用三种不同的技术：第一种是计算机图形图像技术，用户通过透明的护目镜可以看到现实世界和计算机生成图像相互融合的场景，这与日常生活当中的真实景象是存在一定区别的；第二种是空间定位技术，要想实现增强现实，并且能够保证虚拟景象和现实景象的相互融合，需要对现实空间的景象进行了解，所以定位技术是必然的。当用户戴着相关设备不断移动的时候，可以根据定位技术把握用户当前所处的位置，从而产生与之相对应的虚拟景象，实现虚拟场景与现实场景的相互整合；第三种技术是人文智能技术，这一种技术的特点在于，可以将技术和人的主观能力进行一定的融合，并且通过传感器和用户自身穿戴的设备进行记录和反馈，保证参与者能够在交互的过程中进行更好的交流，获得更好的审美体验。

通过相关技术的支持，才能够保证增强现实技术的发展，为增强现实艺术这一形式的进一步发展，提供有效的帮助。增强现实艺术的特点主要体现在虚实结合和实时交互两个方面。因为增强现实艺术能够将相关设备放置于现实当中，进而利用计算机设备窗口将其内容与现实景象进行融合。当然，在这一审美过程中，参与者能够对相关设备进行操作和调整，进而实现现实景象和虚拟图像之间的融合。虚拟现实艺术需要用户进入虚拟空间当中进行审美感受，但是增强现实艺术和其不同，只需要关注增强的对象，这一技术能够让现实增强技术所处的环境得到进一步的发展，而且增强现实技术的屏幕有多大，其能够容纳和增强的范围就有多大。比如有一位日本艺术家曾经创作了一个叫作《火车窗口（Train Window）》的 AR 艺术作品，这一作品合理利用了 GPS 定位技术，根据相关系统可以对窗户前乘客的动作进行一定的指示，隐藏在车内的增强现实投影技术也会投射出不同的技术内容，在窗户上展现出来，总之，画面内容的丰富让火车的车窗变成了一个魔法镜，给乘客带来了更多的乐趣。

（三）混合现实空间的 MR 艺术

混合现实（MR）艺术是指通过将现实物理空间和虚拟空间进行融合而进行的艺术创作活动和艺术行为。混合现实艺术在艺术领域当中的实践不是当今所特有的艺术形式，这一艺术形式早在一些其他的艺术领域有所实践，比如美国 1914 年推出的动画《恐龙葛蒂》，就在舞台上设计了一个动画形象，并且通过巨大的电影屏幕呈现出来，甚至能够与之进行互动。除此之外，动漫真人秀（cosplay）和迪士尼的主题公园等，从某种意义上来说与混合现实技术是具有相似性的。虽然以上这些尝试都具有一定的混合现实倾向，但与当今时代的混合现实技术并不相同，现如今的混合现实技术主要是指利用计算机仿真技术、网络超媒体、移动通信技术、可穿戴技术等手段，将真实世界和虚拟世界进行融合，从而创造出一个可视的全新环境。在这一环境当中，客观对象的数字对象是同时存在的。这一项技术充分展现出了现实和虚拟的相互融合。准确地说，增强现实和混合现实是具有相似性的，但是其根本区别在于，增强现实技术是将虚拟环境与参与者目前所处的真实环境进行一定的融合，而混合技术则可以将虚拟环境与任何参与者看不到的现实进行一定的融合。所以，从这一角度来看，混合现实技术倒像是虚拟现实技术和增强现实技术的融合。伴随着这一技术的不断成熟，艺术家也开始尝试使用这一技术进行艺术创作，我们不得不承认，这一技术的出现与发展，给我们创造了一个变幻无穷的虚拟艺术空间，这一空间当中的各种元素的变化，都给人们带来了强烈的冲击。

二、新媒体装置艺术当中的不同语境

伴随着新媒体技术的不断发展，各种技术已经不满足于当前的发展状态，所以媒介技术融合发展成了当前的一个重要趋势。类似于 VR、AR、MR 等艺术也成为很多人可以感受到的艺术形式，这些艺术形式的发展，逐渐让人们对这些技术基础之上的虚拟空间有了一个基本的认识，在这一过程中，我们有必要对其基础上的语境有所了解。语境是指具有虚拟性、交互性特征的体验空间，这也是新媒体艺术当中的一个根本性特征。除了以上这三种艺术形式之外，类似于LED（发光二级管的简称）屏系统、激光投影技术等，也可以为参与者创造一个虚拟的体验空间。在了解语境时，我们需要从技术语境和艺术家主体语境两方面入手。

（一）新媒体装置艺术当中的技术语境

新媒体是新媒体艺术当中的一个重要组成部分，要对新媒体艺术有一个深入全面的研究，我们首先要对新媒体进行一定的分析。比如VR、AR、MR等艺术构建的语境，其实是同时包含艺术特征和技术特征的，所以，可以认为它们是一种艺术语境，也可以认为它们是一种技术语境。从VR、AR、MR等技术的角度出发对语境进行研究，我们不得不考虑其营造的虚拟空间，因为只有这样才能充分体现出VR、AR、MR的特质。新媒体也是一种艺术媒介，因为在新媒体环境下的媒体技术特征和美学特征非常多样化，并且伴随着不同媒体之间的相互融合，我们在对新媒体艺术进行研究的时候，必须以一种综合性的思维去分析。从另一个角度来看，新媒体也是一种传播工具，使用新媒体技术进行艺术传播，往往能够取得更好的传播效果，尤其是通信技术和互联网技术的发展，传统的艺术传播观念已经被颠覆。从这一角度出发，我们就必须认识到，在VR、AR、MR逐渐盛行的当今时代，对于语境必然会有全新的解释与认识。其实从20世纪90年代开始，因为网络媒体革命的发展，艺术就已经在相关技术媒体的推动下发生了极大的变化，甚至出现了很多新的含义。我们对新媒体艺术进行理解时，不能将其单纯地当作一种单一的艺术，因为伴随新媒体技术发展而来的网络媒体艺术、新媒体装置艺术、虚拟现实艺术等，都是一个综合性的概念和意识形态，在技术层面也是多种技术相互整合而来的，这些内容都为语境的构建提供了有效条件。

杰弗里·肖和彼得·韦伯曾经组织过一次展览，并且将其命名为“未来电影”，他们后来对这次展览进行了总结，发现利用新媒体技术进行叙事表达方式的实践会面临不同的挑战：转录的形式会涉及交互性叙事当中的多重分层；然而在重组的形式当中，排列策略又会被艺术定义的相关运算法则控制；分散式的方式产生于在移动电话上可以获得的网络通信手段。从艺术参与来看，我们需要认识到，要想参与到新媒体艺术所创造的语境当中，就不得不通过这三种不同方式中的一种。在新媒体艺术当中使用必要的媒介，不仅仅是将其当作一种载体，更重要的是因为它的存在，是因为它的技术属性构建了一个能够帮助参与者和艺术作品互动的语境。以互联网来说，互联网本身也是一个特殊的语境网络，身处这一网络当中的用户，都可以在这一过程中参与到网络当中。

（二）新媒体装置艺术当中的艺术主体语境

VR、AR、MR等艺术是典型的沉浸式艺术，而在相关的艺术活动当中，艺术家和艺术参与者都是艺术活动的主体，从语境的角度来讲，艺术家就是语境内容的提供者和创造者，而艺术参与者则是这一语境的体验者。在这些沉浸式的艺术当中，审美主体往往能够对艺术家想要表达的世界有一个基本的认识，这样一来，艺术家和审美者之间存在的界限就会被彻底消解。艺术家们不断努力最终创造的艺术空间，在观众参与到其中之后，仿佛才找到了艺术传达的真正有效方式。当然，我们并不能因此否定传统艺术审美过程的意义，但同时我们也必然要意识到新媒体艺术的先进性，或许在几千年的艺术发展史中，艺术家都不知道自身努力创造的主体语境和参与者想要获得的主体语境竟是相同的，这也是沉浸式艺术能够被越来越多的人所接受的根本所在。

当然有不可避免的疑问，因为我们现实生活当中的每一个人都是审美主体，所以大家都会对艺术家如何构建这样的语境而产生疑惑。基于此，我们必然首先要对语境的构建有所认识。简单来说，语境构建包含两个基本方面，分别是语境的内容主题和完整地展现语境本身。我们要明白，语境的内容主题和语境本身是不相同的，语境的内容主题是指语境和审美主体之间的联系，通过这些联系才能够实现观众和内容的交流。而语境本身是指艺术家和新媒体的结合。

在新媒体语境下，我们要认识到媒体本身具有的载体和传播工具的身份，艺术家的作用就在于，他在进行艺术传播的过程中可以对这些内容进行巧妙的链接，从而引领观众进行审美，这正是新媒体艺术语境所具有的价值。在艺术审美过程中，只有审美主体能够充分进入艺术语境当中，实现与艺术作品的互动，才能展现出艺术作品本身的意义，不然语境就只是简单的技术尝试。艺术家通过对新媒体技术进行合理的运用可以创造出一件优秀的新媒体艺术作品。艺术作品的价值和如何将艺术作品的价值展现出来是有区别的，艺术家作为艺术作品语境的创作者，自然需要在创作艺术作品的时候认识到其中的重要性，而这正是体现艺术价值的关键所在。

新媒体是一个开放性的平台，利用新媒体可以实现艺术家和审美者之间的交流与对话，同时它也是一种特殊的艺术媒介，是进行艺术传播的重要工具。伴随着时代的进步，人们的思想得到了极大的发展，人们越来越崇尚自由，而新媒体本身就具有极大的自由性的特征，所以，艺术才能够凭借新媒体技术得到更好的发展，也才能满足审美者的审美需求。艺术家要想在新媒体时代创作出优秀的艺术作品，必然要对新媒体技术有一个深刻的认识。如果艺术家对新媒体技术缺乏了解，甚至不懂如何对新媒体技术进行操作，那么，新媒体技术的潜力就会被搁置，新媒体艺术的发展也会受到影响。由此可见，新媒体艺术的发展也为艺术家提出了更高的要求，艺术家需要运用好自身的创造性思维，促进技术与艺术的完美融合，只有这样才能为艺术作品构建一个良好的语境。

总之，在新媒体艺术当中，我们需要知道认知语境当中的内容与内容所依附的语境是联系密切的。在艺术家创作的过程中，艺术家一方面会为语境提供一个主题以及具体的内容，在另一方面还要不断进行探索，试图找到一个可以承载内容并且同时能够实现和参与者精神交流的语境。在进入新媒体时代后，相关的技术越来越专业，这在一定程度上对艺术家的知识涵养提出了更高的要求，所以，当艺术家拥有更好的知识储备时，才能更好地促进技术和艺术的融合，最终创造出具有艺术家印记的新媒体艺术作品。由此可见，构建艺术语境的过程其实就是将技术审美经验和艺术审美经验相互融合的一个过程。

新媒体艺术语境其实就是艺术家将艺术主体、艺术内容和媒介语境进行结合而创造出的，但是需要参与者参与其中才能展现出语境的意义和价值。在进入新媒体时代之后，沉浸式艺术的出现与发展推动了艺术创作者和艺术审美者体验的相互融合，而且基于新媒体技术构建的语境也能够被审美主体接受。因此，我们应当认识到新时代的审美活动和传统艺术审美活动之间的区别，认识到新媒体时代艺术语境能够给人们带来的最直接的审美体验。

第四章　新媒体艺术的艺术特征

在几千年的发展过程中，传统艺术创作的灵感已经消耗殆尽，所以进行艺术创作的方式和创作灵感需要不断进行创新，只有这样才能适应新时代的发展。新媒体艺术就是艺术在新时代不断实践发展而来的一种特殊形式，在这一种特殊的形式当中进行艺术创作，会产生不同的创作灵感。新媒体艺术的出现为现代艺术创作提供了全新的发展思路，因此，利用新媒体进行艺术创作也将拥有全新的灵感。伴随着社会的不断进步，相关技术越来越成熟，新媒体艺术也在不断发展，所以，我们可以从现如今的生活和工作当中看到，方方面面都充斥着数字化的内容。从这一发展趋势来看，数字化技术在艺术领域当中的应用也是必然的。但是新媒体艺术仍然具有艺术作品当中最为本质的特征，所以，我们在欣赏新媒体艺术作品的时候，仍然要意识到艺术作品当中最触动人们内心深处的东西，这也是新媒体艺术作品的核心。虽然和传统艺术相比，新媒体艺术的发展时间非常短，但是发展速度却非常快，这也是新媒体艺术的重要特征。我们从技术层面来看新媒体艺术，可以发现新媒体艺术和传统艺术之间存在一定的断层，新媒体艺术在出现之初好像与世界格格不入，但是随着时间的推移，人们总是能够看到其具有的意义。就好像在希腊时代突然出现了智慧之美的思想、在中世纪突然出现了人体画的风格，又或者就像第一部出现的电影一样。这些与时代主流不相符的文化和潮流的出现必然会引起轩然大波，但是我们并不能因为其不符合时代潮流就否定其本身具有的价值和先进性。因为艺术发展的过程本身就是从无到有，从被批判到成为潮流，最终再到没落的一个过程。

新媒体艺术现如今正处于发展的关键时期，伴随着相关技术的不断成熟，新媒体艺术的发展速度会越来越快，这一因素会在一定程度上加快新媒体艺术的发展速度，但是也可能会导致新媒体艺术发展过程的缩短。在全球化进程深入发展的过程中，两极分化和本土化之间的矛盾会越来越严重，因为不同国家与地区的人们对艺术有着不同的理解，甚至不同的年龄段也会影响人们的认知，所以，人们自然会对新媒体艺术产生不同的理解，起码在当前阶段，人们对于新媒体艺术的理解并不像对于传统艺术的理解一样具有十分明确的概念与定义。从当今的时代特征来看，我们可以非常直观地发现新媒体艺术具有不确定性，新媒体艺术家因创作方式伴随思想观念的发展、媒介手段的丰富而创作出更加多样化的艺术作品，由此，我们可以意识到新媒体艺术作品具有无限的可能性。正因为新媒体艺术创作具有无限的可能性，所以，才能够促进艺术在这一时代得到无限的发挥，同时也导致当前对于新媒体艺术的研究仍然不够系统化。在新媒体时代，每一个人都要对艺术传播和艺术创作的相关理论知识有一定的了解，并且在这一基础上进行后续学习。虽然新媒体艺术近几年只是起着辅助性的作用，但是我们仍然要承认，技术对于艺术的影响越来越突出。技术对艺术最大的影响力，主要体现在其已经逐渐渗透到我们的生活当中，并且成为我们生活的一部分，而且艺术与技术之间的融合具有无限的可能性。

从艺术的角度来看，我们还可以对新媒体艺术物质层面的美学特征以及在此基础之上发展而来的精神层面的美学特征有进一步的了解。在新媒体艺术当中，其非物质化的数字特征促进了虚拟现实的多媒体符号审美的发展，而且虚拟仿真的特点也会衍生出图像文化独有的思维模式，这在新媒体艺术发展过程中是非常关键且重要的内容，这种图像文化的思维模式正是在新媒体艺术当中进行超文本表达的表现方式，这种拼接发展而来的艺术表现方式，传达着一种特殊的时空观念。尤其是当新媒体艺术和传统艺术当中具有一些尤其突出的特点时，受众往往会在这一过程中获得更加全新的体验，即交互式审美体验，并且会在这一过程中产生全新的艺术精神。新媒体艺术的核心思想在于，我们可以从不同的角度去看待这一艺术作品，并且感受到不同角度下艺术作品所具有的美感。很多时候艺术作品所具有的思想内核是双重性的，在具有极端物质化的同时又具有极端的精神内涵，可同时体现出商业化特征和思想性。当我们在看待任何一件新媒体艺术作品的时候，都应当对其本身所包含的批判精神有所了解，在新媒体艺术整合发展的过程中，要深刻认识到技术与艺术相互融合发展的这一特征，并且在艺术作品当中得到充分的体现。

第一节　交互式的艺术体验

目前，艺术界对于新媒体艺术这一概念的定义并没有统一，甚至很多不同领域的学者和艺术家在尝试进行定义。因为每一个人所站的角度不同，所以，对于新媒体艺术的理解可能存在一定的差异，这些不同定义之间的差异仍然可以将新媒体艺术的核心内容和特征涵盖其中。比如台湾地区的新媒体艺术家叶郁田对新媒体艺术是这样理解的："有电脑程序驱动周边物体来让艺术作品的造型延伸成为能与观众交互的现实条件，把艺术作品与观众之间关系的单一被动惯性定律，变成相互可传达循环共同体。"从他对新媒体艺术下的定义来看，可以发现他对新媒体艺术的交互性进行了着重解释。当观众参与到作品当中，并且与作品进行交互时，不论是最简单的超链接还是数字装置和其他的交互方式，都可以对观众进行吸引，甚至在有的艺术作品当中，观众拥有主控权，不同的人参与其中会有不同的效果，当观众身临其境的时候会产生不同的效果，甚至参与者会成为艺术的一部分。比如典型的虚拟现实技术，在虚拟现实艺术作品当中，可以直接给人们带来别样的视觉体验，并且在这一过程中能充分激发观众的想象力。我们不得不承认，新媒体艺术的发展有效改善了人们和艺术作品之间的关系。尤其是新媒体艺术作品当中的交互性特征，不仅改变了人们对艺术的看法，同时还能够在一定程度上促进艺术创作理念的发展。在审美过程中，艺术家和普通的欣赏者之间看似没有直接联系，但是完全可以凭借艺术作品这一媒介进行民主交流。要实现交互本身就需要进行相互协作，艺术家和欣赏者都是其中的主体，所以，两者的行为和思想都需要相互协调，因为每个人都有可能会影响他人。我们要明白，交互的过程本身是复杂的，在这一过程中应当加强彼此的关联。新媒体艺术具有强大的交互性特征，这也是新媒体艺术常用的一种表现手法。

在艺术创作过程中，艺术家不仅可以非常熟练地使用传统的表现手法进行创作，同时还能够在学习的过程中充分运用各种科学技术手段，比如电、光、声等元素，都可以成为艺术创作的重要元素。因为数字技术的支持，艺术家在艺术创作过程中，可以借助声音、图像和虚拟环境等不同表现手段进行艺术展现，让数字技术本身就有的交融性和即时性等特点得到充分的发挥。基于不同方式和内容，可以促进新媒体艺术的进一步发展，而在这一过程中，艺术也会受到时间、光影等不同因素的影响，进而给人们带来不同的视觉感受，让人们在交互过程中获得不同程度的享受。新媒体艺术的创作过程，其实就是利用各种不同的媒体形态，并且在这一过程中实现立体化审美的过程。新媒体艺术要求不同的媒体艺术间可以相互交叉、相互影响，最终加深人们对艺术作品的理解。

一、新媒体艺术作品和外界的关系

从传统的角度来看待艺术，我们可以发现不论是艺术作品还是艺术活动，包括建筑、绘画、雕塑、舞蹈、音乐等，都因为其本身所具有的一些价值和作品当中包含的信息而更加具有意义。比如当我们在对一些传统的艺术作品进行欣赏和考察的时候，往往会发现这些艺术作品具有一个共同的特征，那便是艺术作品的形态比较固定，而且传达的信息内容非常固定，我们在欣赏艺术作品的时候，能够直接看到其形态。就算是音乐、舞蹈和喜剧等意识形态，虽然每次在演出的过程中都具有不同的内容，但不会因为演出的差异而影响到它们作为一种艺术的核心意义，那便是向人们传达必要的思想和意义。不同类型的演出在发展的过程中都会具有一定的标准，就算演出的内容并不相同，但要尽可能保证每一场的演出符合这一必要的标准，而且标准的制定是必要的，否则便会让演出变得毫无章法。比如人们发明乐谱、制作脚本和剧本，都是对不同艺术进行规范的重要方式。每一场演出之所以会呈现出不同的效果，其原因便在于，使用这些不同工具的是人，人们会在这一过程中投入自己的主观思想和因素。因此，这些艺术作品当中最核心的一些标准，始终是静态和固定的。而建筑、绘画、文学等这些艺术类型，其创作的过程就是为了能够呈现出最终的效果，所以，这些艺术类型往往在完成最终的作品后就不会再进行随意改动，唯一的变化应该就是伴随着时间的发展而出现老化和磨损的情况。

艺术创作呈现出这一发展状况很容易理解，因为在艺术家进行创作的过程中，我们会将作品当成一种进行信息传达的简单工具，而艺术作品之外的世界是接受艺术作品的部分，所以，这一趋势可以反映出艺术作品只需要将其本身承载的信息传达给外界即可，而不需要在这一过程中向外界传达一些其他的信息和内容，所以出现了传统艺术作品是静态的这一认知和特征。在新媒体艺术当中，我们不能将艺术作品当成一个简单的信息发布者，要意识到其本身所具有的信息接受的作用，如果我们能够认识到艺术作品具有的多样性特征，作品本身的状态就会发生根本性转变。因为一个既可以进行信息传递又可以进行信息获取的艺术作品，本身就代表了无限的可能，并且体现出艺术作品本身所具有的交互性作用。新媒体艺术作品在传播的过程中，作品的参与者彼此间是相互作用的，参与者和艺术作品之间是一个双向的、循环发展的关系，即在这一过程中，参与者会从艺术作品当中获得一定的理解与体验，并且从自身感受出发进行一定的反馈，进而促进艺术作品的进一步发展。在整个运转体系当中，艺术作品、参与者和传播者之间是一个闭合的循环系统，系统内部的不同个体进行信息相互交流，最终让艺术作品呈现一个新的发展状态。在艺术作品当中，这种双向发展的信息交流系统，就是新媒体艺术作品当中的交互。当一件艺术作品能够根据反馈进行一定的调整时，这件作品就处在一个不断完善和发展的过程中，而且这一作品还因外界形成了信息循环，这一过程其实就是信息作品和外界处于一个相互交互的过程。

很显然，传统艺术中不具备新媒体艺术形态当中所具有的交互性特征。通过加强作品与外界之间的联系，我们可以发现新媒体艺术作品并不是静态的，而是以一个动态化的方式出现的。每一件艺术作品都是一个独立的个体，在它出现的时候就会与欣赏者不断进行交互，在信息交换的过程中呈现出不同的意义，使这一作品呈现出不同的价值。新媒体艺术作品和传统艺术作品的最大不同就在于，新媒体艺术作品永远处于一种运动的状态，而且具有很多不确定性。

二、新媒体艺术作品与创作者和欣赏者之间的关系

不得不承认，在新媒体时代到来之后，新媒体艺术作品和创作者、欣赏者之间的关系也发生了极大的改变。在传统艺术作品当中，艺术信息传递是单向的，而且是通过艺术作品来进行固定内容的传递。人类作为社会当中的重要组成元素，具有强烈的能动性，其在艺术作品欣赏的过程中会反映出强烈的反馈愿望。但是当人们欣赏传统艺术作品的时候，受众只能选择接受或者不接受，没有更多的权利对艺术作品进行参与性创作。所以，在传统艺术作品审美的过程中，固然有很多受众期望能够在审美过程中进行反馈并且对艺术作品产生一定的影响，但实际上这些反馈信息都只能对当前的作品展示状态有所影响，却不能对作品本身产生影响。比如，人们在参观博物馆时，如果因为对博物馆的藏品不感兴趣而影响心情，那么，人们可以选择不再继续进行欣赏；如果对某一播放机播放内容不感兴趣，或者认为其中传达的信息内容有误时，能够因为自己对于作品的不满甚至通过一些极端的手段终止播放。但是这两种不同的方式都只是停留在对艺术作品本身的展示或者表演状态层面产生影响，却没有对艺术作品的核心内容产生影响。由此可见，在传统的艺

术传播过程中，参与者并不能对艺术作品本身有所影响，因为这些艺术作品根本就不存在实时接受外界信息的这一属性，比如传统绘画艺术、雕塑、舞蹈、音乐等，都是如此。

在新媒体艺术当中，艺术作品能够与外界进行有效交流，参与者也能够在艺术作品当中进行感受反馈。在这样的方式下，新媒体艺术作品很有可能会因为一些外界因素的存在而发生较大的改变，最终呈现出一些不同的效果。比如，人们在借助新媒体技术进行信息传播的过程中，信息接受者在接收到信息之后可以从自身主观意见出发对信息内容进行一定的修改，从而让传播内容得到进一步的丰富，然后进行再次传播。在新媒体艺术作品当中也是如此，当欣赏者可以与艺术作品交互时，很容易从主观意见出发对这一作品进行好坏评价。这时，欣赏者就会不自觉地对其中的内容进行一定的修订。将传统艺术与新媒体艺术相比较，我们可以明确发现参与者的身份是不相同的，传统艺术当中的欣赏者就只是单纯的旁观者，但是新媒体艺术的欣赏者不仅仅是旁观者，同时还具有参与者的身份，因为艺术作品和欣赏者之间的交互，使艺术作品的形态发生了较大的改变，也丰富了欣赏者的身份。由此可见，在新媒体时代，新媒体艺术的动态性特征不但体现在作品本身，还体现在艺术作品和欣赏者之间的关系上。

第二节　表达方式的大众化

一、艺术大众化的产生

从 20 世纪 50 年代开始，大众传媒开始出现，并且得到了一定的发展，尤其是伴随着计算机技术的发展，大众传媒的发展速度越来越快。在这一环境下，大多数普通人不需要精英阶层的帮助就可以主动进行艺术作品的欣赏，而且因为自身主体性的提升，他们逐渐认识到了自身的价值，实现了自我精神的解放。大众传媒的发展让人们的眼界得到了极大的拓展，艺术欣赏活动也从高层精英群体的专属活动转变为一种大众化的项目，即使是普通人也可以进行艺术欣赏，显然这已经成为一种大众自娱自乐的活动。而且在大众化的发展趋势下，商人和艺术家已经成为影响艺术发展的一个重要因素，他们在艺术发展过程中具有强大的操控力，能够准确把握大众对于艺术的欲望。在20世纪末期的时候，有一些艺术家开始对大众传媒进行更加深入的研究，并且在发展的过程中将社会责任等内容融入，希望在此基础上创作出来的艺术作品能够充分融入社会大众，与人们生活的方方面面产生联系。因为商人的参与，使得艺术作品逐渐有了功利性的特征，并且能够通过促进新媒体艺术与生活、艺术、科技之间的相互融合，创作出一种全新的艺术形式。

媒介技术的出现和发展，让艺术形式得到不断丰富。新媒体艺术以技术为基础进行发展，在大众传媒时代得到了充分的体现，这一技术将电脑电视、录像、网络等种技术融为一体，并且在这一基础上创作出了全新的意识形态作品。所以，新媒体艺术现如今已经成为一种包含装置艺术、观念艺术以及音乐、电影等风格的艺术，新媒体艺术具有多种不同的艺术特征。

计算机的最佳深刻的美学意义就在于，它可以让我们对古典艺术的艺术观和现实观产生怀疑。在这一观念当中，需要人们站在现实之外进行现实的观察，从而对其有一个更加明确的认识。这一观念认为，艺术可以从它所处的日常环境当中进行分析，就像进行文化积淀一样。计算机技术的参与让欣赏者和艺术作品进行了一定的混淆，对传统艺术当中纯粹进行艺术作品幻想的方式进行了否定。新媒体艺术作品的出现让我们认识到，艺术作品似乎也可以与我们有着密切的联系，并且与我们的日常生活有着密切关系。由此可知，我们的日常生活越来越艺术化，艺术也变得越来越生活化。

二、数字技术促进了艺术大众化发展

从历史发展的进程来看，我们能够清楚地认识到传统绘画和相关工艺都需要艺术家进行长期的训练才能够掌握这些技术和本领，所以在以前，艺术创作并不是每一个人都可以进行的。伴随着相关技术的发展和参与，新媒体艺术已经获得了越来越广泛的发展，而且与此同时呈现出了向低端性和纯技术性发展的方向，这种技术性特征是建立在一定的可操作基础之上的，人们只需要具有一定的熟练度就可以，所以在数字艺术时代，即使是普通大众也可以创作出具有一定美感的艺术作品。很多艺术家在进行艺术创作的过程中，会利用计算机技术，那是因为这些技术能够帮助艺术家进行更加高效的创作，从而适应当今时代快节奏的生活方式。从这一角度来说，我们应当认识到当前我们身处的时代背景，从而参与艺术的创作，最重要的是，要在艺术创作的过程中把握时代发展脉搏，将时代发展特征与艺术作品创作进行一定的融合，只有这样才能适应时代发展的趋势，并且让艺术作品能够在大众化时代得到充分的发展。事实上，因为数字技术的快速发展，不仅可以为艺术创作提供一定的帮助，同时还可以作为艺术传播的重要媒介，这样一来，艺术创作会成为大众都可以接受的一种文化，而不再让人敬而远之。艺术的大众化发展，让人们和现实之间的关系发生了极大的改变，这也是艺术大众化发展的一个重要标志。在大众化发展阶段，要促进艺术和大众媒体的共同进步，尤其是网络媒体的发展，为欣赏者与艺术家进行互动提供了充分的条件，双向互动也成了新媒体技术当中最为突出的特征。比如通过网络发表一件艺术作品，人们可以随时进行艺术品的欣赏，而且能够在欣赏艺术品之后发表自己的意见，与他人进行互动的讨论。最重要的是，欣赏者与艺术创作者之间的互动也在这一时代成为可能。这一发展不仅加深了欣赏者和创作者之间的联系，还实现了欣赏者和欣赏者之间的联系，真正让大众和媒体实现了融合。新媒体艺术的大众化发展趋势，让越来越多的欣赏者参与到了艺术创作的活动当中，艺术作品也不再是艺术家进行才艺展示的专利。举一个典型的例子，“平民”作曲人雪村有一首代表作叫《东北人都是活雷锋》，这一作品的内容非常亲切朴实，并且引领了很多艺术作品的发展，凭借新媒体技术实现了快速有效的传播，尤其是歌曲结尾那一句“翠花，上酸菜”，几乎在一夜之间就红遍了全网。

三、艺术大众化发展的思考和反思

艺术的精英化和大众化是艺术发展过程中必须面临的重要问题，这也是艺术作品在这一时代如何实现自身艺术价值需要解决的重要问题。在新媒体艺术发展的过程中，实现了艺术与大众传媒之间的融合，虽然这在一定程度上体现出了大众艺术和精英艺术两者之间的联系，但是对于大众欣赏者来说，仍然具有一定的约束。新媒体艺术需要通过技术手段来进行展示，艺术家则要在这一过程中服务大众，并且通过艺术创作进行对社会现实的反思。虽然我们并不能对艺术未来的发展趋势进行预判，也无法断定哪一种形式是艺术的引领，但是我们仍然要认可新媒体艺术在当今时代所具有的先进性，我们从艺术发展过程中的大众化发展趋势就已经可以看出，新媒体艺术当中所具有的大众化特征，已经在当今时代得到极大的认可。

不得不承认在新媒体艺术发展的过程中会出现一些新的问题，这也会在一定程度上影响艺术家的创作灵感。原来单纯的艺术作品创作在进入新媒体时代之后，其与商业艺术作品之间的界限越来越模糊，艺术家只有对这两种不同的艺术形式进行有效区分，才能在艺术创作过程中创作出更好的艺术作品，满足受众的需求。要想在大众传媒时代顺应潮流和趋势，艺术家也同样要利用好多样化的审美方式，只有这样才能达到理想的传播目的。同样的道理，当艺术家在这一过程中获得了足够的资金和相关设备时，再进行艺术作品的创作，就很难在这一过程中保持自身思想的独立性。

第三节　叙事逻辑的非线性与情景的虚拟性

一、叙事逻辑的非线性特征

非线性是编辑系统当中的一个专业术语，主要是指一种编辑方式，即通过剪辑技术将传统的模拟技术转变为数字化的过程。非线性叙事逻辑和线性叙事逻辑是相反的。在进行编辑的过程中，传统的线性编辑是指素材搜索、录制剪辑等内容都按照时间的顺序来进行。非线性叙事逻辑则指在进行编辑的过程中对编辑内容随机进行读取和记录，如果使用这一种叙事方式进行编辑，可以在工作过程中对编辑的内容随时进行调取，并且改变编辑内容的整体顺序。在新媒体艺术当中，非线性的叙事逻辑主要是指借助后现代自我颠覆的方式，打破人们印象当中对于艺术的传统习惯，从全新的角度对艺术作品进行思考，从而实现艺术作品内容的丰富，给人们带来焕然一新的效果。新媒体艺术家在使用非线性的思维和叙事方式进行艺术作品创作时，我们要对其特别注意，进行深度思考，只有这样才能剖析出艺术作品所承载的更深的内涵。

因为相关技术的发展，使艺术传播媒介得到了一定的拓展，因为艺术创作元素和相关技术的发展，使艺术作品当中的时空节奏越来越复杂，新媒体艺术也不仅仅是以平面的形态或者在三维空间出现。因为非线性编辑方式的应用，将拼接的方式与新媒体艺术进行一定的融合，所以我们可以在新媒体艺术作品当中看到一些立体化的装置作品。

在传统的叙事性艺术作品当中，我们也可以看到一些非线性编辑技术的影子，但是在作品“剪”“接”的过程中，仍然有可能会因为技术的限制导致最终呈现出的艺术作品过于呆板。在传统艺术作品创作的过程中，要保证一个素材一个素材的制作，一场戏需要花费半个小时左右的时间对这些镜头进行剪辑，在这一过程中，很可能有一些突然出现的创意会消失。但是利用非线性叙事和编辑的方式进行创作则有所不同，我们不需要担心自己在这一过程中的创意会丢失，当自己有好的想法时，可以立即进行实践。我们从现如今很多的艺术作品就可以发现，在整个作品当中，不论是故事内容还是时空顺序，都可以随意进行调整，利用倒叙、反转、重复等不同的方式进行剪辑处理，这些方式在传统艺术作品制作的过程中是无法实现的，或者说是不被认可和支持的。这种非线性叙事方式的应用，能够将艺术作品的超时空性特征展现出来，让线性的艺术作品实现交叉化、层次化、动态化发展。一方面，叙事结构和非线性编辑的方式会让整个艺术创作的过程被简化，进而节省更多的时间，甚至能够在艺术创作过程中降低整个团队的开支。另一方面，非线性叙事方式的意义和价值主要体现在影视制作方面。通过利用图像和影视技术进行艺术创作，可以将艺术空间拓展，并且给人们营造一个立体化的时空。在作品当中，不同的故事情节相互作用，每一个镜头、每一个画面都可以进行随意的调整，进而让整个艺术作品变得更加具有层次性。最重要的是，当欣赏者在欣赏艺术作品的时候，可以在这一过程中感受到无限的可能性。传统艺术创作过程中单一的创作格局已经发生改变，非线性的叙事结构已经成为一种应用越来越广泛的叙事方式。

非线性叙事已经成为新媒体艺术发展的一个重要方向和趋势，人们能够在这一过程中感受到新媒体艺术的无限性。在使用非线性叙事方式进行艺术创作的过程中，艺术家不仅要对各种新媒体技术有一定的掌握，还需要对各种文化有所认知，只有这样才能在艺术创作过程中跳出原有的局限性，从时代的角度出发进行艺术创作，加深艺术和技术之间的联系。在艺术创作工作过程中，叙事和现象之间的关系其实就是事实和本质之间的关系，艺术工作者可以随便进行剪辑顺序的变化，充分体现出非线性叙事结构的不确定性特征，让艺术作品具有更多的可能性。非线性编辑和非线性叙事模式的出现，让新媒体艺术拥有了一个更加广阔的发展空间。

二、虚拟的艺术情景

（一）虚拟技术和艺术的相互融合

吴伯凡曾经说过，当我们用自己的手指操作键盘和鼠标的时候，其实我们本身就是在进行数字世界的构造，在这一过程中，我们的手指就像是上帝的手指，通过手指的点击可以创造出越来越多的内容。比如 0 和 1 这两个数字，就可以作为一种特殊的“材料”来进行创造，进而创造出一个非常丰富的虚拟现实。计算机技术不仅能够帮助我们认识我们所处的世界，而且能够帮助我们进行制作，最终创造出一个全新的世界。

20 世纪末期，虚拟现实技术开始出现，并且迅速得到发展。这一项技术作为一门全新的综合性信息技术，在使用时需要充分体现出综合性特征，即利用计算机、空间、声音、视觉跟踪等各项技术元素，形成综合的可以满足人们视觉、听觉多种需求的交互式虚拟环境。最先提出虚拟现实这一构想的是美国科学家摩登·海里戈，他在 1961 年设计了一个类似于电话亭的装置，观众只需要进入这一装置就可以在布鲁克林城漫游，当然，这一个布鲁克林城市是虚构的，但是当人们身处其中时，仍然能够听到非常真实的刮风声，并且感受到震动和街头的真实气味等。虽然海里戈构造的虚拟现实空间在真实感和沉浸感方面与现如今的虚拟现实技术相比存在极大的欠缺，但是我们仍然要认识到，他就是最早发现数字技术与虚拟现实艺术可以进行相互结合的人。

新媒体技术所具有的多样化功能，可以给人们带来非常直观的意象感受，通过创造出现实当中不存在的一些事物，进而充分满足人们的感官需求。在新媒体艺术当中，可以让现实生活当中发生过又无法再发生的事情再现，甚至可以将现实生活当中那些没有发生过的事情展现出来，总之，新媒体艺术在展现现实生活场景方面具有非常好的效果和作用。新媒体艺术的一个重要特征就是突破了传统的审美标准，并且在新媒体艺术当中形成了一个全新的审美标准和范畴，当人们身处新媒体环境当中时，可以发现意识层面的内容转变为了现实，这种假设的体验可以呈现出非常强烈的真实感，让艺术表现和艺术设备体验具有更加广阔的发展空间。同时我们需要认识到虚拟现实环境也是在真实的环境下成长的，因为人机交互的出现，让虚拟现实技术当中原有的枯燥、生硬、被动的情况得到有效改善，使人们可以在虚拟现实技术当中的沉浸感得到极大的提升。虚拟现实技术通过构建模型、空间追踪、视觉跟踪等，可以给人们带来高度的沉浸感，实现多感官交互。虚拟技术出现之后，艺术家们也开始对这一技术进行积极的利用，将艺术和各种技术进行一定的结合，最终创造出了全新的现实艺术。

以电影艺术为例，因为相关技术的支持，使得虚拟现实技术在电影制作当中得到了一定的运用，并且产生了非常好的效果，对电影的影响非常深刻，所有和电影有关的人都无法躲避这一项技术的影响。在电影艺术当中，借助虚拟现实技术所营造出的影像空间，甚至有时候比真实世界给人们带来的真实感更为强烈。从心理学的角度来看，我们发现数字科幻电影正在逐渐实现发展，引导人们用超乎寻常的角度去看待这个世界，并且在欣赏的时候给人们带来强烈的愉悦感，让人们可以获得极大的满足感。现如今，虚拟现实技术在电影中的应用越来越深入，它能够充分满足人们的好奇心。当我们在电影当中看到那些现实生活当中不存在的电影画面的时候，我们必然会产生眼前一亮的感觉，一百多年以来电影依赖的现实空间已经逐渐被虚拟现实所颠覆，电影行业当中的真实美已经逐渐被虚拟美所代替，并且成为新媒体时代电影发展的重要趋势。

（二）虚拟媒介下的艺术活动

传统艺术的创作是从现实生活出发的，不论是艺术作品的创作内容还是呈现形式，都要从现实出发，与现实相融，而且很多时候真实就是对传统艺术作品进行评价的标准。在传统的艺术创作环境中，人们相信在现实生活当中存在可以支持人们进行艺术创作的环境。我们要明白社会是现实的，在社会当中，不论是国家机构、社会组织，还是真实存在的每一个生命体，都是不容置疑的实体存在。除了生命个体之外，在现实当中还存在报纸、电视、广播等真实存在的文化产品，甚至在这个社会当中的精神都是客观存在的，不论是人文精神还是科学精神，任何精神的存在都越来越依赖一定的载体，以此来进行价值观念的传递。在20世纪，以上提到的观念受到了一定的挑战。新媒体的发展提供了充足的技术条件。在当前世界中存在的事物，借助数字技术可以在虚拟空间当中创造出相对应的事物，比如虚拟商店、虚拟银行等。其实从媒体发展的历程来看，我们可以发现不论是当今人们正在使用的媒体，还是人类历史上曾经使用过的媒体，其实在利用这些媒体的时候都需要将一定的条件进行虚拟化的处理，正因如此，所以我们可以看到虚拟电影、虚拟广播、虚拟网络等内容的出现。在当前所处的环境当中，我们可以看到虚拟的应用越来越广泛，虚拟化的发展让人们对计算机有了越来越深刻的认识。虚拟技术的发展让人们对计算机基础上发展而来的虚拟及幻想有了更加全面的认知，但与此同时，人们也开始对计算机的真实性产生怀疑。20世纪的虚拟媒介主要是指人们借助信件、电话和电子邮件等方式建立的共同体，但是现如今的虚拟媒介则专门指以计算机网络为基础的在线媒介。我们发现传统的媒介都是建立在相对稳定和公开的基础上的，在传播过程中，传播者和受众之间的关系和身份非常透明。但是在虚拟媒介当中，身份系统则是流动的、隐秘的。从这个角度来看，艺术的虚拟化则代表着艺术创作者、鉴赏者和传播过程之间要实现从传统媒介到虚拟媒介的转变。我们通过对艺术虚拟化进行理解，可以发现其中具有三层不同的含义：第一层含义是指艺术主题的虚拟化，在艺术虚拟化发展的过程中，需要将艺术作品本身所处的环境和空间实现虚拟化，从这一出发点进行艺术作品的创作，艺术作品的主题自然会在无形中向虚拟化靠近；第二层含义是艺术对象逐渐向网络空间转移，因为欣赏者自身的审美能力、审美趣味会对艺术发展产生直接的影响，所以当人们开始将审美重点转移到在线系统的时候，艺术作品必然也要朝着这一方向发展。我们从当前艺术作品的创作来看，发现很多艺术家为了能够满足大众的审美需求，在进行审美作品创作的时候从观众的口味出发。而且因为相关技术的支持，使人们能够在这一过程中参与到艺术作品的二次创作，总之，每一个欣赏者都会在这一时代对艺术作品的创作与发展产生一定的影响；第三层含义是艺术当中的媒介只能由数字程序来充当。从以上层面的发展和变化来看，我们都可以发现虚拟媒介对于艺术的发展有着越来越大的影响。在这些虚拟媒介当中，不仅可以实现人物的虚拟化处理，而且能够发明很多现实生活当中不存在的虚拟技术。从这个角度来看，我们发现艺术的虚拟化正在不断进步。

三、科学技术和艺术思维的相互统一

通过对科学艺术史进行考察，我们可以感觉到科学技术发展和绘画艺术之间存在特殊的互动关系。早在古希腊的时候，人们就开始对数学和艺术之间的联系进行研究，这一研究开创了科学和艺术之间的融合，并且迎来了历史上第一个理性主义时代的到来。后来经过文艺复兴时期达·芬奇、米开朗琪罗、拉斐尔等艺术大家的不断实践和探索，我们可以从他们创作的艺术作品上感受到非常明显的感性与理性的相互融合。我们不得不承认，因为这些艺术家对于自然界的客观、理性的研究，使得后人可以在理性的基础上进行艺术研究，所以在文艺复兴时期出现了明暗法、透视学、人体解剖学等科学原理，并且在这些原理的基础上实现了不断的发展。经过几百年的探索和发展，西方人逐渐建立了一整套完整的绘画体系，使我们可以在二维平面当中作画的时候，将客观世界中的光线、透视、阴影和色彩层次等真实地展现出来，给人们营造出一种更加立体化的效果。

伴随着时代的不断进步，以及相关技术的成熟发展，两者的融合越来越密切，尤其是在进入新媒体时代之后，为自媒体艺术的发展提供了更加肥沃的土壤。我们必须承认，数字技术在艺术领域当中的应用已经成为当代艺术创作发展的重要因素，甚至数字技术已经成了艺术的一个重要组成部分，尽管我们在使用技术进行艺术创作的过程中仍然需要进行一定的警惕，但是这并不能否认技术对于艺术发展的促进作用。在当今时代，正是因为艺术充分利用了科学技术成果，所以才能够在这一时代当中让人们的审美不断进步，并且让当今的艺术作品越来越受欢迎。艺术与技术之间的关系越来越密切，甚至伴随着时代的发展会越来越紧密，技术和艺术在新时代有了一个相互连接的桥梁，而且在两者连接起来之后变得更加充实，说是促进了两者的共同发展也并非不妥。在新媒体艺术发展的过程中，我们能够真实地感受到未来派思想和达达派主义对新媒体艺术所造成的影响。因此新媒体艺术的发展，不仅仅继承了技术美学和人类随机美学的批判，同时还对现代艺术及后现代艺术当中的批判精神进行了借鉴，最终从一个全新的角度出发对自身进行审视，也在对人及人类的价值进行思考。

其实通过对艺术与技术的融合发展过程进行探讨我们能够非常直观地感受到，新媒体艺术的出现不是一个偶然的现象，而是人类社会进步的重要产物，在这一过程中，人类需要对艺术与科学不断进行探索，进而促进彼此的进步与发展。从现实情况来看，因为现代科学技术的进步推进了信息化社会的发展，自然而然地也促进了当代艺术的影响。新媒体艺术完全可以借助科学技术手段以及一些传统艺术当中的技法和模型来创造出令人震撼的艺术作品，而且这些方式在现如今也发挥了极大的作用。从新媒体艺术来看，我们能够将摄影、绘画、动画等与不同技术的优势进行充分结合，进而将艺术家的内心情感充分展现出来，对自然界中的各种生命的自然线进行探索。达利和马格里特等人对超现实主义艺术进行了极大的探索，并且将其中的优秀部分与艺术进行融合，同样在艺术发展过程中起到了深入的推动作用。当代的新媒体艺术可以凭借全新的手段和媒体推进艺术的进一步发展，而且新媒体已经突破了当前客观世界的限制，可以将人们头脑当中想象的世界通过这些技术转变为现实，这很显然是当代艺术的一个跨越式发展。

第五章　新媒体艺术和传统美术审美特征的异同

第一节　新媒体艺术和传统美术审美特征的共性

一、主体性与形式美

主体性是指人们在实践以及参与各种活动过程中所展现出来的个人能力和作用，并且是指人们主动地、有目的地进行相关活动时体现出的地位。在新媒体艺术和传统艺术当中，主要是指人们参与艺术作品创作、进行艺术作品欣赏时个人主体性的参与程度，而且主体能力的高低将会对作品的水平产生一定的影响，并且直接关系到作品的美感。我国的传统美术注重“形”“神”结合，这就对主体的能力提出了更高的要求。

（一）传统美术中的审美主体

我们在不同的美术馆和博物馆参观时，抑或通过图书及网络进行美术作品浏览时，可以发现不同时代的美术作品在呈现美的事物方面是存在一定区别的，不同地区的艺术家对美的呈现也是不同的。比如张大千的《长江万里图》、文森特·凡·高的《星月夜》就可以充分体现出这一特点，他们这些美术作品中呈现出的美其实就是审美主体的体现。比如文森特·凡·高的《星月夜》，我们可以从他的这一作品当中看到月亮、星星、银河、建筑、植物等不同的要素内容，但是当我们看到这些内容的时候却会不自觉地产生一种压抑的感觉。这是因为整幅作品使用了蓝绿色为主的色调，并且用粗犷、弯曲的线条来描绘天空和树木，用平直的线条来表现村庄，通过彼此的对比给人们带来了强烈的反差感，所以整个画面看起来比较沉重。通过使用这种夸张变形的创作方式，展现出了作者躁动纠结的内心世界。通过这些作品的审美特征可以将创作者内心的真实世界展现出来，让自己的精神实现充分的自由。

在《星月夜》这一幅作品当中，挺拔的大树甚至要突破云霄，在扭曲的天空之下依然挺拔着自己的身躯，这也像作者对自身的写照，体现出作者内心与现实世界之间的矛盾。有人在观看这幅画的时候也认为作者是借助广阔的天空来体现人类和植物的渺小，但这样的看法似乎在一定程度上忽略了线条的重要性。文森特·凡·高在创作这幅作品的时候，本身就是想在这一过程中体现出自身的主观意识，所以从艺术的角度来说，画中营造的场景似乎更像作者看到的幻想，或者是想象的空间。这一幅作品就充分体现出了作者从主观意念的角度出发进行作品创作的方式，一定程度上突破了以往绘画创作的束缚，为之后绘画风格的发展和形成起到了一定的推动作用。（见图 5-1）

图 5-1　文森特·凡·高的《星月夜》

（二）新媒体艺术时代的审美主体

2018 年的阿姆斯特丹灯光节上，有一件新媒体艺术作品《星空》，这一作品就是以文森特·凡·高的《星月夜》为基础创作而来的，这幅新的作品是 LED 装置，在阿姆斯特丹运河上展示。整个作品是由 1400 根亚克力棒组成，并且通过 LED 等照亮，以此来体现出文森特·凡·高作品独有的创作特点。通过利用现代化的一些技术，将文森特·凡·高的作品进行了复制。不同的地方在于，原作当中的建筑和柏树这些内容被新城市的住宅和水路取代。这一装置被放在一个长方形的框内，从远处看仍然像一件被裱起来的艺术品，独特的地方在于，因为材质的特殊性，可以让整个作品与周围的环境融为一体，大家从不同的角度去看，可以获得不同的视觉感受。其实从进入近现代开始，人造光对于人们和周围环境的影响就越来越深，使得人们在阿姆斯特丹甚至看不到星星，艺术家之所以进行这一新媒体艺术作品的创作，目的就是告诉人们要适度使用灯光，避免城市的光污染。这一新媒体艺术作品的创作不仅表达出了作者对文森特·凡·高的崇敬之情，同时也利用这种新的艺术形式来激发人们的忧患意识。通过对文森特·凡·高的《星月夜》和《星空》进行对比可以发现，审美主体的表达并不相同。

（三）不同形式的形式美

在进行艺术作品创作时，不同的创作主体会赋予作品不同的意义，所以不论是传统美术还是新媒体艺术，都需要审美主体的参与才能进行创作，也正是因此，传统美术和新媒体艺术才具有了主体性的特征。形式美主要是指人们可以直接感受到的视觉层面的美，而新媒体艺术和传统美术都是视觉艺术，所以两者自然都具有形式美的特征。只是传统美术和新媒体艺术的特性、属性等各不相同，所以表现美的形式也是存在一定差异的。就以文森特·凡·高的《星月夜》和《星空》来说，可以明显地知道《星月夜》是一幅绘画作品，形式美主要是通过笔触的变化来表现创作者的情绪，并且通过色调的对比来展现一种纠结挣扎的氛围，这些都是传统美术中表现形式美的方式。新媒体艺术作品《星空》则在参考《星月夜》的基础上进行了创作，创作方式和表现手法完全不同，借助有机玻璃棒即兴创作，利用透明的背景实现新媒体艺术和城市的融合，作者通过这一作品希望城市的背景可以是真正的星空，而不仅仅是灯光，这种新的新媒体艺术创作手段体现出了一种全新的形式美的表现方式。

二、实践性与意境美

一般艺术家在进行艺术创作时，会通过艺术作品将自身的能动作用通过艺术作品展现出来，作为艺术作品的生产者，艺术家往往会在实践的过程中将生活、自然和艺术三者进行一定的联系，并且找到彼此之间的关系，从而进行一定的改造和设计，最终创作出艺术作品。从这一角度来说，不论是传统美术作品还是新媒体艺术作品，都是具有实践性这一审美特征的。

（一）传统美术的实践性

传统美术在进行创作时，需要以传统媒介为根本进行创作，所以这就体现出了传统美术本身存在的实践性，不论是绘画还是雕塑，都需要借助一定的物质材料来作为创作材料，并且借助这些内容进行情感承载。新媒体艺术的出现也是时代发展的必然结果，因为它本身就属于美术的一个特殊发展阶段，在美术发展的历史上，艺术家们在进行美术创作的同时，也在一直考虑美术媒介的创新和新的表现形式。所以我们可以认为传统美术的发展为新媒体艺术的出现奠定了一定的基础。杜尚在发布作品《泉》的时候引发了整个艺术界的震惊，甚至让大家觉得他违反了传统审美的标准，导致他的作品禁止在艺术展当中出现。在同一时期，立体主义出现，用综合材料进行艺术创作的形式开始出现，最典型的例子就是毕加索，他在创作的时候将一些现成的物品粘贴在画中，这将立体艺术的发展推到了一个更高的高度。先进的创作理念可以带动艺术创作的发展，杜尚对现成物品进行照搬的方式也推动了现代装置艺术的发展，极大地改变了传统美术借助一定传播媒介进行情感表达的方式。《泉》这种艺术创作方式虽然极端，而且与时代特征并不相符，但是这种艺术创作方式代表了艺术的创新和实践，打破了传统美术理念的禁锢，推动了艺术发展。艺术家们的不断实践，也让更多的人认识到艺术的存在与发展并没有固定的媒介限制。

（二）新媒体时代的实践性

伴随着时代的进步，我们逐渐从工业化社会进入了信息化社会，而且艺术与科学之间的界限越来越模糊，甚至实现了相互融合。现如今，科学技术已经在不同的领域得到了渗透，比如戏剧、舞蹈、绘画等，因为科学技术的发展实现了完善和进步，艺术形式也变得更加多样化。总之，相关技术的发展在一定程度上推动了艺术的发展，但同时也带来了一定的不确定性，这就需要艺术家不断进行探索和实践，只有这样才可能尽量避免这些问题的出现，并且推动新媒体艺术的发展。法国文学家福楼拜在探讨艺术与科学的关系时通过一个比喻对这一内容进行了讲解，他认为伴随着时代的不断进步，艺术就越要科学化，科学也要更加艺术化。

随着科学技术的发展，互动装置艺术出现，体现出了艺术的科学化发展，同时也体现出科学的艺术化发展。有一个曾经获得国际数字艺术奖银奖的互动投影装置作品《Metamorphy》，这是一个进行声音和视觉互动的艺术作品，当观众用手触摸这一作品的时候，作品上面的投影就会与体验者之间进行一定的结合，进而发生相应的变化，当观众停止接触的时候，作品就会变硬。这一作品利用了有机的液体物质，在创作的时候可以给人们营造一种扭曲现实的幻觉，对现实的物理空间进行扭曲，借助镜子的反射作用来为人们构建一个由视频产生的虚拟空间。观众在与这个作品进行交互时还会产生特别的声音。从这一艺术作品我们可以发现，艺术的发展是无限的，艺术实践也是没有尽头的。

（三）意境美

新媒介已经成为当今社会艺术的重要承载方式，因为技术的支持，新媒体艺术的发展也已经成为一个必然的发展趋势。通过借助各种新的表现载体，能够让其中的特殊呈现形式对观众的直觉进行直接的刺激，从而激发人们的想象空间。这一发展让人们的感官体验变得更加丰富，可以让人在进行艺术欣赏的时候更加沉浸，这便是新媒体艺术的独特之处。

有一个新媒体艺术作品《雨屋》，这一作品是虚幻和真实相互结合的一个空间。具体的场景是一个昏暗的 100 平方米左右的房间，观众在这一空间当中会感受到瓢泼大雨，但是却不会被淋湿。这一作品被陈列在美国的纽约现代艺术博物馆，给观众创造了一个超现实的氛围，能让人们与水进行一种特殊的互动。这一作品的特殊之处在于，能够让人们通过艺术的方式来感受生态变化。这个空间通过装置水处理系统、电磁调节阀、3D 高清追踪摄像头、格栅地板、水、塑料贴砖以及专业的技术软件共同构成的。一分钟的时间，这个屋子当中使用的水量就会有 1.8 吨左右，并且都是自来水，在使用的过程中还会进行自动清洁。这一作品便是新媒体艺术独有的表现方式，当人们进入其中之后，便可以更加真切地感受到新媒体艺术作品独有的魅力。

詹姆斯·特瑞尔在中国开展的首个大型回顾展中，通过强烈的视觉冲击将人们带入了一个既虚幻又现实的空间中，通过借助“光”和“空间”等媒介来刺激人们的感官，引导人们进入构建的空间中，让人们的生理和心理受到双重冲击。当观众沉浸在他的作品当中之后，色彩会发生剧烈的变化，进而将人充分包裹起来。因为人的眼睛无法快速适应这种颜色的变化节奏，就会导致自身的精神状态被打破，从而使自身的内部感知发生一定的变化。在很多艺术家的创作理念中，光不仅是一种艺术语言，还具有特殊的精神内涵，当观众去感受光的时候，伴随着体验的逐渐深入，观众对于光所蕴含的精神内涵也就会获得更深的感受。这种沉浸式的展览在当今时代非常受欢迎，很大程度上是技术的支持实现了观众与艺术作品之间的互动，可以给观众带来身临其境的感觉，增强观众的体验感，而这就是新媒体艺术的特殊之处。

很多传统美术作品主要以虚实结合的方式来创作的，通过意境化的表现形式来展现艺术作品的美感，比如南宋时期的画家马远创作的《寒江独钓图》，虽然画面上只有一叶扁舟、一位垂钓老翁和几道河水波纹，但是仍然可以感受到广阔的江水，这也给人们留下了足够的想象空间，有利于提升观众的代入感。传统的美术作品非常强调画家主体精神的展现，可以在艺术创作的时候将客观现实展现出来，特别是我国的绘画创作，尤其注重意境美的体现，很多时候会通过画面的设计来体现意境的深远，进而让画面变得更加丰富。当然，外国也有很多作品比较注重意境美的表现，比如普桑的《阿卡迪亚的牧人》，这幅作品描述的是：阿卡迪亚是一片纯净的土地，像传说中的天堂一样，而在阳光明媚、生机勃勃的田野之上，树立了一个用石块堆砌起来的陵墓，有一个满脸胡须的牧人正在识别陵墓上的碑文，旁边还有两个人，一个在冥想，一个在指着碑文进行询问，另外还有一位女牧人将一只手放在了询问者的背上，整部作品呈现出一种神秘又悲伤的氛围，人们在观看这一幅作品的时候会不知不觉地融入相应的环境，这种沉浸式的情感体验就是传统美术展现意境美的一种主要方式。

三、情感性与愉悦性

不论是艺术理论还是艺术作品，都可以体现出情感性的特征，因为艺术创作归根结底是为人服务的，所以自然会在这一过程中触发情感，实现情感的升华。在进行艺术作品创作时融入情感，也会让艺术作品具有一定的价值观和思想，所以艺术家的思想会在一定程度上决定艺术作品的情感表达方式。

情感也是人类生活的一个重要组成部分，正因为喜怒哀乐的情感存在，才让人们的生活越加丰富。还有人认为，情感就是人们感觉的补充，当人们的感觉越来越复杂的时候，就从感觉上升为了情感。艺术作品当中的情感和人自身的情感并不相同，艺术作品当中蕴含的情感是建立在一定形式上的、不够真实的情感。因为艺术作品本身就是营造的虚拟情景，所以人们从艺术作品当中感受到的情感也是形式上的。从某种意义上来说，艺术是人类情感的一种表现形式，苏珊·朗格曾经写道，“艺术品就是将情感呈现出来供人观赏的”，从这一句话来看，我们可以明确艺术作品其实就是将人类的情感转化为一种可见的形式，在这一过程中，艺术家会借助一定的符号将其转化为知觉可以感受到的东西。比如音乐作品就是听觉可以感受到的东西，美术作品就是视觉可以感受到的东西，等等。

新媒体艺术与传统美术在创作过程中，都会在各个环节当中展现出创作者自身的情感。

（一）传统美术中的情感性

在传统的美术创作过程中，很多艺术家进行创作会坚持“情感论”这一观点，比如罗丹就明确表示“艺术即情感”，我们在欣赏文森特·凡·高的《向日葵》时可以非常直接地感受到强烈的生命力的存在。《千里江山图》当中则蕴含着非常壮阔的气势，这些内容都是艺术家对客观世界的特殊理解，并且借助一定的媒介投射出来。我们在进行艺术作品欣赏的时候经常会有这样的感受，进而产生强烈的情感共鸣，这就是审美过程中非常直接的一种情感表达方式，也是艺术独有的魅力。

明代画家徐渭有一幅水墨画《墨葡萄图》，由蘸满墨水的笔创作出的黑葡萄，在葡萄架上挂满了葡萄果实，非常形象生动。茂盛的枝干和叶子是由大块的水墨绘成的，大块、小块的水墨有效对比并且融为一体。并且在作品当中题诗："半生落魄已成翁，独立书斋啸晚风。笔底明珠无处卖，闲抛闲掷野藤中"。从绘画作品来看，画的是葡萄，但是从题的诗来看，却像是在说自己，通过诗词和绘画作品的相互融合，我们可以非常直观地感受到作者怀才不遇但是始终倔强的情感。

（二）新媒体艺术当中的情感性

艺术是人类进行情感表达的一种特殊形式。审美主体和新媒体艺术作品进行充分的交流与互动，在互动的过程中就会不自觉地产生情感联系。技术时代的新媒体艺术与传统的绘画艺术具有一定的区别，不仅承载了艺术家的个人情感，而且观众在参与的过程中也会将自身情感融入。一个典型的例子就是 2018 年的《万物有灵》，这是一个互动影像装置，也是创作者和观众进行联合创作的典范。在这个作品当中，观众可以通过点击屏幕将自己带入宋代这幅名画当中，通过触摸骷髅人手中的提线，这个骷髅就开始表演，如果观众不断触摸提线，这一骷髅便会出现故障，从而出现散架的情况，这时骷髅还会对观众进行责怪。这一作品充分表达了作者对生死情感的讨论，让观众在欣赏艺术作品的时候使作品的情感内容变得更加丰富。

艺术家在进行艺术创作的时候，希望通过自己的艺术作品将自己的情感、观念、文化等内容传达给观众，并且在与观众产生共情的同时带动观众情绪的变化。在未来的发展趋势中，因为 5G（第 5 代移动通信技术）技术的发展日渐成熟，人们与新媒体艺术作品之间的互动将会越来越流畅，会有越来越多的智能装置出现，将加深人们和艺术作品之间的互动性。在进行创作的过程中，艺术家对艺术作品的情感化处理，将会在无形中提升艺术作品的吸引力，从而让艺术作品变得更加丰富。比如在 2019 年南京市有一个以"天使守护计划·给孩子的诗"为主题的公益活动，这一活动以诗歌为主要内容，设置了以孤儿和留守儿童为主题的艺术装置，在这一装置当中设置了克莱因蓝、莫奈灰和红色几种不同的颜色，将色彩与诗歌进行了一定的融合，给孤儿和留守儿童带来了极大的关怀。在现场的装置中设置了三块大的区域，体验者在参与的过程中可以感受到知名演员为孩子朗诵的诗歌，同时观众也可以为孩子朗诵诗歌，将自己朗诵的内容传播出去，鼓励更多的人参与到创作当中。

（三）新媒体艺术当中的愉悦性

在新媒体艺术欣赏过程中，审美主体会借助一定的方式将自己投身于虚拟现实当中，以主体的身份进行欣赏，并且充分发挥自身的主观意识，让自己可以充分融入，进行更深层次的情感体验，进而产生愉悦感。不论是传统美术还是新媒体艺术，只要是优秀的艺术作品，就能够让人产生赏心悦目的感觉，进而获得强烈的生理愉悦感和精神愉悦感。所以艺术家在进行艺术创作的时候，要充分考虑到观众这一要素，从观众出发进行艺术创作，只有这样才能让观众和创作者产生情感共鸣。2012 年，丹麦著名建筑事务所 BIG 与时代广场共同设计了一个心形的互动装置，以此来庆祝情人节的到来，当人们触摸这个装置的时候，这个装置便会发出绚丽的灯光，在装置内部炫酷的红色爱心也会因此变亮。设计者通过这一作品来表现情人节，给人们营造一种整个情人节都有爱的光芒的感觉。这一新媒体艺术作品通过让观众充分参与，可以让作品的整体趣味性得到一定增强，并且能够让艺术家、参与者和欣赏者共同参与其中，加强了不同主体之间的联系，能够让参与者和审美主体获得强烈的愉悦感。

优秀的传统美术作品，也可以让创作者和欣赏者彼此之间进行情感联系，进而产生情感共鸣，获得强烈的愉悦感。当我们在欣赏绘画作品《蒙特枫丹的回忆》的时候，可以充分感受到这幅绘画的美。整个画面当中，森林与湖面合二为一，形成一个整体，在画面的右侧画有一棵大树，约占整个画面的五分之三，在画面的左侧画了一棵小树，大树小树相互呼应，让整个绘画作品看起来更加和谐。由此可见，传统美术作品也可以实现创作者和观众之间的情感交流，进而让人们产生强烈的愉悦性特征。

第二节 新媒体艺术和传统美术审美特征的差异性

新媒体艺术属于交叉学科的范畴，与传统美学形成了鲜明的对比。新媒体艺术的特点在于，可以将新媒体技术充分融入经济、文化、社会、生活等不同的方面，利用技术本身的优势发挥应有的作用。新媒体艺术通过不同媒介的融合，使其在审美方式、审美特征多个方面与传统的美术形成了鲜明对比。因此，我们在对新媒体艺术进行研究时，需要对艺术本身的特点进行研究，将艺术放在一个更加广阔的视角下进行研究，避免将新媒体艺术和技术混为一谈。通过进行审美特征的研究和比较，可以发现新媒体艺术和传统美术在艺术行程呈现过程中具有较大的区别。在新媒体艺术当中，不同的艺术形态可以进行融合，但传统美术是独立存在的。因此，在对新媒体艺术和传统美术的审美特征进行研究分析时，应当梳理清楚两者之间的审美关系，并且将审美特征的异同进行分析比较，实现两者在形式与内容方面的互补，既能够保留传统美术自身的审美独特性，又能够借助新媒体艺术本身的技术特征，让艺术优势和特征得到进一步发展。在技术的支持下，传统美术的表现形式、传播途径、价值等都会得到进一步的优化。新媒体艺术自身也能够充分吸取传统美术的优势，进而提升艺术作品的感染力。由此可见，不论是推动新媒体艺术的发展还是促进传统美术在新时代的发展，都应当对新媒体艺术和传统美术进行一定的对比，厘清彼此之间的差异。

一、新媒体艺术的审美特征分析

新媒体艺术是相对于传统媒体艺术而存在的，传统媒体艺术是艺术家在传统的环境下进行艺术创作，如果从这一角度来分析，则新媒体艺术就是在全新的环境下进行的艺术创作。在传统的艺术环境和新媒体艺术环境的作用下，新媒体艺术的传统艺术审美特征自然会呈现出不一样的特征。从新媒体艺术实际发展情况来看，可以发现艺术领域具有社会性和审美性两个主要的特征。在这一过程中，因为信息技术的发展，微型媒体艺术带来了很多不同的问题。因为各种新技术的迅猛发展，使新媒体艺术极快地出现在了大家的视野当中，所有的艺术家都可以在这一环境当中凭借新媒体进行交流。通过对新媒体艺术审美特征进行分析，能够让新媒体艺术家利用这些特征，将艺术作品更好地呈现出来，并且借助各种信息手段实现观众与艺术作品的积极交流。

（一）新媒体艺术的媒介兼容性

1.新媒体艺术当中的视听载体兼容

新媒体的概念是相对于旧媒体而存在的，和旧媒体进行比较，我们可以发现新媒体在内容和形式方面都与传统媒体形成了一定的区别。新媒体艺术和传统美术最大的不同点在于，可以通过艺术表现方式的不同来得到体现。新媒体艺术能够充分展现出审美主体个人感官的重要性，这一特性充分打破了传统艺术作品单一的、被动体验方式的局限性，让人们的感官能力得到充分的发挥，人们借助新媒体技术，可以让自己的感官得到全方位的刺激体验。在艺术作品的传播载体方面，也因为技术手段的创新变得越来越多样化。媒介的丰富也促进了艺术传播效果的发展，因为新技术的发展，艺术创作者可以将文字、图片、视频、声音多种元素进行一定的结合，进而创作出艺术作品，能够给人们带来更加全面的感官体验，这一发展也将很多传统艺术的优点进行了融合。在新媒体时代，因为计算机技术、投影设备、音响设备等的共同作用，使得人们可以在一个虚拟环境中同时获得全面的审美体验，超越了传统美术给人们带来的被动的视觉体验。总之，新媒体艺术发展过程中给人们带来的审美体验是传统美术无法做到的。

丹麦的奥拉维尔·埃利亚松曾经完成了一个《气象计划》的作品，这一作品在完成之后引来了无数人的观看。他在创作这一作品的过程中，在美术馆内放置了很多加湿器，加湿器里面放满了糖水，加湿器排出的雾气就像真实的大雾一样，之后再通过改造的灯光营造出模拟太阳的感觉，给人们创造了一个落日黄昏的感觉，当观众在欣赏这一作品的时候，会被这种朦胧的美感吸引，产生流连忘返的感觉。这一作品还能将与“太阳”的距离进行一定的调整，从而让人们在不同的视角产生不同的感受。观众在欣赏的时候会获得不同的情感认知，最重要的是人们身处人造的雾气当中，落日和雾气与人们的皮肤直接接触，再加上糖水发出的清香，会给人们带来非常直观的沉醉感。人们进入这一装置当中，就会产生一种仿佛置身于真正的大自然怀抱的感觉，这一装置在新媒体艺术发展历史上具有重要的作用和意义。

2. 新媒体艺术当中声音画面的兼容

新媒体艺术是一门交叉性学科，会将很多不同学科的内容进行融合，这也在一定程度上说明新媒体艺术的媒介与内容也能实现兼容。在进行艺术的文化传播时，如果人们只是通过传统的方式对这些内容进行传播，这就会让人们觉得越来越乏味，但是如果能够将传统艺术与新媒体技术进行一定的融合，就可以通过更加多样化的方式进行传统艺术的传播，进而取得更好的传播效果。比如中央电视台的一档节目《中国诗词大会》，就是借助现代手段进行传统艺术的传播，这一节目在舞台布景方面运用了大量的中国传统元素，通过国风的画面和国风的音乐进行结合，营造出具有强烈美感的舞台。在这一节目的片头还将山水、诗词等元素加入其中，与《中国诗词大会》的主题十分贴切。如图 5-2 所示，整个舞蹈的景象和舞美效果，都与这一节目的主题非常贴切，在大屏幕上还会出现与诗词相对应的画面，进而让观众沉醉于传统艺术氛围当中，帮助选手进一步加深对传统艺术的理解。比如在涉及与“水”相关的诗词时，就会在大屏幕上放一些与水相关的画面和一些音效，通过相互配合的背景，让大家对古诗词的情调有一个更加深入的理解，而观众也可以在这一过程中获得更好的视听体验。

图 5-2 《中国诗词大全》现场

3. 新媒体艺术中传播方式的兼容

新媒体艺术在传播过程中还具有非常多的传播渠道和传播方式，这些都是传统艺术所不具备的优势。在新媒体时代进行艺术传播时可以借助微信、微博、公众号、短视频平台、头条号等，不仅可以进行延时传播，而且可以通过直播的方式进行即时传播，将艺术作品迅速有效地传播到世界各地。比如《中国诗词大会》，不仅将我国的传统文学艺术通过更加新颖的形式展现了出来，更重要的是其新颖的传播方式，可以给观众带来强烈的新奇感，进而让观众充分参与其中，尤其是其传播的相关技术越来越成熟，受众还可以与节目直接进行互动，这种互动的方式充分提升了观众的参与兴趣。这一节目通过这种新颖的形式起到了中国传统艺术文化传承与弘扬的作用。总之，这一节目借助网络技术、计算机技术等提升了艺术传播的互动性，受众可以通过多种方式参与其中，充分体现了新媒体艺术在传播方式上的兼容性特征。

（二）新媒体艺术的虚拟性和沉浸性

1. 新媒体艺术空间方面的虚拟性

新媒体艺术的虚拟性主要是通过空间方面来体现的，人们利用虚拟现实技术，与声音装置、电子影像技术等进行一定融合，创造出一个虚拟空间，人们在这一空间当中能够非常真实地感受到现实空间不存在的事物，因为身处其中能够非常直观地感受到这些事物。艺术家在进行创作的时候，会融入一定的情感，再加上人们认知的有限性，所以就会营造出一种虚拟世界非常复杂的感觉。因为虚拟世界的形成需要依赖于各种专业技术之间的相互融合，并且要打破传统艺术的束缚，所以当人们身处虚拟空间的时候会感受到非常强烈的自由感。总之，新媒体技术的发展打破了传统意义上的空间，让我们对空间有了一个更加广泛的认知。虚拟世界也不单纯是对真实世界的模仿或者单纯的想象空间，更多时候是两者的相互融合。

有一个叫作《你在哪里？ 360 度全景的》的新媒体艺术作品就创造了这样一个虚拟空间，当人们身处其中的时候就会感受到虚拟化的时空体验。这一作品是由加拿大的艺术家卢克・库彻斯恩创作的，当人们位于这一作品中时，就好像身处梦境，经历了一个穿越的过程，并且在过去与未来之间相互穿梭，充分沉浸在其中。这一虚拟空间是一个立体化的空间，包含 X、Y、Z 三个不同的时间轴，而且这三个不同的时间轴就是开启时空的钥匙，人们可以在这一过程中获得不同的体验感。比如当人们位于其中但是没有开启任何一个时空的时候，就像身处一个非常简单的时空当中；当人们打开了一个时空的时候，人们所处的环境周围就会充满各种物品，人的身体会被文字、图片、声音等内容包围起来；当人们打开 X、Y、Z 其中两个时空的时候，人们所处的空间就会变得更加抽象，甚至遍地都是物体颗粒，光线和色调等相互结合，就像身处莫奈的《日出・印象》当中，当人们将三个时空钥匙全部打开的时候，人们就会看到壮阔的山河景象，自己则身处于青山绿水当中，而且关键路线由作者自身和所处的位置决定。当观众处于这一环境当中的时候，参观者甚至还会遇到自己，因为在这一装置当中有一个隐蔽的摄像机，会对参观者进行拍摄并且录入创作出的这个世界当中。当然，除了观众自己以外，也会遇到一些其他观众，这些观众都是由摄像机提前拍摄并且录入的，通过这样的方式可以给人们营造出一个既虚拟又真实的场景。

2. 新媒体艺术感受方面的沉浸性

在新媒体艺术作品当中，审美主体通过对艺术作品进行欣赏，还能够获得不同程度的沉浸感。因为不同的艺术作品所传达的感情和精神不同，这些作品的表现方式也不相同，所以人们在这一过程中的沉浸感自然是有所区别的。传统的美术作品能够对我们的真实生活进行一定的反映，我们从很多绘画作品当中可以看到具有丰富现实生活的元素，当欣赏者观看的时候可以产生共鸣，进而获得情感愉悦，这就是沉浸性的体现。以数字技术为基础的新媒体艺术作品，因为能够创造出更加真实的环境和空间，更容易吸引人们参与其中，所以也能够让观众产生沉浸感。只是新媒体艺术作品和传统艺术作品并不相同，因为新媒体艺术的技术性特征，以及创造出的虚拟环境，所以人们在欣赏的时候获得的沉浸感也是一种仿真的沉浸感。

（三）新媒体艺术的动态交互性

1. 情节动态性

不同时代的意识形态具有自身的独特之处，通过对世界各国的艺术发展史进行一定的分析研究可以发现，不同时代的相关技术和主流文化，都会对该时代的艺术发展产生非常深刻的影响。比如 20 世纪 50 年代之后美国有一部分艺术家发现传统美术的传播方式具有较大的局限性，于是他们开始主张使用新的传播工具进行艺术传播，以此代替传统美术。因为当时社会的局限性，只能使用录像带与摄影机，所以当时的新媒体艺术也被称为录像艺术。在录像艺术发展的过程中，也受到了很多不同因素的影响，比如社会发展水平，社会发展水平直接决定了技术条件，同时还有社会当中的主流文化，这些主流文化会对人们的思想发展起到一定的引领作用，进而推动了艺术向影片方向发展，虽然当时影片的剧情大多是虚拟的，但是仍然可以给人们带来非常良好的体验感。

在新媒体艺术发展的过程中，比尔·维奥拉起到了重要的推动作用，并且提出了“录像艺术是动的，而文森特·凡·高是不动的”这一说法，这一说法充分体现出了传统美术和影像艺术之间的区别。比尔·维奥拉在进行艺术创作的时候主要以人类生命、人物情感、时间空间等内容为主题，将生活当中的细节内容进行艺术化的处理后，最终呈现在人们面前。比尔·维奥拉在进入21世纪之后，开始以“受难”为主题进行相关作品创作，以此来进行情绪的表达。通过欣赏这些作品，我们可以发现其中具有强烈的古典艺术的气息，尤其是可以感受到中世纪和文艺复兴时期的宗教绘画的气息，而且这一系列作品当中的所有作品都使用了最新的科技成果，甚至有一些作品在创作时使用了35毫米的胶片，并且通过较慢的速度进行播放，让大家感受那些最为微妙的表情变化。在展示这些影像的时候也开始使用平板进行影像的展示，通过这些影像可以将艺术作品的细节、人物姿势、人的表情等完美呈现出来，将原本不容易被察觉的内容呈现出来。

2017年9月，广州红专厂当代艺术馆开办了“比尔·维奥拉 1977—2014精选作品展”，这一次展览当中有三件“受难”主题的作品，比如《惊骇五人组》，这一作品的人物设计和作品氛围都参考了伦敦国家画廊当中的《带刺冠的基督》，光线的运用则参考了《贤者朝圣》。整个作品是一个15分20秒的影像，当观众在欣赏这一幅作品的时候，最开始会觉得这一作品的人物看上去是静态的，但慢慢就会出现一个人的脑袋转动的情况，人的表情也会随之发生变化，进而呈现出悲伤、痛苦、愤怒、恐惧、狂喜等不同的情绪，而且在这一幅作品当中的5个人虽然看起来非常紧凑，但是实际上却没有什么交流，表现出了彼此之间奇怪的疏离感。

2. 参与互动性

互动性是新媒体艺术的一个重要特点，参与互动性和互动性相比更加强调参与性，在新媒体艺术审美过程中，能够进一步体现出审美主体的参与性，实现人与艺术作品之间的高度融合，让受众对艺术内涵进行更加深入的了解。新媒体艺术的发展促进了人们审美方式和审美表达的发展及循环周期，尤其是互动性的体现，将观众的主体地位进一步提升，甚至让其成为艺术作品的一个重要组成部分。因为审美主题和艺术作品的重组，促进了新的艺术形式的产生，改变了艺术欣赏模式和审美过程的转变。艺术作品本身就承载了创作者的个人情感，所以这就需要欣赏者在欣赏的时候对艺术作品的内涵进行理解和重构，从而获得新的审美体验。因此，不论是在创作主体进行创作时，还是审美主体进行艺术作品的欣赏，都需要带着自己的认知方式对情感内容进行解读，通过彼此的互动引发情感共鸣。从艺术家到欣赏者，在传统的艺术传播过程中，一直都是一个单向的、精致的传递过程，所以观众在进行艺术作品欣赏的时候需要充分利用自身的感知能力对传统美术作品进行感受和感知，从而产生情感共鸣，在这一过程中，美学具有重要的意义和作用。新媒体艺术互动性的意义主要体现在欣赏者主体性的提升，审美主体能够在这一过程中影响整个审美过程，甚至直接操控艺术呈现形式。

法国著名艺术家米古厄拉·契弗里埃有一个经典的新媒体艺术作品《复杂的光网》。这一作品在2015年的英国灯光艺术节上首次展出，现如今仍然在英国达勒姆大教堂上展示，这一教堂在诺曼式建筑发展史上具有非常高的地位，而《复杂的光网》这一新媒体艺术作品也是一项伟大的创造，甚至超越了时代，它凭借自身的优势凸显了达勒姆大教堂顶部的特殊设计风格，成为艺术史上一件不朽的照明艺术作品。在建筑行业当中，点、线、面等每一个元素都是一个个体，《复杂的光网》这一件艺术作品的加入，进一步突出了达勒姆大教堂的特点，再加上不同颜色的融合，营造出了一个抽象的世界。因为投影技术的应用，让整个作品的变化性更加突出，尤其是动态的弧线，能够充分吸引游客。这一艺术作品在创作的时候对体感游戏进行了一定的借鉴，可以通过传感器感受游客的存在，进而根据游客的移动速度和所处位置进行变化，让整个作品的结构进行变化。后来，还在其中加入了电子音乐作品，当人们在教堂中参观的时候，可以同时获得视觉和听觉的双重享受，给人们带来更好的审美体验。《复杂的光网》这一作品具有自身独特的表现形式，自身具有的吸引力非常强烈，尤其是与达勒姆大教堂的相互融合，给人们营造了一个更加奇幻的氛围，让人们可以不自觉地看向天花板，沉迷于整个环境当中。

2003年，上海大学美术学院筹办了“艺术与科学——国际数码艺术交流展暨学术研讨会”，在这一展览会当中有一件艺术作品《吹皱一江春水》，在欣赏的过程中，欣赏者只需要通过专业的设备进行吹气，就可以让悬挂在墙面上的山水画当中的池塘发生一定的变化，气流的不同将会对池塘上的波纹产生影响，观众在这一过程中可以非常直观地感受到参与的乐趣。通过以上这些例子我们可以发现，在对交互性的艺术作品进行欣赏时，观众能够充分参与进去，从而获得满足感。审美主体在审美的过程中，会从自身的感知出发对艺术作品进行感受和掌控，从而在互动的过程中获得超越生理感受的情感变化，这是传统美术作品无法实现的体验过程。因为新媒体艺术作品所具有的这种特殊的互动过程，能够帮助艺术创作者和审美体验者在审美过程中获得超越现实的感受，从而获得审美愉悦。

（四）新媒体艺术的艺术科技性

1. 新媒体艺术的艺术性

新媒体艺术的核心仍然是艺术，因为时代的进步，科学技术开始应用到艺术领域，尤其是因为影像技术、声音技术、光电技术等种技术的参与，让艺术得到了进一步的发展。和传统艺术相比，新媒体艺术具有更加多元化的传播方式，创作者能够充分利用更加丰富的视听语言进行艺术传播，将这些数字化的信息内容传递给观众。现如今，数字化技术越来越成熟，新时代的艺术家和传统的艺术家之间的差异也越来越明显。当代的艺术家在进行艺术创作时不会局限于艺术领域当中的某些特殊细节，而是要在进行艺术创作的时候具有更加长远的目光，只有这样才能让艺术内涵变得更加丰富，并且借助那些更先进的技术来进行艺术作品的展示。新媒体艺术正是借助全新的艺术创作理念、艺术传播方式才实现了更加广泛的传播与发展，而且正因为创作理念和相关技术的支持，所以当代艺术才呈现出了百花齐放的发展局面。从实际情况来看，我们可以发现因为相关技术的发展和成熟，艺术的发展速度越来越快。比如摄影摄像技术、信息传播技术、互联网技术等，分别在艺术创作、艺术传播、艺术表现等不同的环节起到了重要的推动作用，让新媒体艺术呈现出了更加蓬勃的发展前景。在新媒体艺术发展的过程中，我们可以发现当前的艺术作品大多贴近我们的生活，具有非常明显的人性化特征，不仅突出了艺术本身的特质，还在这一过程中吸引了更多的欣赏者参与其中。

我们在城市中可以发现，很多建筑设置有投影设备，投影设备的光线、声音、画面等元素与建筑融为一体，给人们带来了一个科技化的建筑世界，能够给人们带来非常强烈的感官刺激，让人们充分感受到一个科技环境下的世界。新媒体艺术不仅仅代表着一种艺术形式和一种艺术载体，同时代表着艺术发展的一个时代。因为相关技术的支持，能够很大程度上将人们的想象变成现实，给人们带来更加震撼的感受，观众在审美的过程中也会更加沉浸其中，从而体会到新媒体艺术的神奇之处。

2. 新媒体艺术的创新性

新媒体艺术作品大多是借助数字技术进行创作的，所以虚拟数字技术有着媒介性的作用。一般来说，数字媒介这一形式具有三层不同的含义：第一层含义是指能够对传统媒介进行模拟再现；第二层含义是指能够对传统艺术的表现形式进行超越性的模拟；第三层含义是指一种全新的数字化媒介，与传统的艺术传播媒介具有明显的区别。从艺术的角度来看，我们可以发现数字媒介的前两层含义依然与传统艺术有着非常密切的关系，都是对传统艺术的再现或者模拟，但是第三层含义则有所不同，是完全超越并且脱离传统艺术而存在的，充分体现出了新媒体艺术以数字技术为基础进行艺术创作的一种方式，而我们需要进行深入研究的正是数字媒介的第三层含义。

利用数字化技术可以构造一个虚拟的空间，在这一虚拟空间内部，数字媒介就是指与传统媒介相对的视觉形式，这种视觉形式可以给人们带来全新的视觉感受。在使用传统媒介进行艺术作品传播时，往往会因为传统媒介本身的局限性导致艺术想要传达的内容无法充分展现出来，但是数字媒介则有所不同，因为数字媒介的丰富性，可以将艺术丰富的内涵更加充分地展现出来。利用数字媒介进行艺术传播，可以将一些特定的内容转变为可视的影像，进而让人们可以真实感受到这些内容，这便是科技创新本身的魅力。现如今的新媒体艺术作品，都是利用新媒体技术来进行审美观念的传播，实现了技术与艺术的相互融合。在进行新媒体艺术作品创作的过程中，科学技术无疑有着至关重要的作用。一个最简单的例子，要想将静态的美术作品转化为动态的新媒体艺术，就需要利用相关技术才能实现，利用专业软件对绘画进行一帧一帧的处理，最终将其合并为一个整体，呈现出动态的感觉。

2010 年上海世博会期间，中国的展馆里面有一幅数字版的《清明上河图》，这一作品就是对张择端的《清明上河图》进行了数字化处理创作而来的。这一幅数字版的《清明上河图》不仅在面积上实现了扩大，还对其进行了数字化呈现，通过多个投影设备才能将其完整地呈现出来。但最与众不同的地方在于，这个数字化的版本还是动态的，画中的人物、河流等是流动的，通过技术与艺术的相互融合，将一幅传统的绘画艺术转变为一幅全新的新媒体艺术作品，给观众带来了非常震撼的视觉感受。这一作品的出现为我们日后的新媒体艺术创作提供了一个新的方向。这一幅动态版本的《清明上河图》和原版的绘画具有极大的不同，不仅创作者不同，而且创作者所处的时代也不同，所以在这一过程中他们形成了对于美的不同认知，这就导致最终呈现出的艺术作品与原版存在明显的区别。张择端在进行这一创作的时候，将北宋时期的城市形态尽可能全面地展现出来，因为整个画面的内容非常复杂，所以人们在欣赏的时候并不一定能够充分体会到绘画作品当中的含义，再加上整个绘画作品是静态的，无法将人们的生活状态更加生动地展现出来。但是这一幅动态的《清明上河图》则有所不同，通过借助数字技术让原来的精致画面动起来，再加上声、光、影等效果的搭配，可以让人们产生穿越的感觉，感受到绘画当中穿梭的人群、小桥流水、街市灯火等等，这些景象变得更加真实，人们也有了更加强烈的体验感。动态的《清明上河图》运用新媒体技术给人们展现了一幅经典的美术作品，同时加深了视觉感受和艺术美感之间的联系，让人们可以在获得良好的视觉感受的同时，感受到艺术作品蕴含的美感。这一幅作品的创新充分展现出以人为本的创作、工作理念，不仅能够让游客产生身临其境的感觉，还能够让游客的听觉、视觉等产生明显的沉浸感。

不得不承认，现代的新媒体艺术作品取得这样的成就离不开先进的科学技术的支持，将传统的美术作品处理为动态化的数字作品正是新时代艺术发展的一个重要方向。实现传统美术作品的动态化发展能够充分拉近欣赏者和作品之间的距离，进而让人们与作品可以进一步互动与交流。由此可见，科学技术的发展在艺术领域发展过程中起到了重要的作用，并且能够有效增强传统文化的传播效果。

二、传统美术的审美特征分析

（一）传统美术的静态性

传统美术在呈现的过程中一直都是静态的表现形式，不仅仅是传统美术，在传统的艺术范畴当中，建筑、绘画、雕塑等都属于静态呈现的艺术，绘画是这些艺术当中一种主要的艺术形式，我们可以通过绘画的造型、构图和色彩等内容，感受到绘画作品自身的静态形象，从而方便观众欣赏。但是不得不承认，在传统的审美领域当中，因为艺术作品材质和媒介的限制，使传统绘画作品也只能通过静态的方式呈现出来。和现在动态化的呈现方式相比，可以非常清晰地感受到两者在呈现方式层面的不同。

在文艺复兴时期，达·芬奇就创作出了《蒙娜丽莎》这一巨作，现如今它仍然被保存在法国卢浮宫博物馆当中。从构图上看，整幅作品是一个金字塔的结构，通过这样的构图能够展现出人物的庄重。在创作技巧方面则通过一定的模糊来让人们的视觉产生若隐若现的感觉。为了能够让整个作品更加立体，在色彩方面还巧妙地利用了光影关系。总之，在整幅作品当中，因为柔光的映衬，让蒙娜丽莎的轮廓若隐若现，和中国诗当中的“千呼万唤始出来，犹抱琵琶半遮面”极其相似。2016 年，韩国艺术家李二男利用现代技术对这一幅作品进行了二次创作（见图 5-3），从这一幅作品中我们可以看到旺盛的鲜花以及战火，虽然鲜花和战火是两个截然相反的要素，但是当它们出现在画中的时候却一点也不突兀，甚至能够营造出一种特别的美感，这也是该艺术家传扬和平精神的一种特殊方式。

图 5-3 韩国艺术家对《蒙娜丽莎》的二次创作

从这幅作品中我们可以发现，对传统美术作品和新媒体艺术作品进行区分的最明显的差异，就是作品呈现时是静态的还是动态的。

（二）传统美术作品材料的独特性

通过对美术发展历史进行研究，我们发现在美术领域当中，材料有着非常重要的作用，而且每次新材料出现，都会推动艺术变革的发展，促进新的艺术样式的出现。所以在艺术领域，人们一直都在研究材料与艺术之间的关系以及材料在艺术领域的应用。因为不论在哪一个国家，使用不同材质、不同属性的材料进行艺术创作都会对艺术作品的样式产生影响。简单来说，绘画的材料其实就是画布、颜料、笔、纸张等，这些基础材料不论是在东方的美术发展进程中还是在西方的美术发展进程中，都有着极高的地位，而且在不同的时期，艺术家们对于材料的重视程度也是不同的，正因为不同材料之间的相互作用，才让整个绘画作品呈现出了更好的效果。

最早的绘画方式是岩画，因为创作媒介的局限性，人们只能在岩石上进行创作，而且当时创作材料比较单一，人们只能通过炭火、矿物质当中的色粉和动物血液等来进行颜料的制作，所以最早的岩画在外形特征方面就比较简单。随着时代的进步与发展，出现了更加复杂的绘画方法，绘画材料也得到了一定的进步，人们学会了使用油与矿物质进行融合制作颜料的方式。在文艺复兴时期，油画颜料已经得到了极大的推广和发展，艺术家们可以对颜料进行更加熟练的调色，创作出的油画作品也更具有表现力，在美术作品当中，不论是作品的色彩还是光影运用和空间结构，都可以算得上完美，文艺复兴时期比较优秀的绘画作品主要包括达·芬奇的《蒙娜丽莎》和拉斐尔的《圣母的婚礼》等。我国的绘画和西方的油画则不相同，中国画在进行创作时使用比较多的是墨和水，因为水的形状和量难以进行有效控制，所以我国的绘画作品具有一定的随意性，这也是与西方油画进行区分的特殊之处。中国画更加强调意境，人们要通过感受才能理解到绘画想要表达的主要内容。在创作中国画当中的写意画时，要巧妙利用好宣纸吸水的特征，然后再借助墨进行晕染的设计和墨色的深浅变化展现出意境美。和中国绘画不同，西方的油画更加注重色彩的浑厚，因为这样才会让整个作品更加凝重与和谐。

我们不得不承认，在传统的美术作品当中，每一个派系都有自身比较特殊的创作材料和风格，在进行绘画创作的时候利用独特的方式进行创作，利用不同的媒介进行创新概念和传播，进而突出自身的美学特征。不得不承认，在传统的美术创作过程中，媒介发挥着不可磨灭的作用，是连接艺术家和艺术作品的重要桥梁，创作者需要借助这些媒介才能进行作品创作和传播，画家也需要在这一过程中利用色彩等元素和材料，只有这样才能借助特殊的符号来传达自身的审美认知。当然，物质媒介也需要借助艺术家的创作才能展现出其存在的审美特性，并且通过艺术作品得到进一步强化。在传统美术当中，材料是重要的媒介，不仅需要为作品本身服务，还需要传达艺术家的思想，帮助审美主体进行审美感受。

通过对新媒体艺术与传统美术进行比较，不难发现新媒体艺术进行传达的媒介非常丰富，甚至有很多我们意想不到的材料内容都可以成为艺术传播的一种媒介和载体。传统美术则与此不同，传统美术在媒介和材料方面都具有一定的限制性，需要借助特定的载体进行传播。由此可见，不论是进行传统美术作品的创作还是进行新媒体艺术作品的创作，都需要依赖物质媒介，因为彼此之间的差异，所以才导致传统美术和新媒体艺术之间形成了不同的审美特征。

（三）传统美术的风格性特征

传统美术包括绘画、雕塑、摄影、书法、建筑多种不同的领域，这些不同的艺术形式在创作时都需要借助必要的物质材料，只有这样才能创作出更有价值的艺术作品。比如一位画家在进行绘画时，首先需要对我们生活当中的事物进行详细的观察，然后选择创作要素，对选择的内容进行一定的提炼，确定创作形象，最后将其展现在特定的媒介上。那些优秀的艺术作品，往往只需要一些很简单的内容，就能够激发观众的想象，进而从作品当中获得更多的精神享受。比如雕塑家通过运用雕刻技术来塑造一个空间性的艺术形象，人们不仅能够观看，还能够触摸。但与雕塑不同，书法、绘画和建筑设计等只是一种样式的艺术创作，归根结底这些创作都需要依赖艺术家高超的创作方式和表达技巧，只有这样才能提升他们对于物质材料的掌握，并且经过不断的思考和实践，最终创造出更加优秀的艺术作品。

在历史发展的潮流中，那些伟大的艺术家就是通过不断的实践最终才熟练地掌握创作技巧的，也正因如此才形成了自身独有的一种创作风格。比如齐白石先生的创作方式不仅对当时北京的画坛造成了一定的影响，还对保守派形成了极大的冲击，让中国后来的绘画发展方向产生了一定的变化。在齐白石变法之后，他的绘画创作风格变得非常朴实，可以体现出非常直接的世俗审美，让中国绘画的风格打破了一成不变的僵局，一直以来的阳春白雪式的绘画风格的地位遭到了威胁。全新的艺术创作风格为中国的绘画界注入了新鲜的血液，让中国绘画的意境得到了一定的提升。西方现代绘画大师毕加索也具有高超的绘画能力，掌握了熟练的技艺，我们在对他的绘画作品进行欣赏时，可以感受到非常明显的非常规的创作风格，这也离不开他对绘画艺术的不断探索，正因如此，他才成了第一个将非绘画性材料运用在绘画创作当中的艺术家。比如在他的作品《藤椅上的静物》当中，在创作这一作品的时候，他将画有藤编的布料粘在画布上，然后又画了相似的菱形图案和一些抽象的字母，在将这幅作品完成之后，又用绳索制作了画框。通过非绘画性材料和绘画之间的融合，共同形成了这一幅绘画作品，毕加索的绘画风格甚至推动了后来的波普艺术、器物雕塑的发展，更对新媒体艺术的发展产生了一定的影响。

（四）历史文化的积淀性

在人类发展的历史中，艺术有着至关重要的作用，艺术的发展不仅仅代表着人类文明的进步，同时艺术还是人类文化的瑰宝。传统美术是一种特殊的文化形态，在人类文化体系当中的地位非常高，很多专业的研究人员在对艺术进行研究的过程中会选择将美术作为主要的研究对象。比如我国有一幅出自五代十国的绘画作品《韩熙载夜宴图》，这一作品在创作的时候使用了连续故事的创作手法，打破了传统绘画创作过程中时间的局限性，这一幅绘画作品对美术发展起到重要的推动作用，具有极高的研究价值，而且其中描绘的内容，还成了音乐史研究、舞蹈史研究参考的重要资料。在艺术领域当中，我们对彩陶文化进行研究，就必须对各种各样的彩陶艺术品进行研究分析，要对青铜文化进行研究，就需要了解各种青铜器的特点和文化内涵。比如古希腊时期的雕塑所以显得精神就是理性与感性的和谐统一；在对欧洲基督教文化进行研究时可以对哥特式建筑的相关内容进行深入了解。在中国，不同时代的绘画作品和艺术作品所表现的内涵也是不同的，每一个时代、每一种类型的美术作品所表现的都是特定时代的民族文化。

艺术家是进行艺术创作的主体，同时也具有审美主体的身份。在对艺术家进行研究的过程中，我们发现艺术家是现实生活当中真实存在的个体，伴随着时代的进步和变化，他们又存在于历史文化当中。因为艺术家存在于现实生活当中，所以他们才能够对相应的历史文化进行感应，并且在进行艺术创作的过程中将自身对传统文化的理解融入艺术作品当中，艺术作品当中蕴含的审美理念和思想内涵，全部都是来源于现实生活，是人类历史文化发展过程中的产物。另外，伴随着历史的不断发展和进步，很多艺术作品的创作者消失在历史的长河中，但是他们的艺术作品仍然存在，他们传达的精神理念和内涵也存在于艺术作品当中。与传统艺术相比，新媒体艺术发展的历史相对较短，从 20 世纪的信息革命开始到现在，艺术家们开始逐渐使用电脑和其他的技术设备进行艺术作品的创作，以此来表现艺术内涵，这才开始了新媒体艺术创作的历程。计算机技术和其他数字技术是科学技术进步的产物，所以，新媒体艺术这一概念出现的时候，人们只是单纯看到了新媒体的重要性，却因此忽略了艺术的传承性，所以很多人认为新媒体艺术缺乏历史文化传承，因此没有将新媒体艺术放在一个较高的位置上。在传统艺术当中美术作品是具有唯一性的，新媒体艺术出现后打破了艺术作品的唯一性特征，这也在一定程度上影响到了大众对于新媒体艺术作品的认知。新媒体艺术作为一种全新的艺术现象，具有其自身的视觉语言和表达方式，而且伴随着时代的进步，文化积淀越来越深厚，新媒体艺术作品也凭借自身独有的审美价值，得到越来越多人的认可。

三、新媒体艺术与传统美术审美特征对比的作用

（一）艺术拓展

1. 有利于拓展艺术审美的视角

审美视角是指创作主体对于生活的独特理解和发现，我们通过欣赏艺术作品能够有效感受创作者的主体意识。因为艺术家对于现实生活具有自身独特的理解，所以在创作的时候，必然会将自身的理念融入艺术作品，所以艺术作品的表现力以及审美视角和艺术家是密不可分的，审美视角来

自艺术家，同时也会在艺术家创作的过程中起到重要的推动作用。在进入21世纪之后，新媒体艺术的发展速度越来越快，社会大众的视觉得到了充分的享受，而且有越来越多的参与者表现出对新媒体艺术的热爱。这代表着新媒体艺术的发展已经在一定程度上改变了人们的审美观念。各种技术的出现在一定程度上促进了传统美术创作的发展，包括创作方式、创作材料、传播媒介等，都在新媒体技术的推动下得到发展。不得不承认，新媒体艺术的发展促进了艺术的进步，也在一定程度上拓展了人们的审美视角，让艺术变得越来越平民化、大众化。

2. 有利于拓展艺术创作的思维

艺术创作不是进行简单的技巧操作，更不是简单的物质生产，而是要实现感知、记忆、思考、联想、创作的融会贯通，只有同时满足这几个过程才能完成创作。艺术家通过进行审美对客观世界进行一定的认识，创作出艺术作品传达自己对于客观世界的理解。从传统艺术的角度来看，传统艺术具有非常悠久的发展历史，在发展历史当中，不同时期的艺术作品会受到该时期的政治、文化、经济等不同因素的影响，进而形成诸多不同的艺术流派。对艺术的影响不仅体现在对艺术内容的影响上，同时还体现在对艺术作品的材料、艺术作品的媒介等方面。因为不同的时代背景，艺术家们的创作思维也会有所不同，并且进一步体现在艺术作品所具有的时代性上面。美术家在进行美术创作时就会通过不同的表现方式和创作工具，创作出具有自身风格的艺术作品。

进入新媒体时代之后，新媒体艺术几乎渗透到人们生活的方方面面。所以，在新的时代如何让大众感受到新媒体的内在逻辑，帮助大众感受新媒体艺术文化的多样性和时代特征是非常重要的，因为新媒体时代的到来，打破了单一媒介的限制，而且创作理念和创作思维的发展，都对传统美术的进步起到了一定的推动作用。现如今进行艺术创作不局限于某些特定的题材，也不需要在某些固定的时间内进行艺术创作，艺术家在进行艺术创作的时候可以更加自由，极大地拓展了传统美术的创作思维。

（二）文化传播

1. 促进了艺术传播环境的变化

以往进行艺术作品的传播和欣赏，主要是借助于美术馆、博物馆等场所的展览，而且有一些场所还只在固定的时间才会开放，这就导致传统社会当中的审美过程往往会受到时间和空间的制约，再加上普通受众的审美知识比较匮乏，即使有机会接触这些艺术作品，也不一定可以获得很好的审美体验。在平常大众的生活中，不会与美术作品有比较深入的接触，大家对于美术作品的认识往往还是停留在表面，鉴赏能力有限。但是互联网技术的出现与发展，不仅可以将一些艺术作品保存，还能借助网络进行广泛的传播，进而让更多的人接触到美术作品。媒介的变化让传统美术的传播空间越来越广阔，尤其是在进入新媒体时代之后，博物馆和展览馆等固定的场所已经无法承担起对艺术作品的传播任务。新媒体技术降低了信息传播的门槛，每一个人都可以在这一过程中进行新的发布与传播，也可以通过网络进行信息获取。这一社会发展现状和传统美术借助实物进行传播形成了鲜明的对比。麦克卢汉说过，媒介是人的延伸，尤其是伴随着一定终端的出现与发展，人与人之间的距离变得越来越短。在数字技术构建的虚拟空间当中，受众只需要通过网络就可以对任何一个展览馆当中的艺术作品进行欣赏，并且可以发布自己的评论和见解。因为数字媒体技术的发展，让艺术传播实现了全球范围内的传播，打破了传统美术当中的时空隔阂。

2. 促进了传播内容的多样化发展

新媒体艺术凭借自身的包容性让传统美术变得不再孤立，实现了艺术和技术之间的相互促进与相互融合。新媒体艺术的发展，让人们可以将传统的绘画、音乐、书法等艺术作品通过各种数字技术呈现出来，并且可以借助各种技术进行更好的传播。从这一角度来看，我们可以发现科学技术可以带动文明的进步。因为相关技术的进步和发展，使得创作的艺术内容不再局限于传统，比如多媒体装置艺术就是一个典型的例子，这一新型的艺术形式将文字、图片、声音、视频多种内容融合在一起，创造出了更加立体化、更加全面的艺术作品。新媒体艺术作品可以将创作者的思想更加全面地展现出来。由此可见，从传统美术向新媒体艺术的转变，实现了传播内容的多样化和融合化发展。

3. 促进了受众群体的大众化发展

在整个传播过程中，受众是最终环节，也是体现传播效果和传播意义的关键环节，受众与创作主体都是不可或缺的关键主体。与传统媒体的不同之处在于，当我们进入新媒体时代之后，受众接触艺术的门槛开始降低，并且艺术传播的门槛也有所降低，我们每个人都可以进行艺术传播，这和传统美术时代受众被动接受的情况形成了鲜明的对比。由此可见，在进入新媒体时代之后，艺术传播的受众得到了极大的拓展，而且受众的参与，其积极性也得到了一定的增强。因为相关媒介越来越成熟，艺术的传播效率也越来越高，这些技术也为艺术再创作提供了可能，艺术作品与社会大众越来越贴近。一个最为直接的变化就是，人们只需要通过网络搜索就可以对艺术作品进行欣赏，并且可以了解艺术作品展览和讲座的相关信息，让更多的人可以参与到艺术作品的审美过程。

新媒体技术的发展推动了新媒体艺术的普及，艺术的存在方式和传播方式都发生了相应的变化，这一现状直接打破了传统美术依赖实物进行传播的局限性。总之，新媒体艺术的发展，让艺术的受众变得越来越广泛，这也代表着艺术作品有了进一步发展的生命力。

（三）经济转换

信息革命的发展，我们开始进入信息化社会，因为各种技术的成熟，新媒体艺术成为新时代艺术存在和发展的主要形式。同时我们又不得不承认，因为经济的不断发展，文化消费已经逐渐成了当代社会的一个主要消费方向。艺术作品同时具有文化传承、艺术表达和大众消费多重作用。我们身处这一时代，必然会被这一时代的文化深深影响。艺术与数字技术的融合不仅为艺术领域带来了一场革命，而且革命的影响巨大。新媒体艺术就是典型的具有经济属性的文化商品，不但保留了传统美术当中的艺术审美价值，同时还因为具有技术属性而提升了其本身所具有的价值，带动了文化经济的发展。由此可见，新媒体文化艺术的发展已经成了新时代进行文化发展的一种重要方式。

可是，新媒体艺术与传统美术存在较大的区别，新媒体艺术具有可复制性，在一定程度上制约了传统美术市场的发展，所以，在今后的发展过程中，需要充分协调好新媒体艺术与传统美术之间的关系，只有这样才有可能实现经济价值与文化价值双赢的局面。当前的新媒体艺术领域当中，不乏一些对传统美术进行二次创作的例子，比如刚提到的《清明上河图》就是一个非常典型的成功案例，只是在进行二次创作的过程中，我们不能只是单纯地进行创新，而是要在创新的同时保证艺术作品的艺术价值，并且为其注入新的活力，只有这样才能同时保证新媒体艺术作品的经济价值和文化价值。可见，通过对新媒体艺术和传统美术之间的审美特征进行比较，有利于促进新媒体艺术与传统美术之间的相互融合。

第六章　新媒体艺术的"亚审美性"特征

第一节　新媒体艺术的"亚审美性"艺术样态

在很多人看来，新媒体艺术就是对数字媒介技术进行形式整合，但实际上并非如此。新媒体艺术是通过合理利用数字媒介技术本身的数字性特征，构建全新的艺术形态，实现技术和艺术的深度融合。不论是呈现内容还是表现手法，新媒体艺术都已经逐渐形成了相对完善的、具有创新性的独有的审美体验模式。在这一模式当中，"亚审美性"就是对受众审美体验产生最为直接影响的一种因素，在这一过程中，受众的感受将会被"亚审美性"深深影响。因此，我们应当对新媒体艺术的"亚审美性"这一特征进行更加充分的了解，只有这样才能更好地发挥数字技术媒介本身的作用，促进新媒体艺术的进一步发展。伴随着科学技术的不断发展，数字技术的更新换代速度也越来越快，在当前，各种新兴的传媒不断发展并且相互融合，这也成为新媒体艺术在未来发展的一种必然趋势。伴随着新媒体艺术理念的兴起，新旧媒体艺术之间的融合也越来越深，因为传统的单一艺术媒介已经无法适应当今时代受众进行艺术欣赏的需求，也无法给受众带来更好的审美体验。当前新的审美特征恰恰是可以体现出新媒体艺术所具有的“亚审美性”特征的。

从时代发展趋势和潮流来看，不难发现新媒体艺术是当前比较受欢迎的一种艺术实践活动，所以，在对新媒体艺术进行研究时，可以将艺术审美内容当作主要的研究方向，帮助大家了解和认识新媒体艺术所展现出的审美认知和审美方式，只有这样才能让更多的人知道新媒体艺术所具有的数字技术特征并不等同于其艺术美学特征。从新媒体艺术的传播特征来对新媒体艺术内部的审美机制进行研究，可以更好地在“亚审美性”基础上联系起来的多种感知。正因为“亚审美性”特征的作用，才让艺术作品变得更加“具身化”，并且借助“具身化”更加高效地进行艺术作品审美的传达。

“亚审美性”这一特征为新媒体艺术的审美提供了必要的认知方式，可以让受众通过情景感更加深刻地感受新媒体艺术所传达的信息。具体来说，就是借助新媒体艺术的数字媒介，让受众的身体各器官产生反应，并且进一步让受众产生满足感，帮助受众对新媒体艺术的美感有一个更加深刻的认识。总之，新媒体艺术的“亚审美性”是一个跨媒介的特征，能够在当前时代实现不同艺术载体和传播渠道的相互融合，进而取得更好的传播效果，这是传统艺术所不具备的特征。

一、艺术传播载体的结合

新媒体艺术的“亚审美性”是跨媒介的，跨媒介不但体现在艺术创作内容的丰富上，也体现在创作内容的传播载体上。因为技术的支持，使现如今的艺术作品载体不必是实物，也可以是一种非物质的形式，比如数字媒介。不得不承认，数字媒体技术的发展，让人们与真实世界之间的距离变得更近，人们对世界的认识也变得更加深刻。数字图像作为一种全新的视觉形式，已经在科学界得到极大的认可，在此基础上发展而来的新媒体艺术就是在借助多种数字媒介完成的，这也在一定程度上体现了这种艺术形式的价值。所以要在媒介融合过程中积极进行新媒体艺术作品“亚审美性”的构建，充分借助以技术为基础的现代载体，更加高效地进行新媒体艺术审美的传达。

每一次科学技术的进步与发展，都会推动艺术领域的变革，由此来看，我们可以发现科技的发展能够给艺术家带来全新的创作体验，同时也能够更加明确艺术发展的方向。比如数字摄影机在艺术领域的应用，就让传统绘画技法的难度得到了一定程度的削减，因为利用相关软件，可以迅速有效地进行图片处理，因为技术的加持，让艺术作品的创作效率和效果呈现都得到了提高。从这一角度来看，可以发现技术创新对艺术的影响，在艺术表达载体方面的体现是非常深刻的。在漫长的历史发展中，艺术也在不断进行演变，所以发展到今天，各种类型的艺术形式已经拥有了相对完善的艺术体系，并具有各自的审美表达方式。在进行艺术审美表达和传播时，利用不同的载体和传播媒介，取得的效果也是不同的，可以有效体现出不同媒介各自所独有的作用与魅力，这本身就是艺术所独有的艺术特性。比如当提到国画的时候，人们最先想到的就是笔墨丹青和中国画独有的艺术形式；当人们想到雕塑的时候便会想到石料、木料、金属以及相关的雕刻工具；当人们想到音乐的时候就会想到各种各样的乐器，以及不同乐器之间的配合。总之，以往任何一种艺术的传播与审美表达，都是需要依赖物质媒介的，也正是借助这些不同的物质媒介才让每一种艺术形成了自身独有的语言表达体系。

对于艺术来说，最能体现出数字化发展的就是艺术创作手段和呈现载体的数字化。因为在进行艺术创作时，传统的创作媒介，已经逐渐被新时代的数字技术和程序员代替，以手工制作为主的艺术创作方式也逐渐被自动化取代，现如今以实物为主要存在形式的艺术作品越来越少，数字化艺术作品越来越多。以绘画艺术为例，以往进行绘画创作需要借助笔和颜料等实物媒介，但是在新媒体技术的加持下，我们只需要利用电脑和手机，就可以进行绘画创作。在各种专业的绘画软件中，不仅有丰富的颜色还有类型多样的画笔，可以充分满足大家的创作需求。虚拟的创作过程代替了实际创作过程，而且艺术作品所取得的实际效果也变得更好。最重要的是，通过借助数字媒体技术不仅可以进行平面艺术创作，甚至还可以进行立体绘画创作，尤其是伴随相关技术的不断成熟与完善，能够创作出的艺术作品也更加多样化。如很多公司不仅研发了绘画创作软件，还在软件的基础上不断创新，制作各种插件和补丁，通过各种渲染技术和补丁的帮助，可以让创作出的作品的质感和真实度更高。

在传统艺术的呈现媒介上，大多是以固定的实物为主的，比如纸张、画布等。将作品创作在这些媒介上就不能轻易进行媒介更改，但是新媒体技术有所不同，通过某一款软件创作出的作品可以通过很多的播放载体和传播媒介进行传播，传播效果也更好。尤其是 VR 技术的出现，给受众带来了更加真实的体验感。当人们戴着 VR 眼镜进行艺术作品欣赏时，会产生身临其境的感觉。我们在很多商场中可以发现地上有特别大的 LED 屏幕，当人们站在 LED 屏幕上时，屏幕上显示的内容就会随着人的移动而发生相应的改变。从这一角度来说，数字时代下的新媒体艺术，最珍贵的一点在于，它在进行艺术作品传播的同时，还能够给受众带来强烈的体验感和交互感，这也是传统艺术作品所不具备的特征。在 2017 年，丹·罗斯加德和他的团队就创作出了以“发光的自然”为主题的新媒体艺术作品，这一作品主要是借助藻类和自然界的光进行一定结合，进而给受众带来良好的审美体验和互动体验。当受众用手去触摸这些海藻的时候，海藻就会因为受到触摸改变自身的动作而来回晃动，这些蓝色的海藻还会在晃动的同时发出蓝色的光。所以当受众在参观这一作品的时候极像走在一条满是路灯的街道上，也像身处未来的科幻世界，受众体会到了非常深刻的科幻感。他们当时还有另外一件新媒体艺术作品也非常优秀，叫作《光之门》。这一作品位于一座大坝的水闸上，在水闸上安装了很多棱镜，当汽车在这条路上行驶时，车灯发出来的光就会通过这些棱镜照到相应的结构上，这样一来不仅可以帮助大家照亮前方的路，同时还能够避免造成光污染。人们驾驶汽车通过这一个大坝就会发现这一作品，因为光的反射所照亮的结构非常具有未来感。丹·罗斯加德和他的团队创作出的这些作品，充分体现了技术和艺术的相互融合。

新媒体数字技术的出现，极大地促进了艺术表达载体和表达方式的改变与革新，尤其是在互联网和移动终端出现之后，新媒体艺术的载体更是发生了翻天覆地的变化。从 17 世纪开始，视觉艺术和造型艺术开始变得更加抽象，但是从现如今的发展局面来看，可以说我们已经从抽象的文化进入了一个深度性的文化世界。2007 年，芬兰有一位艺术家以“闭合回路，开放过程”为主题举办了一个新媒体艺术作品展，这次展览主要是以大型装置艺术作品为主。有很多艺术作品，甚至将土壤和植物等自然元素作为媒介进行艺术表达。总之，这一次展览充分体现出了该艺术家对于人和自然的关系的独特见解。在这一次新媒体艺术作品展览当中，展示了动物学领域、微生物领域当中的许多最新研究，向大家展示了实体生命对于大家认识世界独有的作用。其实“闭合回路，开放过程”是一个开放性的概念，人们通过欣赏，能够发现看到的不仅是客观世界，而且是艺术家手下创作出的媒介世界。通过碳氧感应器、声音、灯光同自然界的各种元素进行结合，再通过人类的各种运动进行一定展现，从而形成一个有机的整体，这便是本次艺术展览作品的主要创作思路。媒介融合其实就是将诸多不同形式的媒介进行一定结合，包括在信息采集、信息处理和信息传播的多个环节中，体现媒介的作用，只有这样才能将媒体带来的利益实现最大化。

2017 年，由青年艺术家李金颖、郝思正等人组成的新媒体艺术团队创作了一件可视化的声音艺术作品，这一作品包括视觉影像技术、交互装置等多种领域的内容。这一声音装置作品叫作《声音星球》，是以一个密闭的空间为形式而存在的。作品借助一个海螺形状的花草来收集体验者的声音，体验者发出声音之后，就可以发现自己的声音通过电子屏幕不断累积，形成一个类似于树枝的形状。通过图形不断扩散的方式来体现声音，可以实现声音的视觉化，给人们带来非常直观的视觉感受。这一作品就充分体现了艺术表达过程中不同形式的载体的相互融合，通过话筒来收录体验者的声音，再利用声音激活感光系统，让电子屏幕产生反应。因为每个人的音量和音频不相同，最终电子屏幕所呈现出来的数值的图像也不相同，当借助海螺收集人声的时候，根据体验者音量的不同可以控制树枝最终的生成效果，同时人们的音色还能改变树枝的颜色，因为图像效果和颜色不同，最终呈现出来的整体也是千差万别的，这一新媒体艺术作品充分体现出了不同形式的载体之间的相互融合。该艺术团队在进行这一新媒体艺术创作时，主要是为了帮助听障儿童通过视觉来感受到自己的声音，给人们传达一种在声音面前人人平等的理念。通过诸多的例子可以发现艺术表达载体的融合，其实就是将不同媒介形式进行结合，即在艺术信息采集、艺术信息处理和艺术作品传播多个环节与过程中进行深层次的融合，让不同的艺术媒介融合，让新媒体艺术作品变得更加生动，具有更好的呈现效果。

新媒体艺术的出现和发展，让人们的审美思想发生了极大的变化。因为新媒体技术的支持，让各种不同类型的艺术作品借助多样化的媒介进行融合和碰撞，进而实现新媒体艺术审美理念的传达。总之，借助新媒体技术实现新媒体艺术多元化媒介的融合，已经成为审美发展的趋势。

二、艺术传播技术的融合

通过对新媒体艺术进行研究，我们可以发现它指的不仅是一种新的技术，也不仅是一种新的媒介。更重要的是，新媒体艺术体现了数字化时代跨媒介融合而来的艺术传播理念。进入新媒体时代后，艺术表现的形式越来越多样化，不再像传统社会一样，大多数艺术作品只能通过固有的形式进行传播。具体来说，新媒体是指在相关技术支持下产生的新的媒介形态，包括数字报纸、数字电视、数字电影、数字广播、网络、触摸媒介等。以新媒体技术为基础创作而来的艺术作品也具有自身独特的特点。从新媒体艺术的传播方式来看，可以发现新媒体艺术能够让更加广泛的人群参与到创作过程中，同时也可以让更多的人同时进行传播和欣赏。在这一过程中，不论是创作参与者还是传播者和消费者，在艺术作品面前都是平等的。虽然越来越多的人在强调媒介融合的作用，并且强调借助媒介融合来实现新媒体艺术作品的意义拓展，但是很多人对于媒介融合并没有深刻的认识，甚至有人认为媒介融合就是将不同媒介的信息进行简单相加，很显然这是不正确的。事实上新媒体技术是指将不同媒介的信息内容进行智能化处理，对其合理加工与整合，以满足不同受众的多样化审美需求。通过这一过程，可以让新媒体艺术作品同时呈现出多种媒介应有的特点，进而给受众带来不同的审美体验，艺术表达形式也会变得更加多样化，真正实现多种媒介的融合与利用。

新媒体艺术审美传播主要是利用计算机技术与网络技术，对艺术作品蕴含的各种信息进行加工，进而构建内在的逻辑，最终形成一个交互式的数字化系统。由此可见，新媒体艺术的审美传播是建立在数字技术和网络技术基础之上的，需要充分借助各种各样的软件和技术。在新媒体艺术审美表现系统中，最基本的技术便是网络数据资源、计算机语言和网络技术。因为不论进行什么形式的艺术创作，都需要借助复杂的算法和编程，以此作为创作的支撑。所以在进行新媒体艺术创作时，通常会用到各种各样的创作软件，这就要求新媒体艺术创作者具有一定的数字媒体技术知识，并且可以掌握必要的软件，只有这样才能在进行艺术创作时更加熟练地掌握各种软件和工具。

图像处理技术、音频处理技术、网络数据库、网络数据检索工具、新媒体制作软件以及网络通信等新媒体工具，共同构成了新媒体艺术作品审美传播的表现形式和传播手段。我们需要认识到，数字化世界在21世纪已经越来越真实，以数字技术创作出的作品给人们带来的感受也非常真实。跨媒介融合不是某一个阶段性的产物，而是一种持续发展的动态过程，会随着相关技术的不断成熟实现更加深入的发展，最终打破不同媒体之间的界限。不同媒介之间的相互融合，在未来所呈现出的主要形式就是数字化，这对当今时代的艺术传播和艺术呈现载体有着深刻的影响。媒介融合的发展可以极大地促进媒介形式的丰富，同时还能够产生一些新的艺术形式，当人们在对新媒体艺术作品进行欣赏时，自然也应当带着媒介融合的思想去感受，只有这样才能更加深刻地感受到新媒体艺术所具有的审美传播特性。

IPTV 是指交互式网络电视，正因为电子学、生物学等学科的新技术的相互融合才催生了这一产物。IPTV 作为一种新兴的互联网技术，主要借助光纤宽带进行影视节目传播。IPTV 的视频信息传播当中有一个非常明显的特征，就是传播渠道和信息接收之间的相互转变。在 IPTV 系统当中进行影视节目的传播，需要使用大量编码技术，编码技术是新媒体通信当中一种主要技术，具有信息传播量庞大、信息传播速度快等优点。所以各个网络平台在进行电视节目传播时都会使用该类技术，最终形成了三网融合的局面，以及传输技术、信息处理技术、软件技术和协议之间的融合。为了方便受众使用，在IPTV系统当中还专门设置了电视节目信息导航功能，这一功能给大家带来了极大的便利。另外IPTV还具有直播、点播、时移等功能，这些都是传统电视节目播出系统所不具备的。伴随这一项技术的成熟，人们的依赖性也越来越强，以至于受众往往会沉溺于虚幻世界当中。

不得不承认，IPTV的出现，代表着电视受众不再是被动的接受者，而是可以主动进行内容选择，并且可以主动编辑修改新媒体内容的主体。由此可见，IPTV的出现，打破了传统电视节目传播中单向传播模式所带来的局限性，受众也从被动进行电视观赏的客体转变为了可以主动进行电视节目选择与互动的主体。这一项技术的成熟发展，实现了声音、视频和数据的融合，可以给观众带来更加深刻的体验。计算机技术和网络技术的发展速度非常快，所以新媒体艺术也越来越成熟，每一个人都可以通过网络进行互动，甚至可以通过移动硬盘对相关内容进行拷贝和再次传播。互联网技术所具有的开放性特征使得艺术作品不再为一些客观条件所限制，也不再受到传统载体和媒介的限制，只需要通过网络就可以随时随地进行传播。

据此我们可以发现，数字化已经成为未来一种重要的传播形式，而且跨媒介融合，让各种不同的媒介和技术实现了融合，进一步推动了数字化发展的进程。伴随着媒介融合的不断深入，当前各种媒体之间存在的传播界限也会逐渐被打破。基于这一社会现实要求，人们更要树立媒介融合的观念，只有这样才能顺应新媒体艺术发展的潮流，更加深刻地理解新媒体艺术所具有的传播特性。

日本有一个由程序员、建筑师、数学家、动画设计师、平面设计师、艺术家多个领域强人构成的艺术团体“TeamLab”，这个团队一直在进行新媒体媒介传播创新的研究，并且在2017年发布了一个作品《超越界限》。从这一作品的名字来看，可以非常明显地感受到作品的主题。作者主要是想通过这一作品来让大家对不同媒介所存在的物理界限进行一定的研究和探讨，通过合理利用数字技术来消减数字作品和现实环境的隔阂，进而让受众可以因此获得更好的体验，并且能够及时进行反馈。在一个密闭的空间当中，通过数字技术构造一个虚拟的瀑布景象，并且将瀑布延伸到墙体以外的地板上，给受众带来更加真实的感受，同时在体验者身边还有虚拟的海浪，这些内容都可以通过数字技术实现并呈现出来，且给受众带来非常深刻的体验感。由此可见新媒体艺术创作的特点在于构建尽可能真实的情境，甚至将客观世界中的一些元素融入艺术作品，给受众带来更加强烈的沉浸感。尤其是交互式的功能，可以让受众在欣赏艺术作品的同时参与到艺术的创作过程中，推动新的艺术信息交流方式的产生。

各种新型媒介的出现和发展都会推动媒介融合，进入一个全新的阶段，这也是新媒体艺术发展的必然趋势。伴随新媒体技术的崛起，新媒体和旧媒体之间的融合也越来越深入，传统的单一媒介传播形式已经不能满足当今时代艺术作品的传播和受众的审美需求，所以，以数字媒介为基础推动跨媒介的融合已经成为一种必然的趋势。

第二节　新媒体艺术的“亚审美性”艺术转变

在一般艺术活动当中，艺术家的创作活动和欣赏者的审美活动是相互分离的两个部分。艺术家在进行艺术创作时，需要通过作品来传达自己独特的审美思想，欣赏者则通过对艺术作品进行欣赏来感受艺术作品所承载的审美，进而了解创作者的思想，并且将其转化为自身的审美感受。进行审美活动时，具有多种不同的审美认知方式，但是传统的审美过程大多是单向的，审美过程具有不可逆的特征，这就导致在审美过程中是无法进行审美互动的。在传统的审美过程中，因为传统传播媒介的局限性，导致艺术作品无法产生审美认知，再加上传统媒介的实物性特征，无法像数字化媒介一样进行动态联系。传统审美体验注重脱离肉体实现精神感悟，但是具象化的审美认知则有所不同，需要将人们所处的环境与自身进行融合，当作整个艺术作品的一部分，强调在艺术欣赏过程中受众自身的感受和感知，由此可见，具身化的特征十分强调个体知觉对审美效果的感受。

新媒体艺术的审美局限性，其实就是要求个体将自身融入整个情境，设身处地地对艺术作品进行感受和体验。与传统艺术作品不同的地方在于新媒体艺术可以充分利用各种技术手段，进行数字化处理和其他效果的渲染，进而帮助欣赏者沉浸于作品当中，只有这样才能帮助欣赏者更加真实、深刻地感受新媒体艺术作品所具有的审美效果。新媒体艺术作品表现的媒介性不仅指媒介的数字化程度，同时还与艺术作品本身的交互性、虚拟性等有着密切的关系。受到各种因素的影响，受众产生的艺术体验感也并不相同，由此可见，审美感知在新媒体艺术创作的数字技术支持下，得到了进一步发展，充分将视觉、听觉、触觉等不同的知觉进行融合，增强了艺术作品的具身化审美认知体验。

在当今时代进行新媒体艺术创作和传播，通过充分利用数字化技术媒介和载体，能够实现艺术作品表现方式和表现内容的丰富与拓展，充分体现出当代人对艺术作品发展的审美追求。早在20世纪60年代开始，因为计算机技术的发展和影像技术的成熟，艺术创作的载体就已经开始从实物向数字媒介转变。新媒体艺术这一名称中的“新媒体”就充分体现出了艺术作品媒介的转变，也就是在此之后，新媒体艺术才作为一种新型的艺术形式开始出现，并且逐渐成熟。现如今以数字化技术为基础的智能媒介，在艺术创作领域已经得到了愈加广泛的应用，同时艺术内涵也伴随相关技术的发展而不断发展。新媒体的媒介特性推动了新媒体艺术表现形式的创新发展，给人们带来了不同的审美体验和审美认知。

一、新媒体艺术审美表现出感知性

新媒体艺术审美所表现出的感知性，是由多种不同的数字媒介技术来表现的，因为多种不同技术的支持，能够给受众带来多重感官体验，通过个体的反应和感知来对艺术作品审美进行认知。新媒体艺术的“亚审美性”主要指艺术表达从单纯的形式感审美认知转变为多维度的效应感知，人们获取审美信息的角度也不再局限于某种单一的感官接受。在新媒体艺术当中，因为数字技术的应用实现了多种感知能力的综合，这一情况充分体现了审美感知和体验方式的进一步发展。人们对美感的知觉和自身生理所感受到的快感是同时产生的，但是生理层面的快感并不应当破坏人们对美感的体验，而是要在这一过程中增加人们的审美感受程度。这在传统的审美传播活动当中是无法实现的，只有通过动态画的数字艺术媒介才可以实现。2017 年，有一个超大型的体验装置作品《体感场》，这一作品针对新媒介技术拓展人们的审美感知等问题进行了研究。在这一装置当中，受众需要穿上特殊的服装，这些服装都安装了一些特殊的无线传感设备，可以对人们的手臂、腿部、胸部多个部位进行感应。在服装感受体验者身体震动的同时，通过服装的颜色深浅变化体现出来，与周围的环境形成一个相互交错的整体。当体验者穿着特制的服装，在作品的不同区域行动时，还能够感受到自己皮肤上所产生的不同颜色与形状的图案，这些内容共同构成了体感场。在这个巨大的体验装置当中，体验者能够通过光线在自己身体上的变化而产生不同的感觉，甚至能够对时间产生感知。

所谓感知，就是指个体通过器官对客观事物进行感受并且传输到大脑的一个认知过程。感知主要包括感觉和知觉两个部分，这是人们进行认知的基础，也是人们认识客观世界的基本方式。例如，颜色通过人眼的感觉在大脑中形成视觉，声音通过耳朵的感觉在大脑中形成听觉，除此之外还有嗅觉、触觉多种不同的感知。我们在对客观世界进行认知的过程中，感知活动有非常重要的作用。感知是一种高级心理活动，在人们认识世界的过程中，感知是基础作用的存在，如果人们没有感知能力，就无法认识客观世界，也就无法进一步对客观世界进行改造，从而推动世界的发展，自然也就无法在这一过程中产生自己独到的意识和思想，人们就会缺乏进行心理活动的能力，就不会拥有自身独特的性格。另外，感知能力还能够帮助人们维持正常的心理活动，进行思考。

不同的媒介技术可以给人们带来不同的感知体验。麦克卢汉曾经针对不同媒介技术对人的感知体验的影响进行了相关的实验。他组织了 100 多名参与人员，将这些人分成四个小组，分别用话语传播、文字传播、电视视频传播和音频传播四种不同的形式对同样的稿件进行传达。在信息传递结束之后，再对不同小组人员的信息记忆程度进行考查，结果发现传播效果最好的就是视频传播形式，其次是音频传播、话语传播和文字传播。从这一实验结果可以发现，不同的传播媒介会对受众的感知程度产生一定的影响。尤其是在视觉媒介出现之后，文字媒介的效果就在一定程度上被减弱了，或者说因为有了视觉媒介的对比，文字媒介传播效果差的情形得以体现出来。电视视频的传播能够实现声音与画面的结合，所以给人们带来的传播效果更好，也进一步促进了立体感知的发展。

因为新媒介技术的出现和发展，让人们的审美感知能力得到了一定的拓展，而且伴随新媒介技术的不断出现，新媒体艺术给人们带来的体验也在发生变化。对人的感知问题进行研究，并不是要对每一个个体的感知能力进行检验，而是要通过人们的感知能力来检验媒介技术对人的影响。感知活动的产生，必然需要依赖人类的感知能力和感官系统，让人们直接参与到具体的艺术活动当中，让感官可以被相应的信息直接刺激。比如在进行话语传播的过程中，首先需要主体进行声音信息的传播，客体再通过耳朵接收声音信息，通过自己的感知能力对信息进行体验和反馈，从而实现交流与沟通。其实在文字出现之后，感知活动就已经从以听觉为主转变为以视觉为主，利用文字进行传播，不仅可以进行即时传播，还可以实现延时传播，相比较而言，文字传播的优势更加明显，能够取得的传播效果也更好。伴随着印刷术的出现和发展，文字作为一种信息传播媒介，其传播力度又一次得到提升，人们可以通过阅读来获取信息，进而对信息内容进行感知，文字作为信息媒介，其功能得到了进一步拓展。因为文字的出现，视觉感知成了人们进行信息传播与接受的主要方式，人们的逻辑思维也因此发生了一定的转变，信息传递从面对面的即时传播转变为可以进行延时传播，催生了新的艺术形式。

新媒体艺术和文字基础上的视觉传播又不相同。新媒体艺术主要是借助技术手段和数字媒介实现综合能力感知，这代表着一种全新的感知方式的出现。数字媒介在艺术领域当中的应用打破了以往人们不同感官知觉之间的壁垒，也让审美个体不再局限于通过单一的感受来获取信息，而是可以将视觉、听觉、触觉多种感知能力进行一定的结合，同时应用于审美活动当中，进而形成综合感知，所以新媒体艺术的审美感受具有立体性、综合性等特点，也让个体感官的整体性得到充分的体现。因为科学技术的不断进步，为艺术领域的发展起到了重要的推动作用，人们的感知能力也在技术手段的作用下实现了进一步的拓展。近几年来人工智能取得了多次突破性的发展，在新媒体艺术当中能够展现出更加明显的科技化特征，以数字技术为基础创作出的虚拟艺术作品，也不像实物的绘画一样，只是可以在特定的时空内展现固定的内容，而可以通过相关的命令随时进行变化的艺术作品。

任何一种新媒介的出现，都会推动人们感知方式的变化，并且可以帮助人们塑造全新的感知方式和思维模式。所以媒介技术在艺术领域当中应用的意义并不在于体现技术本身的能力，而是通过技术来实现艺术的人性化发展。数字媒介技术在艺术领域中的应用促进了艺术表现手段的丰富，人们的感知能力也因此得到进一步发展，当个体在理解新事物的时候，因为技术的支持，人们的感知和反馈也会更加活跃。

在《数字化生存》一书当中，作者对人与电脑的互动进行了解释，并且表示科学技术在未来的发展过程中，人机互动是一个非常关键的检验指标。科学技术的发展提升了人们解决问题的能力，也帮助人们认识客观世界。在人类的大脑中，进行思维活动的主要是脑神经反应机制，伴随着时间的变化，人的大脑也会发生变化，数字技术和人工智能技术则在这一过程中促进了大脑的发育，让人们的思维能力和感知能力得到进一步发展。

和人脑相比较，人工智能技术具有更加强大的存储能力，在这一方面是非常可靠的，但人工智能却不能取代人脑的感知，因为人脑可以解决人工智能无法解决的问题。现在我们只能说计算机技术和人工智能技术的发展促进了人脑感知能力的发展，并且是人类感知能力的延伸。

在文字时代，数字化艺术还没有得到广泛的发展，画笔等工具在当时也仅具有工具的身份和作用。伴随时代的进步与发展，数字化技术在当今的地位越来越高，甚至在很多时候可以代替艺术家开展相关的工作，比如进行图像制作，就是人工智能天生的优势。在人们使用数字技术进行艺术创作的这一过程中，一方面人类控制着电脑技术，另一方面电脑技术要及时有效地进行相关信息的反馈。因为数字技术越来越成熟，人类也需要具有更高的智慧才能充分控制并且合理利用计算机，计算机所给出的反馈也会更加高效。

美国有一款智能艺术创作软件，这款软件是由一位教授花了 30 多年的时间研究设计而来的。这一软件和其他的艺术设计软件具有极大的不同之处，即不需要人输入特定的指令，就可以独立完成绘画创作——你只需要下达相应的任务，该软件就可以自主创作出优美的风景画或其他画作。在软件设备里体现出绘画艺术和人工智能技术的深度结合，让绘画艺术摆脱了实物画笔的限制，而且绘画主体也因为这一软件而发生了极大的改变，人的主体性作用遭到了一定的削弱。这一款绘画创作软件具有极强的反馈机制，在进行绘画作品创作时，操作者只需要给非常少的提示，甚至不需要进行提示，计算机就可以自主完成绘画创作。操作者在软件当中输入相关的指令，就能利用程序本身的想象力，创作出不同风格的绘画作品。通过软件本身的独特功能，可以对图像进行进一步渲染，让其成为一幅非常具有吸引力的作品。在新媒体艺术当中，数字技术发挥了极大的作用，它可以将人们的神经系统拓展到外界，进而扩大人的感官范围，这一客观现实给人们带来了非常深刻的启示，即在进行新媒体艺术创作时，需要将媒介技术与人的感知进行结合，从整体角度出发进行考量。在当今时代出现的艺术作品，也越来越明显地体现出人与科技之间的融合发展趋势。

二、艺术审美体验智能化发展

新媒体艺术审美体验的智能化发展主要是通过体验内容来得以展现的，而且审美过程一般具有动态化和多变的特点。以数字技术为基础构建的新媒体作品不再通过固定的形式呈现，其也不是固定的，而是通过艺术场景的空间变化而产生相应的变化。现如今进行艺术创作，还需要利用数字媒介来进行艺术空间和场景的设计，只有保证作品与周围环境的深度融合才能体现出艺术作品的情境化。也正因此，所以观众往往可以从自身的认知出发，对艺术作品所传达的信息进行切身体验，同时还可以根据自身的喜好主动选择艺术传递的信息内容。有的艺术家还提出了艺术媒体化场景的可能性，既利用数字虚拟技术为艺术作品构建一个虚拟的场景，也实现艺术作品和场景之间的联系，帮助大家更好地体会艺术作品，明确大家在数字艺术场景下的审美认知。人们对于某一事物的认知，往往会受到周围环境的影响，因此，人们在感知过程中，会对周围环境的视觉信息进行一定的收集分析，从而形成感知体验。在数字技术创造的虚拟场景当中，环境的存在脱离了现实物理法则，所以，给人们带来的感受往往更加深刻，以此激发个体的想象力，获得更加特别的审美体验，能够帮助个体丰富自身审美体验方式，拓展审美体验范围。

传统艺术作品给人们带来的艺术体验是静态的审美感知，以数字技术为基础创作而来的新媒体艺术作品给人们带来的审美艺术体验是动态的审美感知，所以给人们带来的感官体验并不相同。因为技术因素的影响，人们的个体感知会更加直接地参与到审美活动当中，并且整体感知也会更加智能。我们不得不承认在当下，新媒体艺术所体现的技术和艺术的融合是值得我们进行深入研究的，有的学者认为新媒体艺术当中，新媒体是核心所在，这些情况都体现了新媒体在艺术范畴中的作用。在艺术欣赏过程中，人们获得美感的过程离不开感官感受，但是美感的获得与普通的感官感受并不相同，因为美感是超越生理的精神体验。在艺术欣赏过程中，如果只依赖简单的感官感受，是无法实现美感获得的，在艺术欣赏过程中体会到的美感，离不开感官和精神的共同作用，从这一角度来看，新媒体艺术和传统艺术是相互契合的。在当代社会，艺术审美观念正在迅速发生变化，甚至艺术作品的呈现形式和载体也在不断发展。数字技术通过对人的感官进行刺激，并且进一步满足人的精神需求，让人产生美感的获得感，所以我们在对新媒体艺术进行研究时不能以传统的观念来对新媒体的艺术形式进行界定。以当代的电视节目为例，电视节目的播放是一个不断进行的过程，会有持续不断的画面和文字出现，并且不断刺激人们的感官，使人们逐渐放弃深度思考。因为电视节目的流动性特征，使人们缺乏足够思考的时间，所以也没办法对内容进行凝视。相关技术的加持使得艺术作品不只是展现创作者思维的一种载体，而且可以让受众和欣赏者直接参与到其中，充分体现出审美和创作的相互统一。利用人工智能技术进行艺术作品的传播，相关智能技术也不仅是一种工具，同时还具有一定的逻辑，能够帮助人们参与具体内容的欣赏。新型审美关系的形成并不是简单的人加技术，而是通过相关媒介的链接产生新的意义主体。

发展到今天，媒介技术在艺术领域当中所具有的作用已经达到了前所未有的高度，其实早在20世纪60年代开始，信息革命的发展就已经让电脑成为计算机的主要形式，并且开始逐渐应用于艺术领域当中。通过录像设备和播放设备来表现艺术，在当时就已经出现。这一情况也标志着新媒体艺术作为一种新的艺术形式，开始出现在人们的视野当中。只是在当时因为技术手段不成熟，在表现艺术时还只能通过平面影像来展示。后来数字技术的不断进步，从平面艺术展示转变为三维空间的立体展示，人们的审美体验感变得更加强烈。伴随科学技术的不断发展，相关的理论成果开始出现，这些理论为数字技术在艺术领域中的应用起到了一定的理论性作用。因为在新媒体艺术当中，人们的审美感知会伴随着数字技术的支持而变得更加智能，这一发展离不开专业技术的支持和推动。因为以多样化的技术媒介为基础，再借助必要的技术和载体，就能够将人们的审美性思维和感性思维进行深入融合。简单来说，就是借助相关技术将人的听觉、触觉多项感知合而为一，这对于个体感知也越来越重要。让欣赏者在虚拟的场景当中进行审美体验，从立体化的角度进行信息传递，这一审美过程极大地超越了传统艺术形式上的单一感知，可以从多个角度对欣赏者的感官进行刺激，从而给他们带来前所未有的体验感。通常来说，在一个审美过程当中，审美个体需要充分发挥自身的感知能力，利用自身身体器官有目的地去接受虚拟技术所创造的情境化信息，进而循序渐进地满足自身的审美需求。在这一过程中充分体现出审美个体的中心地位，并且强调审美个体要嵌入到相应的情景当中。在审美过程中，因为智能感知的不同，还会为审美主体带来不一样的意识体验。

人工智能技术最早出现在 20 世纪 50 年代，这一技术主要是以专业知识为基础进行逻辑推理，核心就是通过计算机的工作方法来实现生物的智能行为。主要的人工智能技术包括人工神经网络、人工免疫系统、模糊系统等。这些不同的人工智能技术从不同的角度对人类活动的模拟。通过巧妙地利用计算机工具，可以将人们研究的某些成果转移到人工智能上，从而使计算机具有与人类相似的某些智能特点。与人类大脑活动的不同之处在于，人工智能技术可以通过编程和特殊的算法来开展智力活动。具体来说，人工智能在对人脑进行模拟时主要有两种方法：第一种是通过对人脑进行仿造，进而创造出和人类相似的机器人，实现结构层面的模拟；第二种是从功能上对人脑进行模仿。伴随着人工智能技术的不断发展，其与哲学也产生了相互影响，这一现实表明不同学科之间都有可能进行融合，但同时也让学科与学科之间的界限变得模糊。利用智能媒介来进行艺术传播，已经成为推动彼此发展的必然。当然，不仅人工智能技术可以促进艺术的繁荣发展，医术也可以对人工智能技术的发展进行一定的引导和推动，所以，在新媒体艺术范畴中，可以合理有效地利用人工智能发展过程中的相关理念和方法，帮助艺术创造一个全新的发展格局。

在新媒体艺术当中表现数字媒介的智能性特征，其实就是要借助计算机技术展现出人类在进行艺术创作时的思维活动，进而让观众在审美活动当中提升自身的审美感知能力，提升自身的审美体验效果。在认知过程中，人工智能技术能够适当增加一定的信息，对审美活动当中的理性部分进行逻辑处理。由此可见，人工智能可以在一定程度上与人类思维形成互补，强化人们的思维，让人们在审美认识活动当中可以进行更高层次的创造，进而充分提升人们认识世界和改造世界的能力。在新媒体艺术当中进行审美活动，可以充分体现出审美主体的主动性，并且通过设置对应的场景和媒介，从而让审美个体的体验途径得到进一步发展，甚至实现审美交互。当然，在审美过程中，审美主体自身的美感获得会受个体认知程度与体验程度的影响。总之，审美的智能化发展，在一定程度上提升了人们的审美能力，也让审美范围得到进一步拓展。

新媒体艺术审美的智能化发展趋势，在整个过程当中会体现出静态、非机械性等特征，这在动态化的审美认知过程中会变得非常明显，虽然智能化的发展对审美程度有所影响，但个体的参与程度仍然是个体审美程度的决定性因素。智能化体验的加入，会让审美主体获得更加多样化的美感体验，而且人们还可以根据自身的喜好主动选择获取什么样的内容。审美过程是动态化的，没有固定的模式，尤其是智能思维的加入，进一步明确了主体认知，通过新型的理论结构对主体的审美认知进行进一步强化，也让审美认知变得更加深刻。现如今，AI（Artificial Intelligence 中文名：人工智能，下同）技术将很多领域当中的科研成果应用在了艺术活动当中，运用新的理论对审美活动进行指导，也提供了新的方法让人们进行审美，让审美活动变得更加深刻。在艺术发展史上，每一种新艺术形式都有过关键的发展时刻，而且往往需要借助新的方式才能够取得更好的传播成效，换句话说，技术革新是推动艺术发展的重要动力。艺术作品所具有的审美性特征主要是通过美感认知和美感体验来得以体现，同时，不同的审美认识方式和审美主体的参与程度又会对审美体验产生一定的影响。由此可见，新媒体艺术作品能够充分体现出审美个体的主体性作用，能够从个体认知角度出发进行审美认知。借助数字媒体技术作为媒介进行艺术传播，能够充分体现出新媒体艺术所具有的情境化特征，进而在艺术作品和审美主体之间建立审美关系，为美学研究提供一条更加科学有效的方式。

三、审美关系中传受关系的融合发展

在新媒体艺术当中，审美关系之间的传受关系也实现了融合发展，这一情况充分改变了以往审美关系当中主体与客体相互分离的情况。在审美过程中，因为相关技术的支持，让审美主体和审美客体实现了动态化交流，打破了传统艺术审美过程中存在的审美关系的单一性，也改善了审美主体在传统审美过程中的被动局面。在新媒体时代，艺术的出现让传播者和接收者之间的界限越来越模糊，在新媒体艺术传播过程中，受众不仅是信息的接收者，同时也可以做信息的传播者，甚至可以成为艺术作品的创作者，因为数字技术的支持，让互动的传播机制得以深化。在审美活动当中，传受双方的关系也在随时发生改变，艺术创作和艺术作品传播也不局限于在固定的时间、固定的地点进行传播。新媒体艺术从创作到传播、储存等环节，都可以实现数字化，受众在这一过程中，可以随时随地对艺术作品的内容进行主观的理解和修改。审美主体对艺术作品的干预打破了传统艺术审美过程中的局限性，对艺术作品的创作产生了深刻的影响，审美主体的主观能动性得到了进一步提升。

计算机技术能够混淆认识者和认识对象，否定艺术作品的客观性幻想，因为受众的参与，艺术作品的内涵也在不断发生变化。在欣赏数字艺术作品的过程中，我们不需要一贯地遵循传统艺术当中的特定时间和特定地点。尤其是伴随着移动终端的出现和发展，让审美主体可以不分时间不分地点地进行艺术作品赏析。比如在网络视频当中，弹幕功能不仅可以让受众充分表达自己的观念，同时还能够实现不同受众之间的相互交流。弹幕功能可以让欣赏者随心所欲地对内容进行实时讨论。伴随着弹幕功能的不断完善，弹幕的形式、弹幕的字体和出现形式也可以进行一定的变化。虽然从表面上来看弹幕只是一种数字技术，但是其本身所代表的功能则具有非常重大的意义，弹幕的出现具有必然性，因为传统的评论功能是具有延时性的，而延时性的评论功能无法满足欣赏者的评论需求，所以弹幕这种具有即时性评论特征的评论形式应运而生。伴随着弹幕功能的不断发展，其在新媒体平台上得到了更加广泛的应用和发展。在 2014 年，我国一家电影院就通过弹幕的方式进行电影放映，观众只需要发布短信就可以在屏幕上看到自己发布的评论，而且为了不影响观众的观影效果，弹幕会在电影的两侧出现。另外，湖南卫视也进行过这一尝试，在金鹰节的晚会上用了弹幕的形式，这一措施得到了大家的广泛关注，观众的心态也因此发生了一定的变化，因为创作者和受众之间的审美互动，能够让欣赏者和创作者加深彼此了解，进而提升实际的审美效果。

新媒体时代，人们并不需要掌握太高超的电脑技能就可以自己进行新媒体艺术作品的创作和传播，审美主体的主观能动性得到了一定的激发，审美个体在当今时代不仅可以互动欣赏新媒体艺术作品，同时还可以与艺术作品当中的角色与场景进行一定的交互，甚至有时候还能对艺术作品内容进行一定的修改。因为相关技术的加入，艺术作品的受众拥有了加工者、参与者等不同的身份。新媒体艺术充分体现出动态的、即时的、开放的具身化审美特征。在以往，艺术作品一旦被创作出来就不能再进行修改，但是新媒体艺术作品则有所不同，其传播过程是动态的，观众可以根据自己的喜好进行作品内容的修改，在艺术作品传播过程中，审美主体可以进行二次创作和多次创作。

新媒体艺术的“亚审美性”特征让艺术的审美传播实现了突破性的发展，数字媒介的发展也让艺术内容和艺术的传播形式得到进一步拓展。因为新媒体艺术并不是对不同媒介进行简单的融合，而是通过不同媒体之间的相互结合建立全新的艺术样式，从上层实现了技术和艺术的相互融合。新媒体艺术的内容和新媒体艺术的形式都已经进入了一个全新的阶段，可以给受众带来全新的审美体验，受众的审美体验和审美感知也因此发生了极大的变化。人们只有充分了解新媒体艺术的审美传播特性才能够更好地利用数字技术媒介，充分发挥新媒体艺术媒介对新媒体艺术的推动作用。

伴随着新媒体技术的不断发展，新媒体和传统媒体之间的融合也越来越深入，传统媒体当中的单一传播媒介无法满足艺术作品在当今时代的传播需求，也无法满足新时代欣赏者对艺术作品的审美需求，而艺术审美特征当中的“亚审美性”审美认知效果则通过跨媒介融合能够有更好的表现。

新媒体艺术的“亚审美性”在一定程度上促进了具身化审美的实现，也为具身化审美提供了有效的认知渠道，人们在审美过程中，通过感知相应的情景和信息，可以实现亚审美性。从新媒体艺术的数字媒介来对审美个体的审美体验进行分析，可以发现审美个体能够在当今时代更加真实地感受到信息来源的多样化渠道，并且及时做出身体反应，最终提升审美个体对美感的认知深度。

第三节　新媒体艺术审美性在“亚审美性”下的发展趋势

新媒体艺术当中的“亚审美性”特性，让新媒体艺术活动的审美属性得到了一定的丰富，不论是审美个体的意识活动，还是生理状态和身体感知，都可以从中得到体现。审美个体通过将自身嵌入到具体的艺术作品的情境当中，能够让审美个体的知觉实现互动，进而更好地体验艺术作品。身体感受在艺术审美当中的直接参与，充分体现了新媒体艺术美学研究的发展方向。数字技术和人体生理之间的相互结合，意味着新媒体艺术美学的研究方向变得更加智能，给人们带来的体验也体现出审美认知方向的发展。艺术需要不断进行创新发展，但是艺术为人服务的本质是无法改变的。数字化技术的应用为新媒体艺术的表达提供了更多的可能性，并且进一步拓展了新媒体艺术的发展思路，通过更加新颖的方式方法来进行新媒体艺术的传播。和传统艺术相比较，新媒体艺术的“新”不仅仅是艺术形式的新，还具有更加深层次的含义，即艺术表现的媒介性以及具身化的审美认知。伴随着跨媒介技术融合的不断发展，传统意义上的艺术概念正在逐渐被打破，各种艺术表现形式正在不断进行融合与渗透。新媒体艺术的发展也从数字化转变为智能化，尤其是交互体验的出现，进一步提升了人们的知觉认知能力。在这一环境下如何对多新媒体艺术本身的媒介性进行理解，以及如何对具身化的审美认知体验进行理解，都是新媒体艺术审美研究过程中需要着重解决的问题。

对审美性的研究始终都要围绕审美研究对象展开。在新媒体艺术当中，艺术表现形式和审美感知的变化，也在一定程度上决定了审美研究内容和审美方式的变化。就实际情况而言，任何一个阶段的美学体系都是存在一定缺陷的，以至于美学体系并不一定可以适应任何时代的或者任何形式的艺术，所以只有不断促进美学体系的丰富和完善，才能对审美对象进行更加深刻的研究。新媒体艺术作为一种全新的艺术形式，在发展过程中需要充分依赖自身的数字化优势，并且将审美体验和艺术创作两者进行一定的融合，总之，在这一过程中需要充分发挥数字技术的作用，只有这样才能让新媒体艺术本身的“亚审美性”特征，让艺术作品的创作可以摆脱以往的单一媒介的限制，打破传统艺术本身的局限性，让美学研究可以在现代社会获得新的发展动力。

因为艺术领域的变革和媒介技术的不断发展，艺术审美研究的内容和发展方向也在随之发生改变。生产力技术作为推动社会发展的动力，自然也会在这一过程中推动艺术的发展。所以，我们应当认识到艺术审美研究，从来都不能从单一的角度和方向进行，而且审美研究也不应当被局限于某一个固定的范围，而是要从多方面与进行交叉性的研究。因为我们在哲学、政治学、文学、经济学、科学多个领域都可以看到美学的影子。所以对于美学的研究应当在广泛的领域中进行，从多种视角进行多维度的研究。

从以往对新媒体艺术的研究来看，可以发现大多数的研究内容局限于数字技术特征分析方面，但是新媒体艺术当中的技术性特征分析与艺术审美认知过程中的体验特征并不相同，所以，我们应当促进新媒体艺术研究的完善发展，保证研究体系的科学化发展，从媒介融合、感觉认知等角度进行研究分析，进而充实当代美学研究理论，对新媒体艺术的“亚审美性”进行更加全面的分析和梳理。只有明确新媒体艺术美学领域当中审美对象的媒介构成，实现审美信息的感知延伸，才能让当下审美认知中的智能化体验顺应当前发展趋势。

一、审美对象数字媒介化的发展趋势

通过对美学的发展历程进行研究可以发现，对美学审美性研究影响比较大的主要是社会学、哲学和艺术学等社会学科，当然也会受到哲学、审美主体的三观等因素的影响。科学研究是推动文化艺术创新发展的核心动力，而且我们可以发现科学研究成果对我们的日常生活和我们的思想有着很深的影响。在艺术领域，艺术创作方式以及艺术呈现形式的创新发展会引导人们的社会关系和对美的追求等发生改变，这些内容的变化又会进一步改变审美研究的方法论，进而推动美学的发展。反过来，美学的发展也会在一定程度上影响其他学科，比如艺术理念的变化和艺术创作形式的变化等，带动其他领域产生变化。新媒体艺术作为一种新型的艺术形式，实现了艺术和技术之间的融合，伴随着技术手段的不断成熟，新媒体艺术的智能化水平越来越高，借助数字技术媒介，贯彻现代化的艺术创作理念，并且实现艺术表现方式的多样化发展，让艺术传播手段越来越多样化。麦克卢汉曾经说过，任何媒介对人和社会所产生的任何影响都是因为新标准而产生的，所以，当有新的技术出现，或者人的某些能力实现了延伸，就需要有一种新的标准和尺度出现。他对媒介技术与人类社会之间的关系进行了深入的研究，并且认为媒介的变革会带动艺术表现形式与传播方式的改变，所以最终提出了“媒介即讯息”的主张。其实通过对各种媒介进行深入的研究可以发现，任何媒介都是人的延伸，因为各种媒介的出现对人类以及人类社会当中的各种活动都产生了非常深刻的影响。尤其是在新媒体艺术当中，媒介的作用得到了进一步的强化，将艺术形式数字化是新媒体艺术独有的特质。在新媒体环境当中，各种不同的艺术之间的界限越来越模糊，艺术的边界也在不断延伸，艺术作品所具有的表现能力也因为技术手段的加入不断提升，审美主体的审美感受也具有新媒体艺术的特质。新媒体环境下的媒介具有互动性、共享性等特征，这些特征体现了新媒体艺术表现方式的变革，也形成了全新的审美体验方式。

其实从现代艺术的发展过程我们可以看到审美对象的变化也会促进艺术形式的变化，因为审美对象自身的差异，会在一定程度上影响他们参与艺术活动的方式和程度。因为相关技术越来越成熟，艺术得到了更加充分的发展，技术和艺术之间的联系越来越密切。达达主义被视为现代艺术的发源，达达主义艺术是使用新的传播媒介来传播传统的艺术内容，通过这一方式来对一切的艺术原则进行质疑，以质疑的精神对艺术创作拘泥于某种样式进行反对，也反对艺术表现形式的固化。波普艺术还将废弃物、商品招贴、电影广告以及报刊图片等内容作为艺术家进行艺术创作的重要媒介和载体。在进行艺术创作的过程中不断追求媒介的变革和形式语言的创新，并且在这一过程中强调进行各种不同媒介的融合使用。其实艺术的发展本身就是要不断对新事物进行寻找，最终在不断进行艺术创新、艺术创作形式更新发展的过程中实现艺术审美的价值。

在对艺术形式进行分析时，我们不仅应当对相关理论进行一定的研究，同时还需要对我们观察到的具体的内容进行仔细研究，包括各种艺术作品，都是我们的研究对象，通过对实例进行研究能够帮助人们更好地对艺术作品进行理解，进而找到理论和实践之间的差异。科学技术的发展可以促进艺术的进步，比如颜料技术的进步让古代的绘画变得兴盛，摄影摄像技术的出现也让影视艺术踏进了艺术领域的门槛。在新媒体时代，艺术需要通过多种媒介来表现，并且构建情境化的环境和体验过程，让审美主体可以在审美的过程中获得更好的审美体验。

利用现代技术还能够将一些传统的艺术作品实现数字化处理，比如《清明上河图》，这是我国非常经典的一幅绘画作品，但是通过利用新媒体技术对其进行二次创作，最终创作出了一幅超大型的新媒体动态影像作品。《清明上河图》原画长 5.287 米，高 0.248 米，是我国北宋时期的画家张择端所画，作者在创作的时候利用了古代山水画当中的透视技法，描绘了汴梁从郊外到村落，再到市集，最后到城中的场景。在作品当中有非常多的人物和建筑，人物的数量有 500 多位，这一幅作品为我们对北宋时期的市井生活进行研究提供了非常直观的记录。在 2010 年上海世博会中国馆当中展出的数字版的《清明上河图》是利用12台大型数字投影仪共同完成的，投影出来的影像全长128米，高6.5米。而且投射出来的影像还是动态化的，4分钟为一个周期，不仅将原画当中的内容呈现了出来，同时还对绘画当中的内容进行了视频化的处理，甚至将画中夜晚的场景都展现了出来。将作品当中的人物、街道和风景通过处理，最终转化为夜晚的灯光、热闹的街道和人群等。作者通过动态化的景象，可以让人有一种身临其境的感觉，实现了“具身化”的审美参与，观众能够与这一作品进行一定的互动与交流。由此可见，通过利用先进的技术，可以对传统的一些艺术作品进行数字化的处理，从而给人们带来更加震撼的感觉。

在进行艺术创作时，艺术家不仅需要对内容进行一定的思考，同时还需要充分考虑到艺术作品通过什么方式进行传播，以及怎样与受众进行互动与交流。在新媒体时代，新媒体艺术作品需要借助数字媒介传达给受众，利用数字媒介并不代表就是将艺术内容进行简单的数字化处理，而是要将艺术内容进行升华处理。通过对新媒体时代的艺术发展样态进行研究，最终实现艺术呈现方式和审美体验形式的数字化发展。新媒体艺术不仅具有传统艺术所具有的艺术表现，同时还具有自身独有的审美特征，打破了审美和创作之间的界限，艺术创作者和审美主体之间也可以实现交流与互动。审美主体感受到的世界，全部都可以转化为审美主体体验的对象。发展到今天，艺术作品甚至可以由作者和观众共同进行创作，而且对每一个审美主体来说，他们的审美体验都是不同的。

数字化媒介的出现和发展，为审美对象之间的互动提供了可能性，以往审美过程中被动的接收者也可以转变为审美创作者。因为审美主体自身感受的差异性，导致审美个体的感受也会有所不同，包括审美个体自身的认知方式和认知角度，都会影响到最终的审美结果。2017年，伦敦的巴特莱特建筑学院展览了一件名为《Inner Awareness》的互动表演作品。这一作品充分利用了沉浸式的空间装置，并且选择了《游园惊梦》的内容，利用中国古代私家园林的设计方式创造了一个虚拟的三重空间。在这一作品当中，创作者将舞台和观众所处的空间融合为一个整体，并且利用投影技术、肢体识别、计算机交互技术等为观众互动提供了可能，观众可以在观赏的过程中加入自创的舞蹈，同时还在观看实时的表演，让互动与表演融为一体，产生强烈的参与感。通过利用相关数据可以将时间、空间和观众自身的身体实现数字化，让整个表演变得更有张力。这一作品不仅将《游园惊梦》原本的服装和唱腔等基本融入，同时又对昆曲的表演内容进行了一定的创新，打破了传统戏曲表演当中观众和演员之间的界限。不同的艺术内容传达的信息并不相同，在进行艺术传播时选择哪种传播方式至关重要，而选择什么样的传播方式不仅会受到艺术形式的影响，而且会受到信息内容的影响。

新媒体艺术内容需要通过一定的数字媒介进行传播，而新媒体艺术的内容是审美主体进行审美的对象，所以艺术内容在审美过程中非常重要。在进行新媒体艺术创作时并不是对创作的内容进行简单的描摹或者描述，更重要的是要将精神融入，让观众在审美活动当中可以获得精神满足或者实现精神解脱。在新媒体时代，不仅是艺术内容，数字传播媒介甚至也可以成为审美对象，这为艺术的发展提供了更多的可能性。从这一角度来看，可以发现媒介和艺术之间的联系非常密切，而且媒介的发展也会对艺术内容的传播产生一定的影响，比如媒介形态的变化会导致艺术创作方式、创作技巧的改变，这样一来，艺术家的创作经验也会有所区别，最终必然影响艺术的发展。

二、新媒体艺术审美感知延展化的发展趋势

新媒体艺术当中的“亚审美性”特征的反映程度将会对审美主体的身体感受、情感体验、个人精力的参与程度产生一定的影响。当一种新技术刚出现的时候，技术本身的作用往往会被大家低估，但是新技术往往又可以通过具身化的审美认知方式让人们的感官能力得到一定的延伸。和视觉与听觉相比，人们通过触觉获得的审美感相对较弱，但是触觉仍然可以让人们产生非常直接的生理反应，并且会进一步促进人们视觉和听觉审美感受的增强，所以，伴随着相关技术的发展以及人们感官的延伸，新媒体艺

术对于人们生理感觉的关注度会越来越高。新媒体艺术通过传感接收器可以获取人们生理感知的相关数据，并且进一步进行记录和处理。通过这种传感器接受身体感知和反应的相关信息，可以实现生理感知信息的数字化发展，有利于进一步促进人们与新媒体艺术之间的互动。

在审美过程中，人们的身体重要性越来越显著，并且逐渐从视觉、听觉拓展到触觉等不同的身体部位当中，人们可以让身体以一个整体的形式来进行审美，而不仅仅是凭借身体某一个部位来展开审美活动，这一发展让人们的审美体验变得更加全面和立体化。审美是一种非功利化的情感体验，感知是人们生理层面的信息接收。新媒体艺术的“亚审美性”让人们在审美过程中认识到了生理因素的重要性，也让审美过程中人们的身体感知实现了一定的延伸。整个审美体验的渠道都实现了拓展，更为人们在艺术作品欣赏过程中进行感官体验提供了基础。

新媒体艺术作品的形式需要建立在数字媒介之上，数字媒介是新媒体艺术作品的载体，在这一过程中呈现出的审美关系主要体现在观众和创作者之间的互动与信息共享之上。现如今，数字技术、智能技术、虚拟现实技术等各种技术在艺术领域得到了极大的应用，也对艺术产生了非常深刻的影响。2014 年，一家名叫 KNIT 的创意公司为牛仔裤品牌 HIUT 设计了一个互动橱窗，通过利用导电漆实现了互动的目的。当人们走过这家牛仔裤品牌店的时候，会不自觉地被玻璃橱窗上的圆形按钮吸引，进而不自觉地去按下这些按钮，这些按钮又连接着电路，所以当人们按这些按钮的时候就会播放音频。每一个按钮对应的音频不相同，这些音频可以将不同牛仔裤的优点展示出来。伴随着媒介技术的不断发展，人们的生理感官得到了一定的拓展，也丰富了人们的审美方式和获得审美信息的渠道。

人们在欣赏艺术作品时，对美感获得的认知就体现了艺术作品的审美性，不同的审美认知方式以及审美主体的体验程度还会对审美性产生一定影响。在对绘画艺术作品进行审美时，首先需要画家创作出优秀的绘画作品，然后让人们欣赏，欣赏者通过审美获得审美信息，这才代表了整个审美过程的完成。在这一过程中，绘画创作者和审美主体的活动往往是发生在不同的时空的，主要通过艺术作品来进行信息传递。这种传统的艺术审美模式是单一且固定的，而且不光是在绘画艺术中，其他艺术种类也是这样。新媒体艺术的出现，打破了传统审美过程的局限性，通过利用新技术，打破了传统审美方式中固有的静态、“内省”等的局限。新媒体艺术作品的独特之处在于，它虽然也是由创作者创作出来然后让受众欣赏的，但是仍可以充分体现出个体的主体性，使其能够从个体角度出发进行艺术作品的构思与创作，并且借助数字媒体技术进行艺术传播。通过分析，可以发现和传统艺术作品的不同在于，新媒体艺术作品具有自身独特的语言表达方式，并且艺术作品具有明显的情境化特征，可以让受众在进行艺术欣赏的过程中在艺术作品和受众之间建立起联系，从而形成“具身化”的审美认知方式。

伴随着科学技术的越来越成熟，人们的生理感知甚至也可以实现数字化。我们从当前很多艺术作品当中可以发现，纳米技术和智能生物等科技已经开始出现在艺术作品当中。技术和生命体之间的关系似乎需要我们重新去认识，只有这样才能进一步明确不同生命观念之间的界限。通过对科技与生物有机体之间的关系进行研究，可以促进新媒体艺术表达的进一步发展，让新媒体艺术具有更加强大的表现力，也可以进行更加广泛的感知能力传达。生物和技术之间的关系也不再是对立的，彼此之间也不再有明确的界限。人的脑神经具有非常重要的功能，比如听觉、嗅觉、视觉功能等需要脑神经进行传递，在脑神经的控制下，人们的面部才会呈现出丰富多样的表情。在新媒体艺术当中，也因为脑部神经的控制，才能够让观众与艺术作品进行一定的互动，让观众可以充分参与到艺术互动当中。通过艺术作品和人之间的互动，可以生动地进行艺术作品信息的传达，充分吸引受众的想象力。

新媒体艺术从创作到传播的整个过程，都需要依赖数字媒介技术，也只有这样才能提升艺术作品的表现力。通过借助现代技术对作品内容进行优化，进而让审美个体的感知能力得到进一步发展，对美感信息来源有一个更加深刻的认识。审美过程并不是简单地进行审美信息的传播，也不是简单地进行审美信息接受，而是要让审美主体主动参与到审美认知当中。每一种形式的艺术在发展过程中都会被相应阶段的技术影响，并且不断推动艺术实现发展。再加上新媒体艺术和技术之间的关系尤为密切，所以在进行艺术创作与传播的时候，技术所产生的影响也更加明显，所以新媒体艺术审美研究也要与传统媒体的审美研究进行有效的区分。新媒体艺术在空间、时间等维度都可以展现出自身的特征，在审美活动的整个过程当中，审美主体的认知经验以及自身的心理识别能力等，都会对审美认知结果产生一定的影响。

新媒体艺术本身具有的“亚审美性”也表明，在对不同审美认知信息进行处理的过程中，人们会获得不同的审美体验，并且从个人喜好出发主动选择审美认知信息的获取。美感体验的获得与自身的生理有着必要的关系，所以在这一过程中也有可能会出现消极情绪。在新媒体艺术当中，审美发生的过程是一个动态化的过程，所以审美主体在这一过程中没有固定的审美体验，审美认知信息也是非机械化的、动态的，在这一过程中，审美个体的具身化参与程度将会对审美主体的审美认知程度产生直接影响。通过利用数字媒介本身的多样性特征，可以营造出一种多样化的艺术场景，再通过审美体验艺术理念进行智能化处理，可以产生更加明显的“具身化”参与效果。

三、新媒体艺术审美研究的科学化发展

在审美研究过程中需要将必要的艺术作品当作研究对象，进而对研究对象的美感生成机制进行研究与分析，从而了解该艺术作品的传播效果。对艺术作品进行的分析与总结，可以为艺术的发展提供一定的依据。在艺术发展的过程中，任何一种新的艺术形式的出现，必然有与之相对应的审美理论。比如我国的传统书画，是无法在西方艺术当中发展的。同时，任何一种形式的艺术也会在审美理论发展的过程中不断发展，进而对原有的审美理论进行一定的补充。美学理论的构建需要在不断的实践与反思过程中完善，由此可见，这是一个循序渐进的螺旋上升过程。因此，审美研究

需要不断实践，艺术只有在不断的实践过程中才能得到进一步的发展，并且完善。

很多艺术领域的学者认为新媒体艺术和其他类型的艺术在审美特征方面是非常相似的。比如新媒体艺术在作品构思过程中需要借助一定的方式方法，将意象内容外化，从这一方面来说，新媒体艺术和传统艺术并没有什么区别。主要的区别之处在艺术形式和传播媒介方面有所不同。所以，在审美活动当中，我们甚至可以按照传统的艺术研究方式对新媒体艺术审美进行研究。但从根本上来说，这样的做法是忽略新媒体艺术“亚审美性”的。虽然新媒体艺术审美体系是建立在传统艺术审美体系基础上实行的，并且在艺术信息传达和审美的过程中与传统艺术具有非常多的相似之处，而且对传统艺术的借鉴还能够对新媒体艺术的审美研究内容进行极大的丰富与补充，但是这并不意味着新媒体艺术等同于传统艺术，而且也不能将传统艺术审美方式直接套用在新媒体艺术当中。

新的审美观念和新的艺术形式都是从某种相关的旧观念和旧形式当中发展而来的。在传统的艺术研究领域当中，审美性因素和非审美性因素大多是相互对立的，当审美性因素得到发展的时候，同时也意味着非审美性因素的降低。新媒体艺术和传统艺术的不同之处在于，因为新媒体艺术的审美具有强烈的“具身化”特征，所以会包含一些非审美因素。“具身化”当中的非审美因素在审美研究领域当中体现，就出现了新媒体艺术的“亚审美性”特征。因为新媒体艺术的具身化审美参与，能够让审美主体的审美参与感变得更加强烈，进而在审美过程中进一步强化美感信息。而且亚审美性因素很多时候是需要通过数字技术来实现的，通过多感觉通道的审美细腻，让审美主体获得更加强烈的“具身化”参与感，并且在这一过程中产生交互性的认知体验。从狭义的角度来看待美学，我们可以将其归于人文学科的范畴，通过对美学以及相关的艺术作品分析，我们发现这些内容都是以自然现象为基础创作和传播的，所以美学也可以算是一门自然学科。进入 21 世纪之后，对于新媒体艺术审美理论的研究越来越深入，取得的实际成效也越来越明显，但是我们仍然要保证这些内容符合当今时代的要求。所以，在进行审美研究的过程中，不仅需要树立科学化的审美研究理念，同时还需要多学科、多角度地进行研究，只有这样才能实现审美研究内容、研究方法以及相关理论和观点的转变。

美国著名的科学哲学家托马斯·库恩曾经提出了建立结构化的模式研究方法这一主张，并且在他的著作《科学革命的结构》一书当中进行了全面的分析。范式理论其实代表理论研究体系的建立，而不是单纯指代某一方面的标准，而是指代整体数据。通过构建范式体系，能够为研究人员在研究过程中提供一定的标准和价值依据。因为范式理论设计的内容非常广泛，包含的专业数据也非常多，所以，要求相关的工作人员及时对这些复杂的数据内容进行分析和选择，只有这样才能明确进一步的发展方向。如何在复杂的数据信息当中对研究内容进行确定，这也是相关工作人员面临的重要问题。在进行新媒体艺术审美研究过程中进行范式研究，要与以往的理论研究形成区别。在审美活动当中要确定审美性质，并且从人的角度出发，使用科学的方法才能完成审美研究。单纯对审美现象进行分析，固然可以获得一定的信息，但是这样的方法无法从内在对审美过程进行揭示。因为审美理论的构建需要实证的支持，所以要从实际的艺术作品和艺术审美当中进行研究。在研究过程中，需要保证审美研究逻辑合理，可以从现实情况出发对相关内容进行科学的解答。在对新媒体艺术进行审美时，要认识到新媒体艺术的“具身化”特征，同时还要解决审美个体如何对审美信息进行认识和处理、如何获得美感体验等问题，而解决这些问题都需要真实的案例作为证明，只有这样才能保证审美研究的科学性和有效性。

不得不承认，伴随着科学技术的不断发展，会有越来越多的新事物出现，但是原来的理论并不一定能对这些内容进行解释，因为传统理论和当前事物之间的差异，使相关学者不得不进行更加深刻的研究，对当前这些新的内容进行解释，而这一过程必然会导致范式研究发生转变。在实验美学当中，主要是通过各种不同的实验方法对审美活动进行一定的研究，而且在研究的过程中还要将经验与实验进行一定的结合。在新媒体语境的艺术语言当中，对传统艺术进行了合理的借鉴，最终形成了一种新型的艺术表现形态，新媒体艺术的发展离不开数字技术这一基础，通过利用各种数字技术为艺术作品构建全方位的情景，对艺术作品的美感信息进行丰富，可以让人们通过触觉、听觉等多种生理感官来对信息内容进行感知，从而获得更加深刻的美感体验。如果从生理和心理两个角度的实验数据来对审美过程进行研究分析，就可以对人们的审美过程进行更加科学的解释，也能够更加科学地对审美的成因进行解释。总之，在审美研究过程中，相关学者需要从实际的案例出发，进而建立完整的、科学的研究范式。

在新媒体艺术领域当中，只有通过实例对审美进行研究，才能在新媒体艺术审美研究过程中对审美主体如何进行审美进行科学的研究，在这一过程中，审美主体如何借助自身的感官来对审美信息进行感知与内化，也是在此需要解决的问题。一般来说，审美主体在对艺术作品有一定的认识之后，会结合自身的生理反应产生美感，最终完成整个审美过程。但是在新媒体艺术审美研究过程中，只注重从逻辑的角度进行推理，而不进行实证研究，很有可能会在这一过程中削减审美研究的说服力。总之，新媒体艺术审美研究模式的建立，要符合历史唯物主义，保证理论研究和思维逻辑的科学化。利用大脑科学和神经科学的研究方法对审美理论进行实证化研究，进而树立科学的审美思维，从而可以对新媒体艺术美学进行更好的研究。从科学的角度对审美进行研究，做到实践与理论的融合，最终建立起完整且符合逻辑的研究范式。

第七章　新媒体艺术的审美流变
——以动画艺术为例

第一节　传统动画艺术的审美特性

传统动画进行传播主要是依靠电视和电影等媒介，但是传统的电视电影和互联网时代的电视媒体相比较而言，在自由度方面有所欠缺。因为在传统动画传播的电视电影媒介当中，人们只能在固定的时间到固定的场所观看固定的影视节目，而且也没有选择看什么的权利。虽然长期处于被动的传播环境下，但是动画艺术仍然在传统的电视电影传播环境当中取得了极大的发展。不仅是某一个国家，在世界范围内的很多国家创作出了比较优秀的、具有极高审美价值和艺术价值的动画作品。

在 19 世纪的法国，有一位著名的史学家、哲学家丹纳，他在自己的著作《艺术哲学》当中写道，物质文明和精神文明的性质以及面貌，在发展的过程中会受到民族、环境、时代三个主要因素的影响。所以，他也从这三个角度出发，对不同国家的艺术进行了特征分析，盘点了不同国家的艺术所具有的审美形态。对于任何一个国家的艺术家来说，他们在进行艺术创作时会不自觉地将自己以及本民族的思维意识融入作品，只有对这些思维意识有所了解的人，才会在欣赏的过程中感受到这些，所以艺术作品总是无法脱离一定的民族文化。动画艺术也属于艺术的范畴，所以，各个国家在进行动画创作的时候，也会具有很深的民族文化特征。美就是动画艺术最为明显的特征，而美的另一种表现方式就是真理，因为当一部作品具有“真”的特质的时候，就会自然而然地体现出美，所以，在艺术作品中，当真理自行体现的时候，美也就出现了。在艺术作品当中美会由不同的形式体现，也会因为不同的形式而体现出不同的效果，归根结底就是形式作为美存在的状态，能够充分体现出美，也能够让我们在欣赏艺术的时候获得审美感受。

一、中国动画艺术当中蕴含的民族审美风格

中国的动画艺术具有相对完整的风格，被称为中国学派，通过分析研究可以发现，中国动画艺术的风格主要通过中国动画的多变以及丰富的文化内涵来体现。在中国动画风格的形成过程中，会不断借鉴其他的文化，所以中国动画当中的人物造型、场景构图、音乐画面等在不断发展，给人们带来了充足的美感享受。在动画艺术当中，可以体现出民族风格的主要包括动画题材的民族化、背景音乐的民族化、人物造型的民族化以及文化内涵的民族化等。具体来说，在动画艺术题材当中，包括民间故事、神话传说、戏剧小说等多种民族性题材；而在造型当中则包括水墨画、剪纸、木偶、皮影戏等；背景音乐包括民间音乐、民族音乐、传统戏曲等，这些不同的因素共同体现了中国动画艺术当中的民族风格特征。

但是不得不承认，我国的动画艺术在发展的过程中，民族风格的形成并不是一帆风顺的。1955 年，上海美术电影制片厂制作了我国第一部彩色动画片《乌鸦为什么是黑的》，这一部作品还在第七届威尼斯国际儿童电影节获了奖。这一部片子的民族性特征是通过其内涵得以展现的，这部动画片对好逸恶劳、高傲自大等不良习气进行了一定的批判，具有非常明显的教育意义。这一作品的创作背景正是中华人民共和国成立初期，当时

西方资本主义对我国进行了一定的封锁，所以我们不得不学习和模仿苏联。而这一趋势也对我国的电影产生了影响，所以，当时在进行电影创作的时候，大多是学习和参考苏联的电影资料。当时我国电影界通过学习苏联，创作了《乌鸦为什么是黑的》这一动画片，这一动画片在第七届威尼斯国际儿童电影节获奖时，很多人认为这部动画片来源于苏联。虽然对苏联的模仿与学习可以在一定程度上促进我国动画事业的发展，但是如何摆脱苏联模式也成了当时中国动画行业需要解决的重要问题。针对这一困境，上海美术电影制片厂的工作人员进行了深入的思考。在之后的创作过程中，为了能够突出中国独有的民族特征，动画专家还提出了“走民族风格之路”的口号，最终在这一口号的引导下创作了《骄傲的将军》这一作品。在创作这部动画的时候，创作团队在北京、河北、山东等地进行古代建筑、雕塑壁画的搜集与研究，并且将中国京剧元素融入，让整个动画的空间感变得更加强烈，这一作品也明确了中国学派的概念，逐渐开始了我国动画事业的发展。《骄傲的将军》这一动画作品从题材、人物造型、配乐多方面都体现了中国的民族特色。具体来说，这一动画改编自我国的一个成语故事《临阵磨枪》，而在进行动画人物设计的时候，人物服装以及人物脸谱都是来源于我国的传统京剧，背景音乐则参考了中国京剧当中的锣鼓点子和打击乐。这一动画片的出现为中国学派动画电影的发展奠定了基础，也推动了我国动画艺术的进一步发展。

不得不承认，中国动画艺术的发展极大地受到了我国传统文化的影响，传统美学思想也在动画艺术当中得到了极为深刻的体现，从很多动画作品当中，我们可以发现传统美学的身影。但是从动画艺术的角度来说，传统民族文化的融入并不是为了从外在进行体现，而是要将民族精神融入，这便是民族性。民族性是指一个民族在长期发展过程中逐渐形成的民族性格，民族性格的形成会受到地理环境、宗教信仰、风俗习惯、道德伦理、开放程度等多种因素的影响，所以，在动画艺术作品当中，民族性其实就是指动画作品的民族风格，这也是动画作品呈现的一种载体。有一些动画作品之所以能够将民族性充分展现出来，就是因为在创作这一动画作品的时候，创作者能够将其深深植根于我国的民族文化当中，始终利用民族审美意识引领动画创作，借助动画将本民族的文化、生活、思想充分展现出来。

同样的道理，美术片当中的民族风格也会受到民族特定的地理环境、社会因素、文化伦理、生活习惯等多种因素的影响，并且在作品内容、作品形式和表现手法等方面进行体现，充分展现出本民族的审美特征，也只有这样才能体现出与其他民族之间的差异，而这些都来源于各个民族的社会经济和生活。在全世界范围内的优秀作品，它们都可以从不同的角度对本民族的精神进行体现，作品本身也具有非常鲜明的民族特色。在实践过程中，那些动画艺术家往往能够从他们所在民族的文化和思想出发进行题材选择，进而将本民族的特色融入整个动画作品，包括动画作品当中的每一个细节，都要体现出民族独有的气质和精神。

（一）中国美术片当中的传统文化

我国的美术动画片被大家称为中国学派，其从诞生开始就离不开我国传统文化的影响，包括我国的儒家文化、佛教文化、道家文化等，都可以在动画片当中得到一定的体现。儒家文化不仅对艺术领域影响较深，在几千年的发展过程中，对社会、政治等各方面都有着非常深刻的影响，尤其是儒家文化当中的伦理、道德等内容，对后世起到了重要的规范作用，也成为对社会大众进行规范的重要标准。且儒家文化还积极宣扬仁爱，对于教育也比较重视，这些思想在当今时代仍然有用，总之，儒家文化对我国的动画艺术具有重要的影响。我国很多动画片都具有一定的教育意义，这本身就是中国动画的一个特征。在我国动画领域当中，比如《大闹天宫》《天书奇谭》等优秀的动画片，都是将艺术性、趣味性、教育性等特征融为一体的，这些动画片不但具有鲜明的艺术特性和趣味性，同时还具有明显的教育功能，能够让人们在看完之后明白一定的道理。

道家文化也是我国传统文化的重要组成部分，在几千年的发展历史当中，凝聚了很多优秀哲学家的智慧，道家文化还主张崇尚自然，讲究天人合一，道家这种超然物外的精神追求是后来很多人不断追求的境界。其中的崇尚自然，是当今社会我们所倡导的重要理念。中国的水墨动画就能够充分体现出道家的思想和文化，比如在《牧笛》当中有一段是这样的：在一片竹林当中，有一根竹子可以自己发出声音，这就体现了道家思想当中万物有灵的思想；并且还写到牧童用笛子和黄莺进行交流，以及牧童对老牛的情感，都可以展现出人与自然之间的情感，这些内容都可以从道家文化当中找到。

佛教文化其实并不是我国的本土文化，而是一种外来文化，在传入中国之后，逐渐与中国文化进行融合，最终在我国形成了具有中国特色的一种文化。佛教文化是一种主观唯心主义文化，一直认为"心"是世界的本源，所以，主张人们要从内心做到去除杂念，只有这样才能实现心灵净化。佛教文化当中的因果报应对我国的艺术和文学领域有着非常深刻的影响，比如我国的《窦娥冤》，就是一个典型的体现佛教思想的悲剧。在《窦娥冤》中，窦娥被冤枉而死，所以出现了六月大雪以及多年大旱的天象，后来窦娥的父亲做了官，才帮助窦娥洗刷了冤屈。从整个故事来看，可以发现其体现了佛教当中的因果循环的思想。体现佛教这一思想的动画很多，《九色鹿》就是一个典型的例子。作者在创作这一动画的时候对敦煌壁画当中的鹿王本身的故事进行了一定的借鉴，在《九色鹿》的动画当中讲道，一个忘恩负义的捕蛇人在利益驱使下出卖了救过自己的九色鹿，不仅被人们唾弃，最终还溺死了，贪婪的王后也因此去世。总之，我们可以在我国的很多动画当中看到"善有善报，恶有恶报"的思想。

除了以上不同派别的思想之外，我国民间的民俗文化也具有非常明显的民族特色，而且因为我国幅员辽阔，在发展过程中各民族交融汇聚，形成了一个多元一体的中华民族，因此我国具有丰富多彩的民俗文化。不论是在古代社会还是在现代社会，民俗文化都深深地影响着人们的生活，从人们的衣食住行到各种节假日，都可以看到民俗文化的元素。在很多动画艺术作品中，都可以看到民俗文化的影响，所以，我们可以通过这些动画作品感受到非常明显的民俗气息，这些动画都可以展现出我国的民族性特征。在民俗文化当中的十二生肖、二十四节气等内容，在我国的动画中都有体现，比如《除夕的故事》就利用了民俗文化当中的节日习俗，并且借助民间年画当中的造型和色彩，体现出浓厚的生活气息。

（二）中国美术片当中的民族精神

民族精神是一个民族生存和发展的内在精神动力，这种精神是整个民族在发展过程中逐渐形成的价值观。对于任何一个民族来说，他们的凝聚力和表现力都可以通过民族精神得到体现，民族精神是支撑民族不断进步的重要动力，可以促进整个民族的不断发展。在历史发展的进程中，民族精神既具有历史性特征，也具有现代性的特征，而且在一个民族不断发展的过程中逐渐得到完善。

我们中华民族具有非常优秀的民族精神。中华民族历经数千年的发展历史，在这一过程中形成了自身独特的民族精神，而且不断完善，所以不论是创作艺术作品的时候，还是在关系到民族存亡的时候，民族精神会在各个方面体现出来。一个国家的动画片也可以体现出相应民族的民族精神，比如美国的动画片注重进行自由精神的宣扬，德国的动画片则在于追求完美，法国的动画片以浪漫著称……总之，通过观看不同国家的动画片，我们可以从这些动画片当中感受到不同国家所特有的民族精神。从当前来说，动画艺术在世界范围内影响比较大的是美国、日本以及欧洲的一些国家。美国的动画片作品“脑洞”比较大，想象力丰富；日本的动画内容层次比较丰富，很多具有励志性的意义。由此可见，动画作品会被民族文化深深影响，民族精神也可以在这些作品当中得到充分体现。

在我国的动画行业当中，民族精神主要通过动画艺术的主题和外在形式两个方面来体现，在中华民族的精神当中，真、善、美就是最直观的精神，而且中国人大多喜欢追求天人合一、自然和谐，所以在我国大多数动画当中自然不像美国动画一样过于夸张和激烈。且我国民族精神的这些特征还可以通过动画当中的一些线条、造型等进一步体现。比如我国的水墨动画《牧笛》，就通过中国山水画的形式创造了一幅幅优美的画面，展现出天、地、人之间的关系，可以让人们在观看动画的时候感受到人与自然之间的和谐发展。与此同时，伴随着时代的发展，民族精神的内涵还会发生相应的变化。比如“三个和尚没水吃”这一故事最早是指人与人之间相互依赖、相互推诿，最终造成了不好的结果。但是在动画片《三个和尚》当中，却在故事的结尾进行了一定的改编，让三个和尚认识到了上下一心、共同合作的重要性，这一价值观的体现在现今仍然具有非常积极的教育意义。

二、日本动画当中体现出的美学特点

日本的动画艺术在发展的过程中，主要受到日本传统文化和日本人文环境的影响，这才形成了现今日本动画艺术独有的审美风格。首先从日本的地理环境来看，日本是一个岛国，四周全部被海洋环绕，由于位于亚欧板块和太平洋板块的交界处，所以一直以来就经常发生一些自然灾害，再加上战争的影响，所以日本逐渐形成了“物哀”和“幽玄”的审美心理特征，这类审美心理特征从日本的武士道精神、茶道精神、樱花情结当中都可以感受到，这些内容就是日本民族审美精神的主题。“物哀”和“幽玄”这两种审美心理还在日本的动画艺术当中起到了基础性的作用，在日本的传统文化当中还有鬼怪文化等，这些都为日本的动画艺术提供了丰富的创作素材，所以从日本的动画当中体现出来的美感还具有一定的“魅”。其中还包含人与自然争斗的内容，包括大自然的破坏以及人类对大自然的索求等，这些内容都是日本动画中常见的内容。

（一）日本动画艺术当中的美

和中国动画艺术不同，在日本的动画艺术当中，主要是通过“物哀”和“幽玄”两种审美基调来体现美学的。在日本人的思想当中，美都是稍纵即逝的，这与“物哀”的审美理念所呈现出的美感特征是相似的，就比如樱花会在一夜之间开放，也会在一夜之间凋零，这种凄凉的感觉就是美的一种特殊形式，因为死亡本身就是一种艺术，也是一种最高层次的美。在日本的文学作品和戏剧当中，我们发现创作者并不会使用夸张的语言表情、剧烈的动作技巧来展现悲哀，甚至大多数时候是用寂静来表现悲伤的。

研究人员还对“物哀”进行了专门的研究，发现“物哀”具有以下几方面的特征：

①“物哀”所体现的是审美主体对客观事物所产生的一种哀伤的情感，在这种情感基础上所表现出的态度，就是“物哀”。

②在审美主体出现这种情感的时候，审美主体往往会表现得非常平静，因为越平静，就越能够体现出哀伤、同情和共鸣，而这些都是“物哀”当中的重要成分。

③“物哀”是审美主体对客观事物所产生的一种哀伤的情感，但是，客观事物并不是单纯指代自然物，甚至还包括人以及其他具有生命意义的自然事物。

④从对普通事物的感受，到对人之间的情感，再到对人生的感悟，通过情感来认识现实的本质，从而产生的悲伤情绪，会随着事物的变化而产生相应的变化，总之，当人们面对不同事物的时候，人们所获得的感受和感动都是不同的。

⑤人们基于“物哀”所产生的这种感动和反应都是通过咏叹的形式出现的。

“幽玄”也是日本审美文化当中的重要组成部分，“幽玄”和“物哀”则有所不同，“幽玄”这一审美理念大概出现在日本中世，在日本的镰仓时代有一位歌人叫藤原俊成，他在当时的歌坛最先开始提倡“幽玄”之风，并且对“幽玄”之风的内容进行了一定的规范。值得注意的是，“幽玄”之风的出现和当时日本的宗教思想有着莫大的关系，在当时，日本出现了佛教和禅宗，这些宗教思想对“幽玄”的产生起到了极大的促进作用，加上日本人对于唯美、空灵比较向往，所以再受宗教思想的影响后，最终呈现出精神层面对空寂的一种特殊追求。在日本著名学者大西克礼的《日本幽玄》一书当中就对幽玄进行了详细的分析，幽玄的内涵包括七个不同的方面：

①隐藏不露，笼之于内。

②优美、柔和的美感，与直接的、露骨的情感相反。

③有阴翳相伴的寂静。

④深远、深奥，主要指精神层面难以理解的思想。

⑤内心的充实。

⑥超越自然的存在，与宗教相关的一种特殊的美的意识。

⑦一种不合理的、无法言语的、微妙的意味。

因为“物哀”和“幽玄”两种特殊的审美基调，决定了日本动画艺术的主要发展方向，我们可以从日本很多的动画当中发现，这些审美意识在故事情节、背景画面当中都得到了一定的体现。在日本的动画当中经常会有这样一些场景：樱花飘落，寂静的人影；微风过后花瓣飘落，在水中泛起了涟漪，这些都是非常典型的例子。在日本的知名漫画《圣斗士星矢》当中，黄金圣斗士有一段台词是这样的：“花开了，然后会凋零，星星是璀璨的，可那光芒也会消失。”这一句台词就充分展现出日本动画审美当中独有的唯美与浪漫的基调。另外在古桥一浩导演的《浪客剑心——追忆篇》（根据和月伸宏《浪客剑心》改编）当中还描绘了剑心和雪代巴之间的情感纠葛。剑心因为身处幕府派和倒幕派之间的斗争，所以在一些因素的影响下杀了雪代巴的未婚夫，雪代巴为了报仇接近剑心，但是没想到却在相处的过程中对剑心产生了感情，最终雪代巴只能用自己的死亡来化解对剑心的仇怨，这种爱情与生命之间的纠结充分体现了日本民族特殊的审美情感。

（二）日本动画当中的特殊美

日本人对于神有着特殊的信仰，在他们看来，日月星辰、山川河流、花鸟鱼虫等都可能是存在的神，所以日本人对它们都有一种特殊的崇拜之情。世间万物都具有一定的灵性，可以与它们进行一定的交流，甚至包括祖先的亡魂都是崇拜对象，因为这些，导致日本的审美文化当中呈现出一种特殊的魅美气息。在日本人的价值观念当中，语言虽然没有生命，但可以具有特殊的灵性，甚至能够对人们的命运产生一定的影响。语言是人与人之间进行交流的主要媒介，古代的巫师通过特殊的咒语完成仪式就是典型的例子。一个人的名字也是具有灵性的，如果一个人的名字受到了诅咒，那么这个人就会受到伤害。在《千与千寻》当中，汤婆婆就是通过魔法让千寻忘掉了自己的名字，只有当她想起自己的名字之后才能够获得自由，这一个例子就充分说明在日本的文化当中，这种特殊的审美理念是普遍存在的。

日本的动画艺术作品凭借本民族独有的审美风格和审美特征获得了广大受众的喜爱，不论动画作品风格如何，都可以体现出日本传统审美文化特征。尤其是在日本极为著名的动画专家的带领下，日本的动画艺术得到了前所未有的发展，比如宫崎骏的动画作品不仅可以体现出日本特殊的审美文化，还能够体现出人文关怀，将日本传统文化和现代理念进行充分的整合，所以在现如今仍然能够得到大家的关注和喜爱。

三、美国动画当中体现出的审美特点

美国是一个超级大国，但是美国的发展历史却并不是很久。在近现代历史上，美国的政治、文化、经济等一直处于世界的顶尖水平。从美国的发展历史来看，英国的 102 名清教徒穿越大海来到北美大陆，签订了一份《五月花号公约》，这一公约订立的目的其实是希望能够在北美大陆上建立一个自治团体，虽然当时这一份公约的内容非常简单，但具备了比较完善的要素，这一份公约也是北美大陆历史上第一份政治文献，从这一公约到后来的《独立宣言》和美国宪法，美国的政治思想体系越来越成熟。政治思想的成熟不仅让美国变得越来越强大，自身的文化也得到了极大的发展，甚至对全球范围内的国家和地区都形成了一定的影响。美国虽然没有悠久的传统艺术文化发展历史，但是凭借本国的通俗文化在全球得到了极大的发展，尤其是美国的电影行业，这些年在全球都处于领先地位。

（一）美国精神的内涵

美国精神的形成与美利坚民族的发展过程是同步的，美国精神包括领导意识、民主意识、宗教精神、开拓精神等内容，甚至还包括对外来文化的极大的包容性。正是因此，所以美国文化才变得越来越强，越来越完善，最终成为一个超级大国。当然，美国也凭借自己的文化影响力和国力对其他一些国家进行强制干预，违背了国家之间的独立性与不可侵犯性。

（二）美国动画当中的美国精神与美国梦

美国精神是一个非常抽象的概念，仅从含义来看是无法对其进行全面理解的。但是我们从美国的动画艺术来看，却可以发现其中蕴含着非常明显的美国精神。伴随着美国综合国力的不断提升，美国逐渐形成了一种超人文化，比如超人、钢铁侠、蝙蝠侠等，这些超人的特点便是具有超能力，可以与一切邪恶势力进行斗争，后来这种超人文化得到不断的完善，甚至被改编成动画和电影，这些超人其实就来源于我们的生活，也是普通人发展而来的。在超人文化相关的动画和电影当中，一般会有一个完美的结局，具有超能力的人会在一个一个挑战当中得到成长，这些动画和电影传达了爱、责任、信念等观念，正是美国精神当中的重要内容。

通过总结分析，可以发现美国的动画作品当中主要会传达以下几方面的内容：一种是个人英雄主义，另一种是冒险精神和乐观精神，还有一种是自我价值的实现，最后一种是社会责任感。在美国动画中，英雄的成长一般会经历几个不同的阶段，分别是普通人寻找自身价值阶段、遇到失败阶段、成长阶段、英雄阶段。这一成长过程就是美国精神当中非常普遍的英雄成长与发展之路。在美国的动画当中，除了美国精神之外还表现出一定的美国梦，这一梦想的传达让美国人开始相信，只要经历过坚持不懈的努力就可以得到回报，并且过上幸福美好的生活。美国梦告诉人们：只要个人足够勤奋，并且具有天赋和决心，不需要依赖社会的帮助也可以实现个人的梦想。这一梦想的宣传让越来越多的人开始前往美国，即使在现今，美国仍然是世界上最受欢迎的移民国家。

在美国的很多动画当中有美国梦的宣传。动画当中的主人公所具有的重要特点就是独立自主，不满足于现状，通过自身的理想和精神来改变当前的环境，虽然会在这一过程中不被他人理解，但仍然会克服各种困难，最终获得成功。比如《虫虫特工队》当中的蚂蚁们每天使用传统的方式来搬运谷粒，后来主人公发明了更高效率的收割机却没有得到大家的认可，但在遇到虫灾的时候主人公凭借个人的智慧和勇气击退了强敌，最终才得到了大家的信任。

（三）美国动画艺术当中的包容性

在文化和艺术发展的过程中，每一个国家都需要解决本土化和全球化之间的问题，而美国在这一过程中做到了兼顾全球化和本土化，让美国的艺术文化得到了极大的发展。我们从美国的动画行业来看，可以发现很多动画作品取材于其他国家的文化，然后对其进行一定的创新和修改，产出了自己的动画作品，而且其内核当中还是以宣传冒险精神和自由主义为核心的。在对各国的文化进行一定的吸收之后，再与美国本土的文化进行一定的融合，最终让创作出来的动画作品可以展现出美国的文化精神，这便是美国进行动画创作的主要思路。在这样的思路下进行动画创作，能够让创作者的思路极为发散。比如《阿拉丁神灯》这一动画就是对阿拉伯民间传说《一千零一夜》当中的故事进行了学习和借鉴，《花木兰》就是对我国的文学作品进行了学习创作而来的。总之，美国的动画当中有很多作品是在学习其他国家文化后创作出来的，而且这些作品也在进行美国精神和美国梦的传递。

在美国的动画产业当中，因为创作思路的开放性，所以创作者们认为任何国家的传统文化都可以进行一定的借鉴，最终将其进行一定的转化，将本民族的精神文化融入，这些借鉴的艺术内容本身就是进行价值理念传达的重要载体。我国花木兰的形象早在 1998 年就已经在迪士尼的动画荧幕上出现了，这也掀起了美国对中国传统文化借鉴的潮流。在我国的传统文化当中，花木兰不仅是一个巾帼英雄，同时还是孝道、爱国、责任感等精神的象征，在进入美国之后，美国的动画创作者通过一定的改进，更加突出花木兰的形象，并赋予其一个美国女孩的思想与独立，使其在追求自我价值的过程中对自我有了一个更加清楚的认知，这一故事依然遵循了美国英雄成长的模式。从美国动画的特征来看，可以发现美国的动画具有画面优美、内容节奏轻松的特点，所以人们在观看的时候会获得非常好的体验感，而这一体验感的创造也与美国文化当中的自由精神、对幸福生活的向往有着极大的关系。

当然，除了中国、日本和美国的动画之外，欧洲国家的动画也有非常独特的审美风格，而且其发展模式也与众不同。近现代欧洲的艺术思想发展迅猛，所以，在动画艺术发展的过程中会自然而然地受到艺术的影响，甚至有很多的艺术家开始投身于动画的创作当中。具体来说，虽然大多欧洲国家的动画篇幅比较短小，但是电影风格和类型却非常多样化，这与当时欧洲艺术思潮盛行的环境有着极大的相似性，即使是动画产业，也是在发展的过程中不断寻找更加合适的发展方式。比如东欧地区的动画艺术感特别强烈，俄罗斯的动画相对比较含蓄，等等。除了欧洲地区之外，还有韩国的动画制作值得一提，因为韩国的动画发展史比较短，所以20世纪以前韩国的动画产业发展比较落后。20世纪末期，美国动画和日本动画的引进，推动了韩国动画的发展，经过二十多年的发展，现如今韩国也成了世界上实力较强的动画片加工厂。

第二节　新媒体时代动画艺术审美范式的转变

范式是指在特定阶段普遍使用的模式或者范例，所以在不同时期，人们的行为都会被该时期的范式进行一定的规范。随着时代的进步与发展，不同阶段的范式也会随之发生相应的改变，新的范式出现，旧的范式被取代。在美学范畴当中，也存在着审美范式更新换代、循环发展的过程。在不同的历史时期，艺术创作会遵循不同的审美范式，只有这样才能被大众接受。在审美范式确立和发展的过程中，会受到各种不同因素的影响，因为受到了社会因素的影响，所以导致该阶段的审美范式自然会适应这一特殊阶段。从古到今，全球范围内的每一个国家都在经历审美范式的变化，比如俄国的理论家尤里·鲍列夫就认为历史上有古希腊罗马时代的范式、中世纪文化的范式、文艺复兴时期的范式、伤感主义范式、浪漫主义范式、现实主义范式和现代主义范式等多种不同的范式。这些范式出现在不同的历史时期和不同的地区，在发展的过程中都起到了一定的规范性作用，比如中国动画强调教育意义，美国动画注重英雄主义传扬，日本动画以人性思考为主等。

进入新媒体时代之后，因为媒介的变化，我们的工作和生活都受到了极大的影响，艺术创作也因此发生了极大的改变，因为技术手段的加持，所以导致在创作动画的时候更加注重艺术与技术之间的相互融合，只有这样才能保证动画作品符合时代特征，从而受到大家的欢迎。这种新的动画艺术创作方式也在一定程度上体现了当前人们审美需求的变化。新的审美需求的出现让动画艺术得到进一步发展，动画艺术的审美范式也发生了改变，比如娱乐化、大众化等都是新时代进行动画艺术创作所需要遵循的原则。从动画呈现形式来看，可以发现当今时代不仅有二维动画，还有三维动画、网络动画、手机动画等不同形式的动画艺术，因为动画大环境的变化，所以动画艺术的审美范式发生变化也就合情合理。通过研究发现，现如今的动画艺术具有非线性化、交互性、虚拟性、大众化与娱乐化多种审美特征。

一、新媒体时代动画的非线性化审美特征

（一）叙事方面的非线性化

从字面意思来看，叙事其实就是指对整个事件的发展过程进行一定的描述，在文学作品当中，事件的发展都是具有一定次序的，这一次序可能是线性的也可能是非线性的。同样的道理，在进行动画创作的时候也存在线性发展和非线性发展的区别。从以前的文学作品叙事结构来看，可以发现大多是围绕“开始—发展—高潮—结束”的顺序进行的。伴随着时代的

进步和发展，这种单一的叙事结构已经无法适应当今时代的发展，而且无法满足受众的审美需求，所以开始出现了非线性叙事结构。非线性叙事结构最早是在 19 世纪出现于西方的诗歌当中，运用这种叙事结构来进行创作，作品的重点就会发生一定的改变，重点会从事件本身转移到事件背后的内容。通过运用非线性结构可以营造出一个虚拟的空间，进而让整个作品变得更加复杂，时间轴也会出现割裂的情况。有一个典型的例子就是日本动画《千年女优》，这一动画将主人公自己的人生遭遇和她演的电影场景相互转换，通过虚实结合的方式展现出女主人公丰富的内心情感和坎坷的现实遭遇。

但通常情况下，非线性叙事结构并不会单独使用，而是与线性结构融合使用的，通过对比可以发现，现代动画具有以下几方面的特征。首先缺乏一个核心事件，因为这样就不能进行主体事件架构。其次是因果关系比较复杂，所以不会体现出不同事件之间的必然因果关系。再次，在非线性结构的叙事方法当中，戏剧性特征越来越不明显。最后，非线性结构当中的人物形象非常丰富。总体来说，非线性叙事结构可以充分满足人们的审美需求，也是当今时代进行动画艺术创作的主要方向，而且在一部动画当中，叙事结构非常重要，甚至会直接决定动画作品是否成功。

动画设计本身也是一种创作活动，所以会充分体现出人们的想象力与创造力，伴随着时代的进步，人们的思维观念发生了极大的变化，但仍然无法满足人们的心理需求。因为早期的动画主要是使用简单的叙事结构来进行叙事的，故事发展过程非常简单，比如迪士尼动画电影《白雪公主和七个小矮人》以及中国的动画片《铁扇公主》等，使用的都是线性的叙事方式。但是随着时代的进步，人们对于虚拟形象的向往越来越深，加之结构主义和一些其他思想的影响，越来越多的叙事方式开始被应用到电影和动画当中。其实我们并不能对线性叙事结构和非线性叙事结构的好坏进行直接评价，因为对于不同的受众群体，不同叙事结构的受欢迎程度和取得的效果是不同的。比如对于少年和儿童群体来说，可能线性的叙事结构更加适合他们，因为他们理解能力相对较差，而线性叙事结构比较清晰，能够帮助受众更好地理解动画的内容。但是对于成年人来说，因为好奇心比较重，理解能力也相对较强，所以非线性的叙事结构更能够满足他们的需求，从而让他们获得满足感。线性叙事结构和非线性叙事结构之间也存在一定的联系，即非线性结构就是将线性结构当中的因果关系进行复杂化的处理，所以这就要求受众在观看的时候主动对故事当中的线索和脉络进行分析，从而了解故事的主要思想内容，获得相应的情感体验。日本的动画导演今敏就非常擅长在进行动画创作的过程中使用非线性的叙事方式，通过复杂的叙事方式让人们在现实和虚幻之间进行切换，从现实到回忆，再到虚幻和梦境的转换就是今敏创作动画的一个最大的特征。

（二）编辑方面的非线性化

在进入数字时代之后，人们也开始使用非线性的编辑方式对文本、图片、视频等内容进行编辑，进行这些内容的编辑往往借助计算机就可以进行，而不需要像以往一样对磁带和胶带进行反复寻找，打破了传统时代的单一性编辑方式的限制。伴随着相关技术的不断发展，进行非线性编辑的软件也越来越成熟。在现如今的电影当中，对镜头的剪辑成为影响影片成功与否的关键，所以在进行剪辑的时候，需要根据剧本和导演的要求对不同的镜头进行一定的链接，并且进行精心处理，最终呈现在观众的面前。

相比较而言，传统的线性编辑系统是一个比较专业的系统，所以在编辑过程中，必然需要专业设备的辅助。通过编辑系统的剪辑，观影大众可以更加真切地感受到电影当中的这种神秘感，但是在进行电影制作的过程中，观众始终处于被动地位。因为数字技术的出现，线性编辑的垄断性逐渐被非线性编辑所打破。因为相关技术的快速发展，出现了很多简单易学的非线性编辑软件，大众的地位也因此得到一定的提升，动画艺术的创作也开始从精英群体转移到普通大众群体当中，而在对素材进行编辑时，既需要对素材库当中的素材进行一定的剪辑和处理，也可以通过非线性的编辑系统随时进行复制。

非线性编辑系统的出现也在一定程度上改变了动画艺术的审美特征，

为大众带来了更加丰富的视觉感受，也促进了动画艺术语言的丰富，让电影的节奏变得更快，有效拓展了电影视听语言。通过进行非线性编辑，可以给人们创造一个奇幻的视觉空间，进而给观众带来更加强烈的感官刺激，这也让动画的娱乐功能得到进一步的发展，让动画电影和真人电影之间的界限越来越模糊。现如今，甚至有一些真人与卡通同时存在的电影，比如《谁陷害了兔子罗杰》《大侦探皮卡丘》等，这一发展方向也体现了动画艺术的想象力和创造力，这种新型的发展方式给观众带来了更加强烈的视觉感受。因为先进的电脑特效技术，可以将真人和卡通技术进行一定的融合，进而取得更好的效果。

相比较而言，叙事方面的非线性结构和编辑方面的非线性结构对于当代的动画艺术来说具有非常明显的效果，而且具有较强的技术性。在进入新媒体时代之后，动画已经完全可以发展成为利用非线性编辑技术创作的动画作品，当然，这一发展趋势并不代表线性叙事模式和非线性叙事模式哪一种更好，只是应当在进行动画创作的时候要进行合理利用，只有这样才能取得更好的传达效果。

二、新媒体时代审美的动态化和交互性

伴随着现代化信息技术的不断发展，交互性动画已经开始出现在人们面前，尤其是数字处理技术、计算机技术和多媒体技术的相互融合，交互式动画出现并且得到了广泛的运用。和传统的动画形式不同，交互式的动画在播放时还可以与观众进行交流，这充分说明现如今的动画可以在一定程度上受到观众的控制。交互性特征的出现充分改变了观众被动接受的状况，这些技术的出现，让整个动画艺术的审美过程开始出现了动态化和互动性的特征。

（一）传统动画的审美过程

在传统的审美过程当中，从动画的创作到动画的欣赏，整个过程都是单向发展的，在进行动画欣赏的时候观众几乎没有主动权，主要权利都掌

握在创作者的手中，观众只能被动进行欣赏。从观众的角度来说，动画创作的过程是不可知的，他们不了解创作的具体过程。创作者在剪辑时也是按照计划进行剪辑，这种按照线性结构创作出的动画无法充分激发观众的参与感和好奇心，因为多种因素的影响，使得观众与动画的互动性不强。一直以来，都是观众在固定的场所观看固定的内容，这种单向输出的情况导致人们在审美过程中无法掌握话语权，无法充分发挥自身的主观能动性，获得的审美感受也十分有限。

（二）新媒体时代的动画审美过程

进入新媒体时代，因为各种传播媒介的发展，动画也实现了数字化发展，动画的交互性特征得到进一步提升。观众在欣赏动画作品的时候可以与动画中的场景进行互动，甚至能够控制动画的进一步发展，观众在这一过程中能够感受到自身的重要性，所以更愿意加入其中，获得的审美体验也就越加强烈。和传统的动画艺术相比，新媒体时代的动画充分改变了观众的地位。因为在新媒体时代，动画的创作、传播都可以进行数字化控制，人们可以通过相关的系统软件随时进行调整，甚至审美主体有时候也可以参与其中，这一改变对动画产业的发展有着重要的影响。因为观众的主体性得到了一定的提升，所以观众对于动画作品的反思以及对于动画作品的感受，会在一定程度上影响后续的动画制作，对动画题材、动画风格、叙事方式等起到一定的干预作用。进入新媒体时代之后最大的改变在于，如果受众掌握了相关的软件和技术，那么他们便可以自主进行动画创作和发行，所以在当今社会，普通大众也是进行动画创作的主要群体，审美主体的主动性得到了极大提升，并且促进了动画审美的多样化发展。

新媒体时代，动画艺术最突出的审美特征包括动态性、即时性、开放性等，伴随着新技术的不断出现，动画的交互性也越来越明显。静态的动画创作转变成了动态化的设计，打破了以往固定的动画模式，动画的娱乐性和体验性都得到了一定发展。当然，娱乐性和互动性的体现离不开观众的参与，比如王波的交互式动画《连环梦》就是一个典型的例子，观众不断进行鼠标点击才能推动故事情节的进一步发展，包括画面中的人物行动也是由观众决定的，这些特点让《连环梦》这一动画具有更多的可能性。当观众参与其中的时候，会不自觉地将自己当成动画中的主角，观众自身操纵动画故事情节的发展，所以从这一角度来说，观众还可能是动画的设计者。总之，在新媒体时代的动画艺术具有更强的交互性特征，这也让观众的主体性得到了极大的提升。

三、新媒体时代审美表象的真实性和虚拟性

表象就是外在事物在人们脑海当中呈现出的形象，从心理学的角度来看，表象其实是指人们感知事物形象并且在大脑中呈现的过程。表象来源于现实当中事物本身的形象，而事物形象都是其自身存在的客观形式，并且通过表象展现出来。在美学范畴下，可以发现审美只是一种主观的感受，是主体在对自然实物进行鉴赏时产生的判断。德国学者韦尔施认为，虚拟性是一种特殊的审美，是对现实的一种特定的审美把握，而且在与现实对立的过程中，审美领域认识到了虚拟性的特殊之处。在动画当中，审美表象主要是指动画形象的情感融合，呈现在人们思维中的最终审美状态。通过欣赏传统的二维动画可以给人们带来丰富的审美体验，传统动画当中存在的审美表象包括夸张、幽默、想象力丰富等内容。因为技术的进步，三维动画出现了，这种动画形式呈现出和传统动画艺术不同的审美表象，而其中最突出的便是虚拟性、真实性以及超真实性等。

（一）虚拟性

其实动画本身就是虚拟的，通过构造虚拟的角色，让它们在虚拟的场景当中进行虚拟的活动，所以我们可以发现在动画当中，有很多现实世界不存在的元素，比如怪兽、外星人、神仙鬼怪等，正因为这些既虚幻又真实的形象才让整个动画艺术的内容变得丰富多彩。虽然动画具有一定的真实性，但我们仍然需要意识到虚拟是对现实形象的模仿，所以动画艺术来源于现实，但又高于现实。具体来说，动画的虚拟性主要通过三个方面来

体现，分别是叙事主题的虚拟性、动画形象的虚拟性以及动作的虚拟性。首先从叙事主题的虚拟性方面来讲，因为动画艺术的创作内容非常丰富，可以充分展现出创作者丰富的想象力，所以我们发现动画的形式和内容非常丰富，有来自全球各个国家的故事题材，甚至东西方文化还可以进行一定的融合，最典型的例子就是美国，美国的艺术创作者在进行动画创作时就非常擅长学习其他国家的文化，通过外国的文化进行精神传递。动画形象的虚拟主要指动画可以呈现现实生活当中不存在的内容，比如文学作品、神话故事甚至是创作者们幻想或想象出来的内容，都可以通过创作来展现，并且通过一些夸张化的处理，会让这些动画信息变得更加符合角色的性格，但这些情况是电影无法做到的。比如我们在看日本动画的时候，可以发现其中少男和少女的身材比例都是非常完美的，而且眼睛也会更大更明亮，这样的情况在现实当中是不存在的。最后是动作的虚拟。在动画中的角色可以做到上天入地，甚至还具有各种超能力，还有一些夸张的动作，这些内容都会给观众带来非常震撼的视觉冲击。虽然现今特效技术的成熟，电影电视当中也可以实现这些内容，但是相比而言，动画呈现往往更没有违和感。比如在动画电影《贝奥武夫》当中的打斗场面，正是以动画的形式才让整个电影看起来更加刺激，也具有更好的视觉效果，这是电视电影达不到的程度。

虚拟同时也是动画的本质，动画创作可以通过虚拟来折射生活当中的一些现象和内容。从二维动画到三维动画的进步，本身也将动画当中的虚拟性特征提升到了更高的高度。其实从 20 世纪 90 年代末开始到现在，二维动画和三维动画之间逐渐实现了融合，动画艺术当中的虚拟技术也得到了进一步发展。和二维动画相比较，三维动画在表现动画的细节方面越来越强，营造出的视觉效果也更加真实，再加上相关技术越来越成熟，所以动画当中的虚拟形象甚至可以以假乱真。比如在 1998 年，梦工厂出品了一部动画片《埃及王子》，在这一动画当中运用了大量的电脑特效，整个动画有 1192 个镜头，其中有 1180 个镜头是通过电脑精工形成的，和传统的二维动画相比较，这种经过特效制作的动画具有更加精美的画面。进入

21世纪之后，三维动画在整个动画当中所占的比例越来越高，甚至有的动画艺术是全部利用三维动画技术制作的。不得不承认，三维动画技术在表现角色和表现场景细节方面具有更好的效果，这些都是传统动画无法做到的。2003年出品的《海底总动员》利用计算机三维技术创造了一个色彩斑斓的海底世界。这些利用三维技术创作而来的动画具有很高的水准，也将虚拟现实技术提升到了更高的高度，由此可见，动画当中的三维动画技术正在不断朝着模仿现实的方向发展。

（二）真实性

动画艺术是一门虚拟艺术，却在朝着给人们带来真实感的方向发展。观众从动画当中体会到的真实性也是建立在虚拟的基础之上的，所以动画艺术是具有真实性和虚拟性两方面特征的，而且动画的真实性往往可以通过虚拟化的内容展现出更加多样化的环境和故事情节，通过这些内容为观众创造出一个尽可能真实的场景。数字技术营造出的影像世界给人们带来的感受越来越真实，现如今，数字技术已经改变了传统艺术当中对于真实的定义，创造出的动画艺术呈现出一种仿真性的特征。在动画艺术当中创造出的角色往往是在想象当中存在的，进而将想象当中的内容进行一定的拟人化处理。当人们对这些拟人化的对象有一定的认识后，才能对其自带的内涵进行深入了解。比如在动画电影《功夫熊猫》当中，五位功夫大师分别是金猴、悍娇虎、灵鹤、俏小龙和快螳螂等拟人化的角色，但实际上这五位所指代的却是中国的武术文化。在中国的武术文化当中，武术家通过对动物特点进行一定的提炼和吸收，最终将其融入武术的招式和动作。这五种动物既可以在日常生活当中找到原型，同时又具有人的一些特性。主人公阿宝也是如此，最开始他是一个有很多缺点的小人物，但一直非常热爱武术，愿意为了理想而付出一切，所以在经历了很多挫折之后成长为一个英雄，这部动画具有非常明显的美国精神宣传色彩。

在动画艺术当中，动画场景是一个非常重要的部分，是角色进行表演和开展相关活动的场合。场景包括现实场景和非现实场景两个部分，非现实场景来源于现实场景，同时也是现实场景在动画艺术当中的一种体现。场景是通过动画片的类型来进行划分的。比如《草原英雄小姐妹》是写实类的动画，这一动画反映的是真人真事，所以在进行场景构建的时候也应当从现实生活当中取材进行场景构建，只有这样才能引发观众的共鸣。在这一动画片最开始的时候就有蒙古草原以及牧民生活的环境和场景，这些场景在设计的时候都是专业的工作人员到蒙古采风，再通过技术手段创作而来的，所以观众在观看的时候可以产生强烈的亲近感。

虚拟现实场景的设计要借助各种数字技术，而且还会在制作的时候加入很多特效，进而让呈现出来的整个画面变得更加具有艺术性。真实的场景比较典型的例子有迪士尼动画《花木兰》，在开始就有一个长城和烽火台的场景，这一场景就是根据真实的万里长城进行创作的。而虚拟化的场景则与此不同，主要是通过发挥想象力创造出来的场景，比如动画片《天空之城》当中的天空之城就是想象出来的。总之，在动画当中，不论是非真实的场景，还是非真人的形象，都是来源于现实生活并且超越现实的，所以我们可以从大多数的动画作品中找到现实中与之相对应的地方。

（三）超真实性

真实是理性的，是永恒不变的，虽然在近现代海德格尔将真实划分为存在者意义上的真实和存在意义上的真实两部分，但这两种不同的真实都是存在论当中的真实。伴随着社会的不断发展，这种关于真实的理论已经无法适应时代的发展趋势，人们开始试图摆脱理性的束缚，超现实主义开始出现。在超现实的认知当中，认为想象出来的梦境要比现实的、理性的内容更加真实，虽然从表面来看这种思想与现实主义的观点是相反的，但实际上超现实内容和现实主义是相互联系的。为了打破超现实主义和现实主义之间的界限，法国学者鲍德里亚还提出了“超真实”的概念，他是从符号的角度出发对这一概念进行分析和解释的，从符号和真实世界之间的关系出发将历史分为三重阶段：第一阶段是人们根据真实的客体进行复制的阶段；第二阶段是机械化复制的阶段，在这一阶段，机械化复制可以代替手工进行复制；第三阶段是仿真阶段，仿真阶段的复制不需要与现实之间具有较大的联系。当今时代的虚拟技术将任何真实的世界分离开，让各种不同的符号相互进行模仿，并且借助计算机技术、数字技术和传播媒介等技术凸显出其应有的作用。

在动画艺术当中，不论动画形象和动画场景如何进行夸张化的设计，始终都应当遵循仿真的发展原则，通过仿真性的内容给大家创造一个超真实的世界。在动画短片《商标的世界》当中，我们可以发现其中有三千多个商标，包括麦当劳、七喜、米其林等，这些商标共同构成了一个符号世界。这一影片所展现的是社会符号化的发展让人与真实世界的距离越来越远。因为这些符号的出现，让客观世界仿佛成了一个虚拟的世界，各种符号化的充斥，似乎取代了所有真实存在的内容，而人们也在这一社会当中生产符号，并且进行消费。为了能够突出超真实性的特征，很多创作者开始将动画元素融入真人电影，动画电影和真人电影也呈现出融合发展的趋势，最具代表性的就是《阿凡达》《魔兽世界》等，这些电影通过合理利用动画技术，为人们营造了一个充满奇幻色彩的画面，真实场景和虚幻元素的结合，让观众看到了真实世界当中不存在的内容。

伴随相关技术的逐渐成熟，动画技术呈现出的超真实世界也越来越让人震撼，这一发展趋势虽然体现了现如今动画技术的发展速度，但也导致当今动画艺术概念的失真性。比如数字动画电影《最终幻想》系列，虽然其动画形象的打斗场面非常逼真，但是趣味性却不足，因为记录现实比较严重的情况，导致了最终取得的成绩并不是很理想。由此可见，在动画艺术创作工作的过程中，技术手段终归只是一种手段，还是要将艺术内涵作为重点内容，只有这样才能让动画艺术具有更加长远的发展。

第三节　新媒体时代审美趣味的转变

新媒体时代的到来让动画艺术的发展环境发生了巨变，尤其是消费者的需求和审美变化，直接关系到动画艺术的进一步发展。因为消费者需求的变化，导致动画的审美趣味出现了大众化、娱乐化、商业化、奇观化的发展倾向。

一、审美趣味的大众化

文化是一种社会现象，同时也是一种历史现象，经历了长时间的发展才形成了当今社会的积淀，一个国家的文化是这个国家的历史、风俗、文学、艺术、宗教信仰等内容的总和。但是社会历史的多变性，导致文化在发展的过程中会受到多种不同因素的影响，从传播学的角度来看，传播媒介的变化让少数精英阶层掌握的文化开始转移到大众手中，比如传统的书本、音乐厅、剧院等向电影院、互联网、智能手机等方面转变。大众文化是以大众传播媒介为手段，通过合理的运作方式，让大众获得愉悦的一种文化形态，如畅销书、流行音乐、电影、广告等都属于大众文化的形式。这一定义包含了大众文化的传播媒介、市场机制以及审美价值多方面的内容。随着时代的进步和发展，大众文化的内容也可以进一步发展与完善。在新媒体时代，大众文化的特征也得到了一定的拓展，具有更加鲜明的信息性、科技性和商业性等特点，大众文化的主要内容就是大众的日常文化，因为制作方式简单，大量信息可以直接复制。在大众文化当中最具代表性的一个核心价值就是大众审美的感性愉悦。

动画艺术就是一种大众文化，而且已经有着上百年的发展历史，动画在出现之初就具有一定的大众化发展倾向。和电影艺术的不同之处在于，动画可以让人们在观看的过程中获得明显的感性愉悦。动画艺术当中的形象、场景设置、复式结构等可以给人们塑造一个天马行空的想象空间，比如《猫和老鼠》当中的幽默夸张，《大闹天宫》当中的紧张刺激等，总之，动画艺术可以给人们带来非常丰富的审美情感，让人们的精神世界变得更加丰富。在时代进步的同时，大众文化的相关因素也发生了一定的变化，从动画艺术的创作到传播的各个阶段，都呈现出了大众化的发展趋势。现如今，社会大众不仅是审美群体，同时也是审美创作主体，只需要掌握相关的软件，就可以在这一过程中创作出属于自己的动画作品，所以现如今越来越多的人参与到了动画的创作当中，比如《泡芙小姐》就是以现实生活为基础进行创作的，创作者需要根据网友的反馈对动画的后续发展进行调整，这一动画充分展现出了大众期待的当代女性丰富的情感状态，得到了大众的一致好评。

在新媒体时代，高雅文化基础下的审美情趣逐渐被消解，大众文化及其审美情趣逐渐得到发展。因为网络媒体的进一步发展，大众文化得到了极大的发展，包括动画艺术也实现了大众化的发展，当人们在观看迪士尼动画电影《花木兰》的时候，可以明显地看到这是美国对中国经典文化进行重构的一个作品，上文写到花木兰具有中国女性的勤劳、勇敢、智慧、孝顺的特点，但是在动画电影《花木兰》当中，对花木兰进行了一定的消解重构，花木兰变成了一个具有实现西方个人价值的东方女孩。

二、审美趣味的娱乐化

动画艺术当中体现出来的娱乐精神是人们最感兴趣的部分，因为人们观看动画的过程中可以让自己的精神得到极大的放松。虽然动画艺术也可以表现出其他的主题，但是作为一种特殊的大众文化类型，感性愉悦才是动画审美当中的主要需求，所以大多数动画依然是以娱乐为主进行创作的。伴随着数字技术的发展，现如今很多传播平台是以现代社会消费为主要需求的，尤其是借助手机、互联网、移动电视等传播载体，可以实现即时性传播，再加上碎片化的传播特点，可以在短时间内满足受众的需求。总之，因为数字技术和传播媒介的发展，充分展现了动画艺术的娱乐性特征。

（一）动画艺术的娱乐性

从动画出现开始，就具有一定的娱乐性，因为动画可以给人们带来更多的快乐，所以受到了大多数人的欢迎，比如中国的动画电影，一直遵循着“寓教于乐”的特点进行创作，所以我国有很多优秀的动画创作者是以给人们带来愉悦的同时进行教育的理念来进行创作的。比如我国的动画片《没头脑和不高兴》，这一动画按照动画电影的方式进行了简单的造型设计，没头脑和不高兴是两个孩子，分别代表了一个丢三落四、一个不听劝的小孩。因为他们自身的性格特点，他们在经历了一系列的挫折之后逐渐认识到了错误，并且改正错误，小孩子在观看这一动画的时候不仅可以被内容逗笑，同时还具有一定的教育作用，这是我国的动画电影与其他国家的动画电影最大的区别。美国的动画电影则更多传达的是幽默和娱乐，并没有教育意义，比如《猫和老鼠》，主要通过猫和鼠之间的闹剧来给人们营造一个幽默的氛围，从而让人们获得快乐。

（二）动画中的碎片娱乐性

从社会的发展趋势来看，可以发现娱乐化已经成为动画发展的一个主要方向和趋势，这一趋势也在一定程度上体现了大众文化中的审美趣味。随着时代的发展，碎片化传播成为当前的一个重要特征，伴随着碎片化传播方式的出现，碎片化娱乐也随之出现。在电视、网络、智能手机多种传输终端的支持下，人们每天都可以获得大量的信息，即使是千里之外的事情也可以在很短的时间内知道。虽然碎片化信息充分满足了人们获取信息的需求，但是另一方面也制约了人们的深度思考和理性思考。

新媒体时代的动画，也因为智能终端、短视频技术和剪辑软件的出现变得碎片化，人们可以随时随地进行动画产品消费，从而精神放松，动画的娱乐性特征得到了极大的发展。这些碎片化的动画作品与当代都市生活节奏快、工作压力大的背景相适应，可以有效帮助现代年轻人缓解压力。

（三）娱乐至死

娱乐至死是波兹曼对电视时代人类命运的论断，在人们进入电视时代之后，波兹曼对社会未来的发展充满了忧虑，所以才做出了这样的论断。随着社会的不断发展，网络和智能手机开始出现，这种现象进一步加剧，娱乐性特征也变得更加明显，在我们的生活当中充满了娱乐性的内容，甚至新闻节目都可以实现娱乐化，社会大众完全沉浸到了一个娱乐化的世界当中。人们对于悲剧感、责任感、崇高感等内容开始疏远，所以波兹曼甚至认为，如果这样的情况不断发展，最终甚至会让人的智力消耗到零，所以提出了娱乐至死的说法。不得不承认，因为时代的发展，社会大众已经完全进入了一个娱乐化的世界，并且在为这个娱乐世界而不断努力。

动画片《喜羊羊与灰太狼》讲述了草原上一群可爱的小羊对抗灰太狼和红太狼的故事，这一部动画片内容非常简单，将狼和羊之间的天敌关系呈现了出来。在羊群当中，喜羊羊、美羊羊、沸羊羊、懒羊羊、暖羊羊等具有不同的特点。灰太狼和红太狼虽然是夫妻，但是也具有明显的区别。这一部动画片在播出之后取得了巨大的成功，甚至出现了很多同一 IP 框架与形式的系列动画，从这一动画当中我们已经可以发现具有非常明显的娱乐化倾向。动画并不是专为儿童和少年设计制作，所以在进行创作的时候要尽可能充分考虑到不同的受众群体，但是在创作的过程中也要考虑到内容的合理性。比如在《喜羊羊与灰太狼》当中，红太狼经常会对灰太狼进行身体暴力和语言暴力，这样的内容传播显然是不符合儿童发展的。现如今，动画当中的成人化内容越来越多，这在一定程度上模糊了儿童娱乐和成人娱乐之间的界限，所以进行动画创作只注重娱乐是不科学的，甚至会对儿童产生一定的负面影响。如果在动画当中过度加入成人化的内容，将成人的暴力以及其他内容当作娱乐的素材，最终必然会对儿童的成长带来极大的负面影响。

当前，动画中的思想性和艺术性特征受到了一定的削弱。我们通过对日本的电影行业分析可以发现，每年排行前几名的动画电影都是具有明显的艺术性和思想性的动画。如果在进行动画创作时过度追求动画的娱乐性，必然会导致动画艺术性和思想性的缺失。现如今，因为人们对于娱乐的追求，导致成人的思想开始越来越幼稚，儿童却因为动画的内容开始变得早熟。同样是在《喜羊羊与灰太狼》当中，我们可以发现有很多网络流行词语，比如“给力”“浮云”等，这些语言进一步提升了动画的娱乐性。甚至还有一些年轻女性要求自己的男朋友和爱人要像灰太狼对妻子一样打不还手骂不还口，所以在网络调查中，《喜羊羊和灰太狼》中最受欢迎的形象竟然是灰太狼，甚至有的歌曲当中还出现了“要嫁就嫁灰太狼”的歌词。

三、审美趣味的商业化

我们站在现代社会的角度去看动画艺术，可以将动画当成一种商品，因为它也需要经历生产与消费的过程，所以在这一过程中就自然而然地具备商品的相关属性。再加上动画作为一种数字商品，甚至可以让消费者参与到动画的创作当中，所以在当今社会越来越受欢迎。尤其是在受众需求的驱使下，动画和商业之间的联系越来越密切，所以我们可以从动画艺术当中发现非常明显的商业化特征。

（一）商业美学在动画艺术中的体现

人们在消费的时候，会不自觉地对商品有一定的审美需求，比如同样的商品，一个包装漂亮，一个包装随意，大多数人会选择那个包装漂亮的商品，所以在消费的过程中，商品的外形、颜色、手感等影响审美的因素都会成为大家的考虑因素。对于电影、电视和动画来说也是如此。在进行动画创作时，要充分考虑到故事内容、画面造型、背景音乐多种因素，这些因素都会对动画的美感产生一定的影响。制造商在投资动画的时候，也会考虑到动画的美感，因为美感会直接影响消费者的购买欲望，从这一角度出发进行动画创作的考虑，就会让动画成为一件真正的商品。好莱坞是制作商业电影的典范，包括动画电影也是如此，在进行动画电影创作时会充分考虑市场与观众的需求，进而充分利用各种有效资源促进动画艺术和商业性的融合，明确动画电影的美学特征。对于动画这种消费商品来说，现在很多国家在进行动画创作的时候会遵循商业美学的特征，比如美国和日本就是典型的例子，而且这一创作方式被很多国家模仿。

（二）审美趣味商业化对动画创作的影响

伴随着商业化的发展趋势，使动画在创作的时候必须对当前的流行文化进行一定的考虑，实现动画形象、动画场景、人物造型和背景音乐等因素的大众化发展，满足社会大众的需求。为了能够满足大多数观众的需求，制作方在动画创作的时候会将动画当中比较晦涩的内容删除，进行一定的改编。比如《埃及王子》讲述的是一个与信仰相关的宗教故事，但是为了获得更大的市场，所以在进行动画创作的时候加入了一定的商业性内容，比如摩西和埃及王室之间的父母之情等，通过对这些内容进行渲染，可以让观众产生更加强烈的共鸣，同时还增加了整个影片的吸引力。

因为新媒体技术的发展，商业化进程得到了进一步的发展，尤其是各种技术的出现让动画的商业性特征变得更加明显，动画的市场变得更大，所以制造商为了获取更大的利润，开始对受众群体进行进一步分析，甚至针对不同的受众群体创作出了各种不同的动画，让动画更加深入人心。现如今除了故事类的动画之外，甚至广告和音乐短片也采用动画的形式，甚至很多电视剧、曲艺类的节目都在用动画的形式进行创作。对一些传统艺术进行动画形式的创作不仅能够给人们带来耳目一新的效果，甚至还能因此获得一定的经济收益。一些新闻类型的节目，为了获得更多的关注度，也采取了动画处理的方式，因为通过这样的方式能够让人们对新闻的细节有更加深入的了解。除此之外还有一些案件，也会通过动画的方式对案件的侦破过程以及案发现场进行还原，让大家对案件有一个更加详细的了解。总体来说，促进动画的商业性发展已经成为当今动画创作的一个主要方式，这一创作方式不仅能够帮助制作方获得更多的经济效益，也能够通过这种方式帮助大家对一些晦涩的内容有更深入的了解。

四、审美趣味的奇观化

鲍德里亚曾经提出过一个消费社会的概念，这一概念和居伊·德波提出的景观社会具有一定的类似性。具体来说，如果消费社会是以大量的消费符号为基础形成的，那么景观社会则通过景观堆积而形成的。在景观社会当中，和人类相关的内容都会被异化成为景观一样的内容展现出来，人们与各种各样的景观进行交流与交往，和现实社会相互割裂。在这个社会当中，人们所看到的都是各种各样的奇观，这样的情况导致人们甚至无法对客观世界形成有效认知。当今时代是以消费为主的时代，人们对各种消费品的认知很多时候来源于一些奇观化的传播方式，尤其是各种技术的支持，会给人们带来更加立体化的视觉刺激，进而吸引人们的注意力，这些视觉图形就成了景观社会的基础内容。最重要的是，在人类社会当中与人们有关系的各种内容都会披上“奇观”的外衣，呈现出一种商品的属性。动画艺术作为一种新时代的消费品，自然也无法避免呈现出奇观化的审美趣味这一问题。

当我们对这一概念了解或者有了一定的认知之后，我们可以发现我们已经身处被奇观化的图像充斥的世界，在这个社会，动画在发展过程中也会秉承奇观化的理念进行创作，甚至因为各种技术的加持，会让动画营造出的奇观化世界更加超乎人的想象。除此之外，真人电影还实现了与动画电影的相互融合，给人们带来的视觉感受更加强烈，充分刺激了人们的神经系统。比如斯皮尔伯格执导的《侏罗纪公园》，就通过技术手段创造了恐龙这种已经灭绝的生物，不论通过技术创作出的恐龙形象是否真实，但是仍然可以给人们带来非常好的视觉感受。最能体现出奇观化这一特征的电影是《阿凡达》，这一电影创造了一个充满神奇生物和植物的星球，与人们日常看到的世界大不相同。虽然从根本上来说，《侏罗纪公园》和《阿凡达》并不是动画电影，但其中所使用的动画技术仍然是无法被抹除的，动画技术的应用弥补了真人电影的一些缺陷，让整部电影变得更加完整，也给人们带来了更好的视觉感受，提升了整部电影的奇观化特征。

第八章　新媒体艺术对当代艺术的影响以及发展趋势

新媒体作为一种特殊的艺术形式，就当前来说，在整个艺术领域当中都是非常前卫的，而且这一特殊的艺术形式充分体现了科技和艺术的深入结合。由此可见，新媒体艺术所呈现出的状态并不是简单的技术层面的变化，而是一场深刻的艺术形式的革命。比如海德格尔、本雅明、麦克卢汉等人的美学思想和哲学理论，都对艺术和新媒体艺术的发展产生了重要影响。在新媒体艺术发展的过程中，如果艺术家能够对其进行深入的研究，并且在这一过程中了解新媒体艺术独有的美学特征，那么我们就能更加全面地认识它，并且充分发挥出新媒体艺术的作用，促进新媒体艺术在未来的发展。

第一节　新媒体艺术对精英艺术的影响

从 20 世纪 50 年代开始，德国哲学家马丁 · 海德格尔就认为人类即将进入图像时代。发展到当今时代，人们已经对图像时代的到来达成了共识，或者说已经认可、接受了现代化的传播方式。在原始社会没有汉字，人类通过言传身教的方式进行信息传递，还可以通过一些图腾和绘画进行文化传播。后来随着时代的发展，开始出现了文字，再加上印刷术的支持，使得文字成为一种特殊的文化传播载体，因为文字方便简洁，使得文字文化逐渐取代了图像文化，并且成为传播的核心方式。这种文化形态一直发展到 20 世纪末，后来随着录像艺术和电视等新兴工具的出现，图像文化开始盛行，但是新时代的图像文化和早期的图像文化并不相同，新时期的图像文化是以一些专业技术为基础发展起来的，尤其是伴随着录像技术和电视电影技术等新兴工具的流行，新时期的图像文化逐渐取代了文字文化的主体地位，并且成为当今时代进行文化传播的一种主要形态。现如今，人们生活在一个充满图像和视频的空间当中，被各种数字媒介技术包围着，而且因为图像具有可复制性，这使得图像的数量越来越多，充斥着人们当前所处的环境。

一、从艺术作品的审美创造到复制生产

文学作品是对现实世界的真实反映，能够将人们对当前所处的自然环境的认知和理解充分展现出来。艺术家表达自身情感的方式便是创作艺术作品，在创作过程中，艺术家必然会将自身的情感融入，因此，欣赏者在对艺术作品进行欣赏和观察的时候，很容易在这一过程中感受到作品所蕴含的创作者自身的情感。虽然在不同的时代有很多的艺术家进行过艺术作品的创作，但是能够经得住时间的洗礼，最终完成传承下来的“经典”的艺术作品却是屈指可数。在进入新媒体社会之后，因为多种媒介的融合以及在艺术领域当中的应用，让艺术作品的创作方式和传播方式都发生了极大的变化，新媒体时代的艺术家在进行艺术作品创作的时候经常会使用拼贴之类的方法，通过运用各种后现代的方式将原有的作品当中的价值进行解构，之后再通过同一种方式进行组合，打破观众对于艺术作品原有的认知并且赋予其全新的意义。比如我国新媒体艺术家曹斐在作品《谁的乌托邦？》当中通过对不同场所进行拼接，最终表现了那些生活在工厂里的年轻人对于未来生活的追求，这一作品的拍摄地点是在佛山市的一个普通工

厂，虽然这一作品时长只有20多分钟，但是拍摄的时间却有半年，就像作者经常说的一样，这一作品更像是在进行田野调查的过程中完成的。这一作品中具有非常现实的部分，当然也有一些虚幻的表达。在作品当中我们可以看到，工厂里的流水线上，没有工人在工作，而且穿着印有汉字的T恤衫在跳舞唱歌，这样的场景非常戏剧化。比如在工厂内部的地上，有现实存在的故乡老井，也有现实生活当中并不存在的时光穿梭机，画面当中的这些影像都是在现实场景中拍摄的，后期将这些画面进行一定的组合拼贴，进而给人们传递出一种特殊的情感，画面虽然看起来比较荒诞，但是具有非常深刻的含义。

从新媒体艺术时代的一些艺术作品来看，虽然这些艺术作品都取材于我们的现实生活当中，但是大多数内容在创作的时候凭借各种媒介技术进行了处理，最终呈现出来的作品与现实世界存在一定距离，我们发现在现实生活当中没有的一些东西，都可以凭借这些先进的软件进行创作，并且利用这些媒体技术将现实当中无法实现和无法改变的事情根据自己的喜好进行一定的改造，最终创造出一个虚拟的空间。法国著名学者鲍德里亚将这种对真实行为的扼杀称为“完美的罪行”，他认为后现代主义文化发展的一个重要特征就是“拟像”和“仿真”，“拟像”就是对现实生活当中不存在的东西进行临摹。在此基础上，他还提出了拟像三序列理论，在拟像的过程中，第一个序列就是仿造，这也是从文艺复兴时期到工业革命时期最主要的一种模式，这一阶段的拟像发展主要是对自然界进行模拟和反映。第二个序列就是生产，生产是大工业革命阶段的主要模式，因为这一时期的市场发展非常快，所以需要遵循市场的价值规律，并且在此基础上进行。第三序列就是仿真，这一阶段的拟像创造了超真实，并且指出拟像和虚构之间并不相同，它能够将一些现实生活当中不存在的内容变得真实，并且在这一过程中将真实与自身进行同化。

仿真和拟像不同，仿真的存在让整个艺术系统失去了应有的影像，进而形成一个巨大的拟像，仿真并不代表着不真实，但也只是拟像，并且永远不能与真实存在的事物进行交换，这一交换也只能是自我交换，也就是这一交换过程中将自己置身于一个回路当中。在表现现实生活当中原有的事物的时候，使用拟像的方式往往具有更好的效果，因为可以合理运用自身独有的逻辑去进行创作，进而制造出现实生活当中那些没有的事物。比如我们在生活当中经常会说一些事物是虚构的，但是拟像这一技术的支持就让虚构成为可能，并且能够给人们带来非常逼真的效果，拟像这种方式能够凭借其超真实的特征让人们更加沉浸其中。加拿大的艺术家卡尔加里·布朗（Caitland Brown）创作的一部艺术作品《云（Cloud）》，艺术家将六千多个灯泡用钢铁和金属拉绳组成一个装置作品，将灯泡悬在半空中，观众站在装置下的时候，还可以随便对上面的灯泡进行一定的调整。这一装置作品会随着灯泡位置的变化而呈现出不同形状的云朵，所以观众在欣赏这一装置的时候，会具有特别强烈的参与感。在新媒体艺术当中，“拟像”这种人工制造出来的虚拟作品，最终可以变成现实世界当中存在的内容。

二、精英化与大众化并存

在学术界，很多学者认为：伴随着后现代艺术的不断发展，艺术当中原有的精英思想政治会不断消失。很多艺术家认为新媒体艺术和精英艺术、大众艺术之间存在一定的区别，这些区别最明显的特征仍然是通俗化。我们通过对新媒体艺术当中艺术家和欣赏者之间的关系进行分析研究可以发现，经常会出现欣赏者在欣赏艺术作品的时候产生与创作者期待不一致的情况。任何新生事物的出现必然会为精英群体带来一定的压力，但是来自底层的民众却能够在这一过程中获得足够的乐趣。很多学者认为新媒体艺术就是利用高科技手段才创作出来的，所以他们对于新媒体艺术不是非常认可。但实际情况也并非如此，我们看到当前电影院上映的很多美国大片，就是利用高科技手段创作而来的，并且能够得到非常广泛的认可。通过对这一情况进行研究和分析可以发现，这种类型的电影在一定程度上展现了大众的审美趣味，而且非常符合观众的心理特征。当然我们也不得不承认，新媒体艺术当中的很多艺术作品是非常超前的，这些作品本身蕴含的思想极大地超出了观众能够接受的范围，所以会有很多观众不接受这些内容，甚至会有一定的排斥。艺术的精英化和艺术的大众化本身就是两种相互矛盾的观点和理念，比如我们可以从创作主体和审美主体两个角度进行研究和分析，并且在此基础上发现新媒体艺术精英化和大众化两者之间其实并不是相互分裂的，而是共同存在的。我们在对新媒体艺术的精英化进行研究时，通常是从创作者的角度出发的，新媒体艺术家往往会拥有非常前卫的想法和灵感，所以他们才能够创作出非常优秀的新媒体艺术作品，在新时代占有一席之地。新媒体时代的艺术家往往会与一些高科技产品打交道，他们大多能够把握时代发展的潮流，进而在艺术创作的过程中产生一些神奇的想法，我们也能够因此发现他们创作所具有的先进性。要了解新媒体艺术的大众化，则要从另外一个角度出发进行研究，即接受者。

一些新媒体艺术家认为，新媒体艺术在一定程度上甚至可以说是一种观念艺术。因为在进行新媒体艺术创作的过程中，会受到价值观念的极大影响，而且很多时候是在观念的驱使下进行创作的。如果在艺术创作的过程中只会借助相关技术，不仅无法丰富艺术作品的内涵，甚至不能算得上是一件艺术作品。这些新媒体艺术家认为新媒体艺术与通俗艺术之间存在较大的区别，甚至认为新媒体艺术并不属于大众艺术范畴，所以他们在进行艺术创作的时候经常会将艺术作品当作自我意识在艺术形式层面的体现，比如白南准的装置艺术作品《电视佛》，就是将一座佛像、一台录像机和一台小的电视组合而来的，电视机中循环播放着录像机拍摄的佛像的画面，从这一角度来看，录像机更像是一面镜子。在艺术家设计出来的装置艺术作品当中，充分体现了艺术家自己所设想的时空。《电视佛》这一艺术作品就具有一种特殊的含义，比如其中的佛像代表了东方文化，但是电视机和录像机则代表了西方文化，将来自不同地域的两种文化类事物放在同一个时空当中，表现出不同文化之间的相互对抗，同时又展现出不同文化之间的相互接受。作者之所以会创造这一艺术作品，并且传达这样的思想和理念，与其成长背景有着极大的关系。首先白南准是一位韩国裔美国视觉艺术家，但他具有西方教育的背景，所以他对东西方文化有着非常深的理解；就白南准自身来说，其实他本身就是一个东西方文化相互对峙与调和的个体。新媒体艺术在这一土壤当中出现并且发展，当我们对其进行批判的时候，能够明白其中所具有的强烈的英雄主义色彩，我们又不得不承认这正是现代主义所具有的明显特征。当今社会是一个商业化特征非常明显的社会，所以新媒体艺术在发展的过程会难以避免地成为商业艺术，这就会导致新媒体艺术当中的大众化特征越来越明显。也有学者认为，新媒体一时兴起的一个重要因素就是乌托邦和反乌托邦思想之间的对抗。新技术的乌托邦和反乌托邦一方面体现出了历史主义本身的自信，因为它可以将自己描述为未来的一种艺术形式，再加上现代主义发展过程中媒介的不断变化，进一步推动了相关思想的发展。另一方面，新媒体艺术又在不断对自己进行质疑和批判，麦克卢汉还将地球村称为电子监狱，使得新媒体艺术对在自身基础上发展而来的相关内容充满愤怒，因此新媒体艺术也呈现出了不断自我批判的特征。

三、新媒体艺术对精英艺术的消解

在海德格尔宣布人类开始进入图像时代之后，他的这一预见似乎就在逐渐向我们靠近，导致现如今我们已经完全进入了后现代主义发展的社会当中。在这一社会内，我们被各种数字所包围。因为数字媒介的发展，使人们的生活已经被数字媒介基础上发展而来的各种文化所影响，因为人们可以利用相关技术对各种内容进行复制使用，所以当前社会已经呈现出一种文化入侵的情况。大众文化的生产在现如今仅需要进行机械化的流水作业就可以完成，不仅工作效率会变得更高，而且这显然已经成为商业化社会当中的一个重要组成部分，在这一过程中，精英艺术也在无形之中逐渐被大众文化代替。

（一）精英艺术当中韵味的消解

本雅明，一个被称为“欧洲最后一位文人”的思想家、哲学家，他在对技术与艺术研究的过程中产生了非常独特的见解。当科学技术的不断发展对艺术带来极大冲击的时候，很多学者抱着悲观的态度来看待艺术，甚至有的学者认为古典艺术即将走向消亡。但是本雅明有着不同的看法，他认为科学技术发展过程中对艺术造成的影响能够在一定程度上促进新的审美观念的形成，所以他在自己的著作《机械复制时代的艺术作品》《作为生产者的作者》《讲故事的人》等当中对20世纪的艺术实践进行了更加深入的分析与研究。本雅明认为，随着时代的进步与发展，再加上科学技术的推动，人类的审美活动、审美观念都会因此发生一定的改变。甚至随着时代的进一步发展，科学技术在以后还将成为人类生活的中心，以往的古典艺术将会逐渐被动态美学所取代。我们通过对本雅明的相关思想进行研究可以发现，他对于科技时代的到来持有欢迎的态度，而且他明确认为科学技术会在未来的发展过程中对艺术产生非常深刻的影响。当然，科学技术对于艺术的影响既包括那些积极的影响，也包括一些消极的影响，比如导致古典艺术作品的韵味逐渐消减。本雅明还在他的书中写道，新媒体时代的艺术品具有机械复制的特征，这一特征的出现已经充分改变了艺术与大众之间的关系，也就是实现了艺术的大众化发展。因为在古典艺术时代，艺术作品具有不可复制的特征，人们在欣赏艺术作品的时候只能对原作进行欣赏，这一情况会直接导致可以欣赏到艺术作品的人数减少。新媒体时代则有所不同，因为相关技术的支持和发展，让艺术作品可以进行复制，所以越来越多的人可以对这一作品进行欣赏，艺术作品的大众化特征越来越明显。但是我们不得不承认，艺术的大众化发展让艺术开始走向平民阶层，在一定程度上推动了艺术的解放。很显然，本雅明的美学思想意义重大，因为他不仅对新媒体艺术本身的特征进行了深度思考，同时还在这一过程中探究了如何在技术时代保持传统艺术本身的价值，实现技术和艺术的完美融合，这一问题正是新媒体艺术在发展过程中需要解决的首要问题。

（二）精英艺术审美距离的改变

约瑟夫·博伊斯是20世纪70年代一位优秀的美术家，他在后现代美术界具有极大的影响力。他认为，艺术应当是人与人、人与自然之间的一种特殊关系，所以他在这一基础上喊出了“人人都是艺术家”的口号。在20世纪60年代，艺术大众化的发展进程逐渐深入，但是这一口号在当时并没有太多人认可，大家也没有真正理解这一句话的内涵。在当今世界，因为精英文化和大众文化之间的界限越来越模糊，所以人们才开始逐渐理解这句话的内涵，并且在这一新的时代提升了自身的参与度。艺术家其实只是一个简单的社会角色，但不论是哪个领域的艺术家，他们想要成为广为人知的艺术家，仅依靠自身的机遇和才华还是不够的，他们还需要依赖自身的地位和受教育程度，甚至在当今社会还需要依赖自身对新媒体的理解以及对于新媒体技术的掌握。新媒体时代的艺术传播和传统媒体时代的艺术传播大不相同，因为媒介技术的成熟，当代艺术家进行艺术传播必须依赖科学技术，所以网络技术很显然已经成了进行网络传播的重要基础，这也让“人人都是艺术家”这一口号逐渐成为现实。现如今，我们不需要拥有艺术家的身份、也不需要具有多好的传播媒介，只需要掌握新媒体技术，就可以进行艺术作品创作的传播。

本雅明在撰写《机械复制时代的艺术作品》这一书的时候，或许并没有看到电视技术、计算机技术和网络技术的出现，所以当我们在看霍克海默与阿多诺的《启蒙辩证法》时，就可以理解他说的：“由于出现了大量的廉价的系列产品，再加上普遍进行欺诈，所以艺术本身就更加具有商品性质了。”在新媒体艺术当中，电影是一种使用最多的表现形式，但是电影也具有一定的弊端，比如电影一直都是阶段性拍摄的，所以我们很多时候并不会对电影以及演员提更高的要求，只需要他们扮演好自己就可以，因为通过后期剪辑技术，我们可以取得很好的效果。电影文化可以利用蒙太奇的手法进行拼接，进而取得混淆视听的效果，给观众带来特殊的视觉效果。人们在观看电影的时候，可以在电影当中获得精神享受，从而让他们产生不安于现状的想法。但是我们不得不承认，虽然相关技术的发展让主客体之间的距离越来越近，但是两者之间的距离是无法消除的。电影已经实现了大众化发展，不仅是电影，在新媒体技术的支持下，相关的艺术都可以实现大众化的发展，而且网络技术的传播性和互动性特征对艺术造成了一定的冲击和影响，使欣赏者只能在一个自我构造的价值空间当中进行艺术鉴赏，甚至进行艺术作品的修改和二次创作。技术创作的环境让艺术欣赏者拥有了多样化的思想观念和价值取向，审美主体和审美对象之间的距离也越来越密切。

（三）精英艺术精神深度的消解

消解和消亡并不相同，所以当我们在对精英艺术的消解进行研究时，首先要明确这两个不同概念的意义和区别。有的艺术家和学者认为，后现代主义艺术的出现让大众的精英意识开始逐渐消亡，而且在他们看来，新媒体艺术具有明显的高雅和通俗的区别，大众化也被大家当作新媒体艺术发展过程中一个最为显著的特征。我们应当承认，新媒体艺术是当前最前卫的艺术，而且艺术家还可以利用各种习惯创作出非常优秀的作品。虽然很多艺术家在这一创作过程中一直强调自己的作品与商业文化作品并不相同，并且极力阻止新媒体艺术作品朝着商业化发展，但是相关技术越来越成熟，各种传播媒介和传播手段的普及，让大众的话语权得到了极大的提升，使得新媒体艺术的平民化趋势越来越明显，这一趋势也必然会导致精英文化的消解。因为在当今时代，每一个人都可以轻易地掌握计算机技术，所以当大众可以点击鼠标和键盘的时候，大众就拥有了进一步进行艺术互动和参与的权利。我们虽然承认大众的话语权在这一时期得到了一定的提升和发展，但我们仍然需要承认，普通人创作出的作品缺乏足够的说服力。所以新媒体艺术时代的到来，对于精英文化的影响也仅停留在消解的层面，而没有到达消亡的地步。

第二节　新媒体艺术对当代艺术的影响

新媒体艺术是一种全新的艺术形式，尤其是伴随着近几年相关技术的成熟发展，使得新媒体艺术的发展速度越来越快。人们对于新媒体艺术的接受程度越来越高，甚至非常乐于参与到创作过程中。之所以出现这一局面，与新媒体艺术本身所具有的特性有着密切的关系。因为新媒体艺术的特性迎合了受众，能够让受众在这一过程中充分实现自身对感性的追求，进而创作出更多优秀的艺术作品，而且新媒体艺术对当代艺术的发展具有很深的影响。

一、对感性和真我的追求

任何一种特殊形式的艺术在发展的过程中，都在发展史上产生过非常关键的作用，伴随着相关技术的支持与应用，可以让这些艺术获得更加长远的发展。总之，艺术也需要不断突破才能实现发展。每一种新的艺术形式的出现，都与这一艺术所处时代的媒介和相关技术有着密切的关系，而且技术媒介还在一定程度上决定了艺术的呈现形式。当人类进入电子信息时代之后，可以利用各种技术和媒介充分调动人类的感官，进而促进与之相匹配的媒介的出现。但有不少人会产生多媒体到底是什么的疑问，其实从概念就可以意识到，多媒体其实就是多种媒体的结合，比如将文字和图画结合在一起的画刊，将图像和声音结合在一起的视频等，这些都是不同媒介融合在一起的体现。当今时代，多媒体就是以数码电子技术为基础进行发展的，利用相关的技术将文字、图片、声音、视频等不同的要素进行一定的综合进而呈现出来，甚至还可以进行复制、保存等操作，这些内容充分体现了技术的重要性。

海德格尔认为，从柏拉图开始到尼采时期，人们认为艺术是人类的一种感性体验，但是并没有对美与艺术之间的关系进行认真的思考。海德格尔就对传统美学的思想和内容进行了一定的否定，并且认为美是真理存在的一种特殊方式，而且真理也是艺术存在的价值。真理，也可以通过自身显现出来。海德格尔在自己的著作《艺术作品的本源》当中认为，应该将艺术作品重新恢复到最原始的状态。艺术家在自我认知方式的基础上进行艺术创作，并且通过艺术创作的方式去对自己的内心深入挖掘，从而将自己内心的想法充分展现出来。新媒体艺术作为一种新型的虚拟艺术，就应该认识到自身的独特之处，并且凭借其特有的方式对接受主体的感官进行刺激，让接受主体可以在这一过程中获得充足的感官享受。同时，艺术创作者也会在这一过程中展现出最真实的自我，进而创作出最自然的艺术作品。

在新媒体艺术当中，虚拟现实技术最开始只是观众对艺术作品的沉醉，但是随着时代的进步和发展，数码技术为虚拟现实空间的构建提供了有效的保障，不论是现实当中存在的事情还是人们脑海中出现的事物，都可以在虚拟现实技术的基础上实现，并且充分满足大家的要求。虚拟现实构建的事物和现实生活当中存在的真实事物相比较，其实运用这些技术手段创造的虚拟环境与现实环境并无不同，甚至可以做到以假乱真，但在本质上又是不同的，所以才可以给人们带来更大的吸引力，即使这种虚拟的场景只会出现在那些高科技的场所，无法在日常生活当中出现，但其本身所具有的魅力仍然是我们无法忽略的。当人们参与其中的时候，甚至会在这些技术构建的虚拟世界当中迷失自己，比如电影《楚门的世界》里，主人公从小就生活在一个虚拟的世界当中，但是他并没有对自己所生活的世界有过任何怀疑。虽然虚拟艺术正在蓬勃发展，但是我们也不需要恐惧，我们只要能够掌握虚拟艺术的本质，就不会在新媒体时代迷失自己。虚拟现实技术构造的空间是虚拟的，是给人们提供的一种特殊的审美方式，最终满足接受主体对审美体验的要求。

二、数字媒体艺术形式的爆发式发展

伴随着网络技术的不断发展和普及，数字媒体已经逐渐深入人们的日常生活，并且在生活和工作中的各个方面进行了有效的渗透，在此基础上发展而来的数字媒体艺术也逐渐成为当今时代最受人们欢迎的一种艺术形式。换句话说，数字技术和相关艺术的结合已经成为新媒体艺术发展的重要特征，数字媒体艺术是在互联网这一平台上进行艺术创作和艺术传播的一种全新形式，对于科技和相关媒介材料具有极大的依赖性。数字媒体艺术对相关媒介的依赖与传统艺术对创作工具的依赖并不相同，而且受众也只能通过感官去直接进行感知。在数字媒体艺术当中，不论是艺术家还是受众，都对技术具有极大的依赖性，比如网络作家要想发表自己的作品，就必须借助网络、电脑等技术才能发布。同样，受众想要阅读网络作品，也必须借助电脑和网络上网进行阅读。由此可见，在一个完整的艺术作品传播过程中，艺术作品的传播者和艺术作品的接受者对于相关硬件设施的要求是一致的。最大的不同在于，艺术家需要使用更多的可操作软件进行创作，进而让艺术作品得到更大的发展，并且更好地呈现出来。这一要求也明确表明，艺术创作者需要在创作的过程中掌握先进的媒介技术，再加上近几年网络媒体技术的发展速度越来越快，使得相关的软件也具有更快的更新速度，进而使艺术家可以更好地进行艺术创作。

数字媒体艺术是建立在互联网技术平台上的一种特殊的艺术形式，而且数字技术和互联网技术的特征也让在此基础上发展而来的新媒体艺术体现出了短暂性、即时性、虚拟性和可下载性的特征。数字媒体艺术主要是通过利用各种网络手段和数字技术进行传播的，所以新媒体艺术也具有大规模性和迅速性的特点。尤其是计算机的复制功能，让新媒体艺术的创作和传播变得更加便捷，就像本雅明曾经预测的那样，在当今社会，因为机械化的复制生产让传统艺术当中的独有韵味丢失。虽然在多媒体技术基础上创作出的艺术作品具有暂时性和迅速性的特征，但是我们并不能因此忽略其自身的美学价值，我们需要知道，多媒体艺术正是凭借新媒体技术这一基础，才具有了更多的创意，创作出了更多优秀的作品，并可以在网络上进行更加长久的保存，最终成为艺术领域和文化当中的一个重要组成部分。

从 20 世纪开始，艺术家就开始对计算机进行透彻研究，并且将其作为一种特殊的工具进行实验，比如在电影中的一些特效镜头就是基于此创作而来的。在 21 世纪，这些新的艺术形式已经渗透在我们的生活中，我们生活和工作当中的各个角落都能够看到该技术的影子。不论是在家中休息，还是在外边游玩，或者在公司工作，计算机技术扮演着非常重要的角色。数字媒体艺术可以表现的内容和主题非常丰富，既包括电脑技术合成的混沌世界，也包括神话故事，等等。在传统艺术当中表现出的内容，主要是对客观世界的描述，数字媒体艺术则有所不同，它还可以呈现主观世界，将人类自身表现出来，数字媒体艺术作品的目标就是给人们创造一个虚拟的世界。通过对网络上的艺术作品类型进行综合分析，我们可以发现这些艺术作品的主题包括关注自我、关注社会、关注宇宙多个方面。首先在关注自我的方面，包括心灵的体验以及潜意识当中的感受等；在关注社会方面，包括不同种族和不同文化之间的冲突，还有涉及平等与自由的相关内容；在关注宇宙方面，不仅包括哲学观、价值观，还包括对人与自然的探讨等。

第三节　新媒体艺术的发展趋势

在新媒体技术基础上创作而来的艺术作品是具有独特审美特征的，这与传统艺术作品展现的内容并不相同，而且将传统艺术多年发展过程中建立起来的艺术标准和审美标准彻底颠覆。所以，有的学者认为传统艺术和新媒体艺术之间就是没有关系的，两者之间还存在一条无法跨越的障碍；而且新媒体艺术家创作出的艺术作品也是对纯粹的艺术精神的不尊重。在物质的基础上进行艺术创作，最终创作出新媒体艺术，这也说明新媒体艺术具有无知的特征。但是新媒体艺术与传统媒体艺术之间是否真正存在断裂的关系以及彼此之间是否存在一定的联系，新媒体艺术是不是艺术的终结，在艺术发展的历史进程中，新媒体艺术又会拥有怎样的发展前景，这些都是无法预知的。

一、新媒体艺术与传统艺术之间的对抗和继承

艺术应当是连续的，如果没有连续性，我们就难以想象艺术会有怎样的发展。如果艺术没有过去，就很难在发展的过程中始终具有较高的标准和不断发展的内在动力，而且现代艺术就会缺乏根本与实质。在格林伯格看来，艺术的发展过程是一个连续性的过程，没有哪一个时代是由单个的

艺术形式独当一面的，不同的艺术都是在相互融合的过程中成长和发展的。当代艺术家朱青生先生说过一句话——“反传统就是大继承”，具体来讲就是传统的资源可以根据时代发展的趋势进行一定的利用，也就是对其进行继承，但是也可以反势利用，这就是指大继承。由此来看，或许反传统的意思并不是要让人们对先前的艺术采取完全丢弃的方式，因为我们不得不承认传统的艺术发展取得了很大的成就，而且这些成就即使在现如今仍然具有一定的积极作用，如果在新时代艺术创作过程中，巧妙地利用传统艺术以及与传统艺术对立的内容，或许可以更好地对艺术家进行激发，从而让艺术创作者拥有更多的创意和灵感。从这个角度来看，我们可以发现新媒体艺术与传统艺术之间似乎并不是完全断裂的关系，甚至两者之间还具有一定的继承性。当今的很多艺术家甚至在对传统文化和传统艺术进行有意识的探索与传承。如邱黯雄 2006 年的新媒体艺术作品《江南错》当中，主角是飞来飞去的小鸟和静止的大树，这一作品在创作的过程中明显就是对中国的传统绘画进行了借鉴，之后再通过录像的方式将其展现出来。这幅作品记录了鸟儿的状态、树木的枯荣，以中国音乐作为背景音乐，整幅作品表现了作者对于心灵豁达和自由的向往，也对当代社会一些暴躁的行为进行了批判。

历史是在不断发展和前进的，但这个前进的过程必然不是一帆风顺的，在这一过程中会出现时而进步又时而后退的情况，这一艰难的历程可以展现出人类精神的努力发展，但是总体上仍然会呈现出不断前进的状态。艺术的发展是一个漫长的过程，在这一过程中，艺术从封闭的发展状态转变为一个开放的状态，然后便开始在这一过程中不断允许新的元素加入，整个队伍也因此壮大，所以我们现如今再看艺术，可以发现其中具有非常丰富的艺术形式。不管艺术怎样进行发展和创新，我们都能够肯定艺术的本质是不会发生变化的。王岳川教授在《西方艺术精神》当中写道：“艺术的本性体现人模仿的天性和自由创新的天性。作为艺术逻辑起点的艺术品是一种人类智慧和生命的结晶，而作为艺术的历史起点的艺术家是人类灵魂的工程师，作为艺术现实起点的欣赏者则使得人类确证自我的存在价值。

艺术的本性凝结在艺术品、艺术家和欣赏者之中。”从这段话中我们可以发现，人类历史是在不断发展进步的，而艺术作品作为人类智慧和精神思想的结晶，自然也会在人类发展的过程中发展。因此，新媒体时代的到来以及新媒体艺术作品的出现或许本身就是艺术发展到一定阶段的产物，新媒体艺术和传统艺术之间并不是毫无关联。

综上可知，新媒体艺术的产生并不代表艺术改变了原有的本质，新媒体艺术只是让当今时代的艺术拥有了全新的“包装”，也拥有了新的传播方式。艺术需要依靠人才能存在，并且进一步发展，如果脱离了人，是无法存在的，所以也可以说人类终结的时候才是艺术终结的时候。虽然我们已经进入了“读图时代”，但是艺术仍然要依靠人进行创作与传播，如果没有人，艺术的发展就会停止。很显然，那些认为新媒体艺术与传统艺术相互断裂的人们，并没有真正发现艺术的本质，更没有清楚地认识到艺术与人类之间的关系。

二、中国新媒体艺术的发展现状和未来趋势

1996 年，上海举办了一场主题为“以艺术的名义”的综合媒介展，在杭州也举办了“现象·影像”录像艺术展，如果以这两场展览为开端，那么新媒体艺术发展到今天已经有二十多年了。在过去的二十几年当中，我国的新媒体艺术家越来越多，新媒体艺术作品也越来越多，也有很多不同的艺术展在全国各地展示，但是我们需要意识到，当前的新媒体艺术发展仍然面临很多困境，也存在很多的问题，通过分析总结主要包括两个方面：

第一方面是科技水平比较低，缺乏充足的资金来源。新媒体艺术的发展依托于信息技术手段，所以新媒体艺术水平的高低，甚至可以在一定程度上代表一个国家的科技水平的高低。反观当前全世界范围内在新媒体艺术领域当中取得了较大成就的国家，大多具有比较先进的科学技术，而且计算机研究水平在世界上也都名列前茅。另外，有一些国家在科技方面一直采取保密策略，这就使得我国的新媒体艺术在发展的起步阶段就处于一

个落后的地位。在新媒体艺术发展过程中，离不开计算机技术这一物质层面的支持，所以说新媒体艺术的水平可以在一定程度上展现出我国对科技的掌握水平，而且还会受到科技水平的影响。我国的新媒体艺术家如果没有足够的科技力量和物质保障，就无法在创作的过程中心无旁骛地进行创作，这也是导致我国新媒体艺术发展比较缓慢的一个重要原因。新媒体艺术的特性决定了视觉影像方面的实验归根结底就是一种高科技的实验，而且要想保证这一实验的等级和规模，必须投入大量的资金、人才和时间，但是对于艺术家来说往往是不太现实的。因为在中国，从事新媒体艺术创作活动的艺术家大多并没有掌握很好的技术，也无法独立完成艺术作品的创作，很多时候一部艺术作品是由很多艺术家共同努力才能完成的。

第二方面是缺乏良好的科研环境，实践领域比较狭窄。因为新媒体艺术本身就是一个交叉的艺术类型，在进行新媒体艺术创作的过程中，会涉及艺术学、计算机、符号学多种学科，这些内容要求艺术家们在进行艺术创作的时候对各种不同学科的内容进行借鉴，与其他学科的专业人员进行交流和沟通。由于我国很多艺术家对其他各个学科的专业知识不够了解，而且大多数时候是闭门造车，既不会主动与他人进行交流，也缺乏团队意识。虽然目前很多高等学校开设了新媒体艺术的相关专业，但大多数学校只是将新媒体当成一种简单的教学工具，传统的艺术教育仍然占据主导地位。我们可以发现虽然我国近几年一直跟随着发达国家的发展步伐，新媒体艺术也在不断进行尝试，但目前国内的主要研究和实践也是利用便携式数字摄影机进行拍摄、利用数字设备进行编辑，并且借助电视机、投影仪和显示屏等进行相关视频的播放。但实际上除了这些形式之外，还有很多其他的影像技术和呈现方式。我国的新媒体艺术在实践方面仍然非常有限，尤其是虚拟现实和现场展示方面的落后尤为明显。

针对我国新媒体艺术发展过程中面临的实际问题，需要我们做到对症下药，只有这样才能有效解决各种问题。一方面，国家和政府要加大对新媒体艺术的支持；另一方面，还要保证新媒体艺术工作人员加强与其他专业人员之间的交流与合作，最终突出新媒体艺术自身的特色。在 20 世纪

90 年代中后期，我国的新媒体艺术正式产生，并且开始走向世界，我国的新媒体艺术逐渐进入国际视野。虽然我国的新媒体艺术与世界上先进国家的新媒体艺术存在较大的差距，但是我们只要始终保持自身本土的特色，就可以在发展的过程中不断缩小差距。值得庆幸的是，我国有很多艺术家在进行艺术创作时保持了本土化，这一特点也是促使中国新媒体艺术发展为世界先进艺术的关键。

三、新媒体审美异化及新媒体审美的构建

（一）新媒体审美异化

对于新媒体审美异化并没有非常科学的定义，但是通过研究发现，新媒体审美的异化是指新媒体环境对人的审美创作、审美鉴赏、审美趣味等出现反向影响的现象。这一现象与正常的审美艺术理想形成了极大的区别，而且还会对人的人格、社会心理等产生较大的影响。异化并不是新媒体时代特有的产物，我们可以在任何时代看到审美异化的影子，而且审美异化带来的影响也并不一定全是消极的，这也体现出了新时代审美多样化发展的特征。所以我们通过对新媒体审美进行一定的研究，可以发现某些现象除了反映审美过程中存在的一些问题，也能够体现出人正在被自己创造的艺术作品影响，并且在一定程度上影响了人们审美的健康发展。

新媒体审美异化的标准应当从正常审美出发进行参照，审美异化的发展不仅体现出了多元化发展的特征，而且还能对美学的发展产生积极的意义。只是审美异化的发展对审美价值观和审美态度带来的问题我们也不应当忽视。伴随着审美思考的简化发展，审美异化对人的影响也不仅仅局限于审美受众，甚至还会对艺术的创作者、传播者产生一定的影响。在新媒体艺术当中，创作者、传播者和接受者之间会形成一个闭环，审美异化的现象也会在这个过程中逐渐突出。审美接受者很多时候不经过思考就会进行反馈，这就导致艺术作品产生的影响会得到进一步的扩大。新媒体审美异化现象的出现，对人们的审美观和审美能力造成了极大的影响。

（二）新媒体审美的构建

新媒体环境的到来，让受众的心理和对于流行的追求发生了一定的改变，因为当今时代的快餐式文化产品越来越多，如果这些文化肆意发展，很容易会导致审美浅层化、低俗化，最终导致大众的审美能力下降。因为碎片化信息的充斥，使很多人即使在闲暇时间也不愿意进行审美活动，导致他们的深度思考越来越少，缺乏足够的心灵刺激，甚至一个人的精神状态也会对艺术作品审美产生影响，因此，需要不断提升大众的审美能力，让大家可以拥有正确的审美价值观。在这一过程中，国家和相关部门也需要提升自身的责任担当，树立正确的审美架构，对社会大众进行良好的引导，这样一来，才可以在我国构建一个良好的审美环境。具体而言，新媒体审美的构建可以从以下几方面入手。

1. 进行自我提升，树立一个良好的审美观

在审美过程中，人是审美主体，在审美和传播过程中发挥着重要的作用，通过对审美者和审美过程的变化进行研究，可以影响人的主体性发展，甚至影响人们的创造力发展，让人的审美出现进一步的异化发展。审美活动的审美质量会对个体审美素质产生极大的影响，新媒体社会当中，每一个个体自身的个性都会面临能否自由发展的问题，所以要想改变当前环境中存在的新媒体异化的情况，要解决每一个审美个体存在的问题。

首先，每一个新媒体艺术环境当中的个体都应当在这一过程中提升自己的审美素养。不得不承认，在进入新媒体时代之后，审美环境变得越来越复杂，这一情况在一定程度上对人们的个性造成了极大的影响。但是就艺术本身的作用来讲，我们可以发现艺术创作和艺术审美活动是具有陶冶情操和审美教化作用的，所以如果能够在这一过程中提升个人审美素质，就能够有效解决审美异化的发展。其次，每一个个体都应当在审美时擦亮自己的眼睛，坚决抵制不良因素的影响。其实在新媒体时代，各种商业化、低俗的艺术作品层出不穷，而且这些作品也会身披高雅艺术的外衣供大家欣赏。如果欣赏者认知能力较差，或者缺乏健康的审美观念，很容易在这一过程中被这些内核为不雅文化的艺术品影响。最后，每一个审美个体都

应该不断提升自身的认知，擦亮自己的眼睛，从而保证自己在新媒体文化潮流当中不被影响。

2. 进行社会引导，开展良好的审美活动

艺术与文化息息相关，每一种艺术形式的产生都根植于我们生活的社会和环境，所以，艺术和社会发展之间也具有很深的联系，我们应当意识到，新媒体审美和社会发展是无法割裂的。当新媒体审美出现异化时，我们应当意识到或许并不是艺术层面出现的问题，也可能是未解决好的社会问题所导致的。因为新媒体技术的存在，审美异化所带来的负面影响也会更加明显，这些都是当前需要解决的重要问题。

不断提升社会大众的审美能力在新媒体艺术时代是至关重要的，通过进行审美教育可以有效提升人们的审美意识和审美能力，并且帮助人们养成良好的人格。不得不承认，在当前的教育体系当中，美育是非常薄弱的一个环节，如果缺乏专业的审美教育，将会对每一位审美欣赏者甚至是社会都产生不良的影响。因此，需要从小对人进行审美教育，只有这样才能不断提升人的审美能力。审美教育环境也非常重要，不论是在社会上还是在学校里，都要尽可能为审美主体构建一个良好的环境，让审美主体可以在这一过程中不断学习，才能取得良好的学习效果。当然，各个类型的媒体也应当在这一过程中承担起一定的责任，共同参与到社会文化的构建当中。因为在互联网时代，媒体的作用越来越突出，所以各个类型的媒体应当在这一过程中认识到自身的责任，并且积极进行社会文化引导，让每一位社会成员都可以在这一过程中构建起积极健康的审美体系。

3. 借助国家力量，实现审美自由发展

文化是一个国家持续发展的重要力量，而艺术属于文化的范畴，所以推动艺术发展也自然非常重要。尤其是在进入新媒体时代之后，因为新媒体艺术的不断发展，使得当代的审美也处于一个不断变化的状态，因为新媒体审美的不稳定，导致审美异化的现象很容易出现。因此，国家应当发挥自己的作用和力量，使新媒体艺术审美的发展更加规范，只有这样才能为新媒体艺术创建一个良好的发展环境，推动我国新媒体艺术的发展。

首先，国家应当进行艺术体制的改革，完善相关的法律法规，保证新媒体艺术发展的每一步都可以落到实处。新媒体艺术的创作和发展与网络技术有着密切的关系，因此我们应当对网络传播进行有效的把控，尤其是对一些网络艺术垃圾，更要加强打击力度，从根本上对这些情况进行整治。同时还要把握好当前新媒体艺术的发展趋势，促进文化服务体系的完善，只有这样才能培育出合格的艺术创作主体，推动我国艺术产业的发展。其次，国家还应当积极进行正确的审美引导，进行正能量、健康文化的宣传。虽然在新媒体艺术发展的大趋势之下，我国的新媒体艺术发展进程和世界上排名前列的国家相比仍然具有一定的差距，但是我国的艺术家仍然要坚守本心，将积极健康的精神内核融入艺术创作，对传统优秀文化和艺术进行继承。不能片面地对其他国家的文化进行猎奇，只有始终保持理智，才能迎来更好的艺术发展前景。最后，国家要加大对传统艺术的弘扬，鼓励艺术家在进行新媒体艺术创作的过程中传承传统文化，将我国的审美精神发扬光大。在新媒体艺术发展的过程中如果只讲究拿来主义很显然是不科学的，当然也不能对自己的文化产生偏执的念头。因为网络技术的发展，不同国家之间的文化差异正在逐渐缩小，艺术也在相互融合，这就要求我国的艺术家在进行新媒体艺术创作时，要学会对他国的艺术审美进行借鉴，以此来丰富我们自身的艺术内涵，只有这样才能在发扬本民族审美的同时展现出更加多样性的艺术风格，让我国的新媒体艺术蒸蒸日上。

四、新媒体艺术未来的发展展望

（一）精致艺术与通俗艺术之间的界限逐渐模糊

在 21 世纪，新媒体艺术的地位越来越高，受后现代主义的影响，使得我们当前所处社会的环境以及时代经济都开始向新媒体方面靠拢。很多人认为新媒体艺术和传统的艺术是对立的关系，所以导致新媒体艺术一出现就具有标新立异的特点，但实际上并非如此。何谓通俗艺术？通俗艺术就是指在娱乐的包装下形成的具有社会共识的艺术作品，一般这种艺术作品会具有较强的商业性，因为这种艺术会与商业利益有所牵扯。通俗艺术一般会通过精美的包装呈现在大家面前,最终给大家带来良好的审美体验。新媒体艺术的发展让精致文化和通俗文化之间的对立关系开始逐渐模糊，因为精致文化也可以通过一定的包装而与商业产生联系。反观通俗文化，为了能够在当前环境中获得更大的受众群体，也开始对精致文化当中的文化内涵进行吸收。现如今有越来越多的美术馆、虚拟美术馆成立，很多国家已经将美术馆的展览内容从实体转移到了虚拟方面，比如巴黎的第一届“局外人”艺术节，就是结合蓬皮杜艺术中心、巴黎多媒体中心、欧洲摄影之家多个场所对新媒体艺术作品进行展出的。

（二）艺术的数字化让画面形态越来越复杂

因为数字技术在艺术领域当中的应用，让艺术作品的画面切割和重组变得越来越容易,在传统艺术当中无法呈现的画面也可以在当今呈现出来。因为相关技术的发展，艺术作品的画面逐渐呈现了多元化的趋势，德国建筑师密斯·凡德罗曾经提出的“简单即美”的理念受到了挑战。从艺术本身来看，从绘画平面设计到数字平面设计，艺术作品的创作逐渐打破了以往的技巧层面的局限性。虽然这代表着艺术的进步，但是不得不承认这也为艺术家带来了极大的困扰。很多艺术家开始迷茫，他们一方面庆幸计算机技术对艺术起到的推动作用，另一方面又被目前的发展状态所疑惑。但他们仍然不得不承认新媒体艺术的画面，已经呈现出多元化和复杂化的发展趋势。

（三）艺术风格全球化

当笔记本电脑被大家所接受，并且得到极大推广的时候，这代表着任何信息和咨询都可以通过网络技术传播到世界各地。这一情况让全球各地的艺术作品都可以成为人们的欣赏对象，空间的局限性似乎已经无法对人们产生局限性。这样一来，全球各个国家和地区的艺术作品就开始尝试进行相互借鉴和融合，不同艺术作品之间的融合发展也让艺术作品的风格呈现出全球化的趋势，地域与地域之间的差异似乎越来越模糊。因为数字技术的成熟，让每一个地区的艺术作品风格都可以具有数字化的特征。所以如何在新媒体艺术发展的过程中对艺术原有的地域性特色进行保存是当今时代进行新媒体艺术创作需要考虑的重点问题。

（四）生物工程的数字艺术化发展趋势

随着数字技术的发展，数字化艺术已经在各个领域当中实现了渗透，生物工程也不例外。在生物工程与数字技术相互结合的过程中，数字化艺术让生物工程也得到了一定的拓展。总之，通过两者的融合，能够将数字化艺术当中所具有的一些特性充分应用在生物工程当中，让生物工程具有更多的可能性，成为一种可以满足人们多种视觉感受的混合艺术。现如今的 3D 电影已经可以给人们带来非常震撼的视觉、听觉等身体感受，生物工程和数字技术的进一步融合发展以后，电影甚至能够满足人们的嗅觉需求，而这就是生物工程实现数字化发展所能够带来的结果。

结 语

21世纪是文化和技术跨越式发展的一个时代,尤其是随着计算机技术、电子媒体、网络技术的发展以及在艺术领域当中的应用，让艺术作品的内容、艺术观念、艺术创作方式、艺术传播媒介等发生了翻天覆地的变化。现如今各种技术开始在我们生活当中的方方面面渗透，艺术也在新媒体技术的推动下展现出了新的魅力，但是在进行艺术创作的过程中对相关技术缺乏了解，甚至有可能会造成不利的影响，因此，我们应当对新媒体进行一定的研究。

当我们对新媒体研究时，首先要对旧媒体有一个基本的认识，因为不论什么时代的新媒体都是相对于旧媒体而存在的，比如超现实技术、录像技术等所带来的效果，都是旧媒体无法做到的。在新时代，之所以超现实主义电影能够存在并且得到发展，很大程度上是因为新媒体技术的发展，所以超现实主义电影也算是一种新媒体艺术。利用新媒体技术对电影进行创造性的运用，进而产生独特的美学价值，给人们带来更加震撼的效果，以此来吸引受众。录像艺术也是同样的原理，人们在欣赏的时候可以从多个角度进行多维度的观看，进而对其内涵有一个更加深入的了解。计算机技术的发展，让艺术不断发展，新媒体艺术的出现和发展，让艺术具有了全新的创作手段和传播媒介，艺术的创新和发展让人们的欣赏视野进一步拓宽。

媒介技术的出现和发展，让艺术形式得到了不断进步，新媒体艺术以技术为基础而发展，在大众传媒时代得到了充分的体现，这一技术将电脑电视、录像、网络多种技术融为一体，并且在这一基础上生成了全新的艺术形态。所以新媒体艺术现如今已经成为一种包含装置艺术、观念艺术以及音乐电影等艺术风格的艺术，使新媒体艺术具有多种不同的艺术特征。计算机技术让欣赏者和艺术作品进行互动，新媒体艺术作品的出现让我们认识到，艺术作品似乎也可以与我们有着密切的联系，并且与我们的日常生活有着密切关系。由此可知，我们的日常生活越来越艺术化，艺术也变得越来越生活化。

新媒体艺术的发展是潮流，也是趋势。所以我们应当顺应潮流，跟随趋势。同时我们也不能盲目参与其中，因为相关技术让艺术创作者和艺术欣赏者之间的界限越来越模糊，现如今的每一个人都可以进行艺术创作和传播。因此，我们应当不断提升自身的审美水平和技术操作能力，只有这样才能更加全面客观地看待新媒体艺术。也只有这样，我们才能参与到新媒体艺术的探索行列中，成为推动艺术和新媒体艺术发展的一分子。

参考文献

[1] 王娇冠 . 新媒体艺术形态及其美学意义初探 [J]. 新闻研究导刊 ,2018(22):75+77.

[2] 滕锐 . 从“亚审美性”看新媒体艺术审美嬗变及发展趋势 [J]. 山东社会科学 ,2018(12):123-128.

[3] 黄大广 . 新媒体环境下舞蹈艺术的审美与发展研究 [J]. 北方音乐 ,2019(3):237-238.

[4] 马海博 , 张茳茳 . 时空观视角下的新媒体艺术审美体验 [J]. 包装工程 ,2019(12):302-308.

[5] 毛璐璐 . 新媒体时代下电影的美学特征探析：评《电影美学导论》[J]. 新闻记者 ,2019(7):F003.

[6] 姜申 . 新媒体艺术的异质与传播思辨：作为新的艺术形态而独立存在 [J]. 吉林艺术学院学报 ,2019(3):65-69.

[7] 魏东 , 王傲 . 数字时代背景下的少儿互动媒体艺术初探 [J]. 艺术与设计 (理论),2019(8):72-73.

[8] 杨振坤 . 新媒体语境下 VR 艺术交互的深化路径 [J]. 海峡科技与产业 ,2019(5):128-129.

[9] 靳佳佳 . 新媒体艺术的交互性发展 [J]. 艺术科技 ,2015(1):77.

[10] 张莹 . 浅析新媒体给中国动漫艺术带来的改变 [J]. 大众文

艺,2015(4):189.

[11]刘世文.新媒体艺术实践呼唤艺术媒介批评：关于新媒体艺术批评的思考[J].南京邮电大学学报(社会科学版),2015,17(1):15-20.

[12]吴文瀚.新媒体艺术的技术本源、文化身份与价值表达考量[J].现代传播(中国传媒大学学报),2015(5):78-82.

[13]胡清清.媒介的开放与自媒体的发展对当代艺术审美转向的影响[J].艺苑,2015(3):26-29.

[14]胡清清.媒介的开放对当代艺术审美转向的影响：以2015年第56届“威尼斯双年展”为例[J].美与时代(上),2015(7):101-104.

[15]于瑶.中国艺术美学与新媒体艺术全息性审美的关系[J].哈尔滨师范大学社会科学学报,2015(3):136-138.

[16]滕锐,李志宏.“亚审美性”：新媒体艺术审美认知特征研究[J].文艺争鸣,2015(10):157-161.

[17]黄英.数字艺术中数字技术与艺术审美的融合与矛盾[J].东南学术,2015(5):215-219.

[18]余艳琛.基于新媒体特征的电子游戏艺术审美建构[J].新媒体研究,2015(10):24-25.

[19]马晓翔.新媒体艺术研究范式的本体性研究[J].南京艺术学院学报(美术与设计),2018(1):107-111+214.

[20]滕锐,李志宏.认知美学视域下新媒体艺术的“亚审美性”[J].福建师范大学学报(哲学社会科学版),2018(2):154-160+168.

[21]孙全胜.新媒体艺术变革的政治与美学价值[J].汕头大学学报(人文社会科学版),2018(5):59-66+95.

[22]马晓翔.刍议当代艺术语境下新媒体艺术的审美体验[J].传媒,2018(18):87-89.

[23]史磊.论新媒体艺术设计的审美要求：评《新媒体艺术设计：数字·视觉·互联》[J].新闻战线,2018(11):177.

[24]陈媛媛.互动的栖居：公共空间新媒体艺术互动形态的构成及影

响[J]. 装饰,2013(12):143-144.

[25]刘世文,黄宗贤.介入、身份嬗变、参与互动:论新媒体艺术的审美接受特征[J]. 贵州大学学报(艺术版),2013(4):99-103.

[26]陈敏南.中国艺术美学视角下的新媒体艺术审美[J]. 求索,2010(8):189-191.

[27]吴亚倩.新型传播方式的风靡与新媒体艺术的发展:时代变迁下的艺术传播[J]. 山西师大学报(社会科学版),2010(S3):94-95.

[28]张闫博宇.新媒体艺术审美性的发展趋势:评《新媒体交互艺术》[J]. 新闻爱好者,2021(11):103.

[29]张丽.新媒体时代中国传统绘画审美价值及教学思考[J]. 中国多媒体与网络教学学报(上旬刊),2021(12):19-22.

[30]赵国鹏.新媒体艺术表现形态中的语言变化:评《全媒体视野下的语言传播艺术探究》[J]. 新闻与写作,2017(7):128.

[31]王文藜,卜天然.从UI设计浅议艺术与信息技术的跨界融合[J]. 美与时代(上),2017(7):83-85.

[32]郭靖雅,李启航.新媒体艺术审美特征的阐述:评《新媒体艺术》[J]. 新闻爱好者,2017(4):104.

[33]申美琪.新媒体艺术之新意:行为影像在新媒体艺术时期的发展[J]. 艺术评鉴,2017(17):149-150.

[34]钟萍,冯小辉.新媒体时代动画艺术审美价值的重构[J]. 现代经济信息,2017(17):458.

[35]许鹏.机械复制还是数字复制:对新媒体艺术文化身份的辨析[J]. 江苏行政学院学报,2007(5):31-37.

[36]郝翠云.新媒体艺术冲击下的视觉传达设计创新路径探索:评《当代艺术设计与视觉传达》[J]. 热带作物学报,2021,42(7):1229.

[37]邹丹.传统艺术与新媒体艺术融合探究[J]. 新闻研究导刊,2021(8):239-241.

[38]陈钰.审美视域下新媒体艺术的现代性焦虑体验及其反思[J]. 名

作欣赏,2021(15):101-103.

[39] 刘圆.新媒体时代下室内设计专业的艺术审美培养浅析[J].中国多媒体与网络教学学报(中旬刊),2021(9):195-198.

[40] 周远屹.新媒体艺术与传统艺术审美体验对比探析[J].大众文艺,2012(5):170+119.

[41] 何滢赟.新媒体艺术中的时代人文价值浅析[J].美与时代(下),2012(6):92-94.

[42] 马晓翔.新媒体装置艺术的美学形态研究之一:"美"的困惑与重构[J].南京艺术学院学报(美术与设计版),2012(2):99-103.

[43] 彭一邶.新媒体时代民间剪纸艺术的审美特征[J].文史博览(理论),2016(2):54-55.

[44] 包亚娜·玛特吉兹.新媒体艺术的审美新奇:感官的延伸亦或损毁的共通感?[J].北京科技大学学报(社会科学版),2016,32(3):45-49.

[45] 万永婷.交互主体性之外的新媒体艺术审美探究[J].文艺论坛,2019(2):48-53.

[46] 广耀权.新媒体艺术设计的审美要求:《新媒体艺术设计:数字·视觉·互联》[J].中国广播电视学刊,2020(4):133.

[47] 初亭峰.基于新媒体视角下艺术学理论的审美研究:评《艺术学通论》[J].新闻爱好者,2020(7):2.

[48] 徐媚,叶长武.浅议新媒体艺术审美的特征[J].法制与经济(中旬),2011(12):139+141.

[49] 张文化.新媒体艺术:建立在主体间性上的审美意义[J].厦门大学学报(哲学社会科学版),2009(2):122-128.